# 应用语言学与英语教学研究

宋云华 ◎ 著

吉林出版集团股份有限公司

**图书在版编目（CIP）数据**

应用语言学与英语教学研究 ／ 宋云华著．— 长
春：吉林出版集团股份有限公司，2022.10
ISBN 978-7-5731-2496-8

Ⅰ．①应… Ⅱ．①宋… Ⅲ．①英语－应用语言学－教
学研究 Ⅳ．①H319.3

中国版本图书馆 CIP 数据核字 (2022) 第 190101 号

## 应用语言学与英语教学研究

| | | |
|---|---|---|
| **著　　者** | 宋云华 | |
| **责任编辑** | 王　平 | |
| **封面设计** | 林　吉 | |
| **开　　本** | 787mm×1092mm | 1/16 |
| **字　　数** | 240 千 | |
| **印　　张** | 10.75 | |
| **版　　次** | 2022 年 10 月第 1 版 | |
| **印　　次** | 2022 年 10 月第 1 次印刷 | |

**出版发行** 吉林出版集团股份有限公司

**电　　话** 总编办：010-63109269

　　　　　　发行部：010-63109269

**印　　刷** 廊坊市广阳区九洲印刷厂

ISBN 978-7-5731-2496-8　　　　　　　　　定价：68.00 元

# 前　言

　　应用语言学主要关注三个层次的研究：从学习者的角度来看，主要研究学习者的学习特点、规律与个性差异；从实践的角度来看，主要探讨教学实施的方法；从方法论的角度来看，主要研究教学方法与手段。近年来，应用语言学研究将教学研究与其他学科研究进行交叉、整合，呈现出多层次、多方位的发展趋势。应用语言学研究的研究方法具有跨学科、多学科整合的特点。与此同时，语料库方法、计算机技术等都已融入应用语言学研究中，研究方法呈现出多样化的发展趋势。

　　作为现代新兴起的一门学科，应用语言学的作用根据使用范围可以分为两类：一是应用语言学可以深入社会领域，对促进各个领域的发展具有较大的现实意义；二是将其应用到语言学的教学过程中，通过应用语言学来指导各个学科的教学工作，也促进了语言科目教学的改革，尤其是对我国的英语教学产生了重要的影响，对英语教学的方法和指导带来了新的改变，促进了英语教学改革。

　　本书主要介绍应用语言学的主要理论在英语教学中的应用。首先综述了语言学的相关内容，然后分析了认知语言学理论与应用、应用语言学领域，以及语用学的隐喻理论在外语教学中的应用。

　　本书首先介绍了应用语言学的基本内容，包括应用语言学的定义、发展，研究意义；其次分析了现代语言学的理论流派；再次对英语语言知识教学、英语语言技能教学，以及文化语言学与英语教学分别进行了讲述；最后探讨了语用学在外语教学中的交际能力培养。

　　另外，本书在撰写过程中借鉴了一些相关资料，引用了一些学者的观点，在此谨对他们表示真诚的感谢。由于笔者水平有限，书中疏漏不足之处在所难免，诚恳期待读者和英语的专家、以批评指正。

# 目　录

# 第一章　应用语言学概述

## 第一节　应用语言学的定义

关于对应用语言学的准确定义一直以来都有争议。应用语言学因外语教学的发展而受到大家的关注，因此不少学者将应用语言学与外语教学画上了等号。有些人将应用语言学看作是一般的应用科学，认为是理论语言学的反义词，因为有了"理论"语言学，才有其对应的"应用"语言学。英国应用语言学专家彼德·科德（S.PitCorder）在他的"*Introducing Applied Linguistics*"这本经典著作中给应用语言学下了这样的定义："应用语言学是利用从语言研究中得到的关于语言本质的知识来提高解决语言为中心的实际问题的能力。"

在这之后，为"应用语言学"进行学科定义成为一些学者关注的问题。美国应用语言学家协会曾于 1973 年专门召开了小组会议来讨论应用语言学的研究领域。1975 年召开的第 4 届国际应用语言学大会专门就应用语言学的定义举行了一次圆桌会议，与会专家学者就应用语言学的定义和研究范围展开了激烈讨论。在 1984 年召开的第 7 届国际应用语言学大会上曾有一个圆桌会议，主要是讨论应用语言学和理论语言学的关系。说明应用语言学的范围还需要进一步研究，应用语言学家对应用语言学的性质、特点、对象和研究范围等，至今没有一致的看法。

在《应用语言学百科词典:语言教学手册》里，"应用语言学"这个词有三层含义:首先，"应用语言学"应涉及某种理论的实际应用；其次，具体地讲，它应当涉及语言学理论的实际应用；最后，它应当涉及语言学理论在任何一个与语言相关领域的应用。《朗文应用语言学词典》将"应用语言学"定义为:"对第二语言与外语的学习和教学工作进行的研究，联系实际对语言和语言学问题进行的研究，如词典学、翻译学、言语病理学等。"

英国牛津语言教学专家布伦特（Brumfit）的定义被很多学者引用，他认为应用语言学是为了解决现实世界里以语言为中心的社会问题所进行的理论和实证的研究。

英国学者库克（Guy Cook）将"应用语言学"定义为研究语言知识同现实世界决策制定之间关系的学科。他承认应用语言学的学科范围的确有些模糊，但认为其核心研究领域包括语言和教育、法律、语言信息及其效应。国际著名语言学家阿兰·戴维斯（Alan Davies）和凯瑟琳埃尔德（Catherine Elder）认为应用语言学是通过理论探讨和实证研究的途径,对与语言相关的实际问题进行理论化的活动。应用语言学是一门独立而稳定的学科,是将语言发展和语言使用中的实际经验和理论构建结合起来的学科。

国际著名语言学家斯波尔斯基(Spolsky)认为应用语言学实际由数量可观的半独立学科组成。这些学科围绕语言及语言的应用展开研究,而每个学科都有自己的研究方法和理论原则。

英国语言学家韩礼德(M.A.K.Halliday)认为,应用语言学不是一门学科,因为学科必须有其研究对象,而且有一套原则和方法来观察与解释。应用语言学的研究范围不断扩大的事实,说明其不是一门学科,而应是一些不断进化的主题。

著名语言学家和外语教育家桂诗春认为,应当从思想的角度来讨论应用语言学(Applied Linguistics,AL),可称为"AL思想",这是认识论的问题,也是哲学的问题。他从源起、发展、变化和重新定位四个阶段回顾总结了"AL思想"的产生和发展。

国际应用语言学协会在其官方网站上有这样的定义:"应用语言学是一门跨学科领域,通过对语言学现有的理论方法和成果进行应用或发展语言学的新的理论和方法论框架来识别、分析和解决语言和交际中的实际问题。"

现在大家普遍认为,应用语言学有广义和狭义之分:广义的应用语言学联系实际问题,研究语言和语言学,包括为少数民族创造文字、机器翻译等;狭义的应用语言学研究的是语言教学,特别是第二语言教学。广义和狭义的应用语言学都具有多学科性的基础,包括一系列的边缘学科;它面向过程,而且有很强的实践性。

有些学者,比如斯波尔斯基,把狭义的应用语言学称作教育语言学,把包括教育语言学在内的广义应用语言学叫作应用语言学。应用语言学的广义和狭义理解,与其发展的过程有关。如前面提到的,应用语言学在发展的初始阶段,总是与语言教学(尤其是外语教学)联系在一起的。比如上面提到的 *Introducing Applied Linguistics* 这本经典著作给应用语言学下的定义是比较广义的,说利用语言学研究的成果可以解决一些以语言为中心的实际问题的学科,但浏览全书,书里的内容全部是有关第二语言——外语教学的。这个现象与当时国际交往日益密切,全世界对外语学习的需求有很大的关系。之后随着语言学相关领域的不断发展和成熟,加上科学技术的日新月异,应用语言学也逐步扩展了与语言相关的领域。

第16届世界应用语言学大会于2011年8月23—28日在中国北京举行,大会主题为"多样中的和谐:语言、文化、社会"。大会的分议题包括五个方面:①语言习得与加工,母语习得、二语习得、识字研究、心理语言学;②语言教学,母语教育、标准语教育、外语教学与教师发展、语言学习中的自主学习、多语言环境下的语言与教育、教育技术与语言学习;③不同职业中的语言,商务沟通及专业交流、翻译、口译和媒介作用、语言与法律、语言与职场、媒体语言和公众话语;④社会中的语言,社会语言学、语言政策、多语言与多语言文化、跨文化传播、亚洲语境下的应用语言学;⑤应用语言学与方法论,语篇分析和语用学、修辞学与文体学、比较语言学与错误分析、词典学与词汇学、语篇与文本中的多模态、语言评估与测试。

从这些议题可以看出,应用语言学的发展越来越注重借鉴语言学及其各分支学科的理论和研究成果来解决语言相关的问题,它的包容性和综合性越来越得到专家学者的认可。

国内汉语界的学者一般从广义上理解应用语言学,并赋予其极为广泛的内涵。汉语界比较权威的应用语言学学术期刊《语言文字应用》的英文刊名即为"AppliedLinguistics"(应用语言学)。学者于根元就是这种理解的代表人物之一,他认为应用语言学包括语言应用的各个方面,范围是开放的,具体包括四大部分:一是语言教学,主要研究第二语言教学或外语教学;二是语言规划,主要研究语言地位问题和语言文字规范化、标准化;三是广义的社会语言学,研究语言同社会的关系和语言的社会应用;四是语言本体和本体语言学同现代科技的关系,如语言信息处理和计算语言学。

采用广义的理解谈及应用语言学研究范围的论文有《应用语言学研究急议》《应用语言学的范围和性质》;专著有《应用语言学综论》《应用语言学理论纲要》《应用语言学概论》《应用语言学教程》和《应用语言学纲要(第2版)》等。比如,于根元认为,外语界的学者一般从狭义角度理解应用语言学,主要将其看作是由语言教学特别是外语教学所组成,这显然受到了欧美学者观点的影响。这方面比较有代表性的是学术期刊《中国英语教学(英文版)》,这本杂志主要探讨英语教学中的学术研究和教学实践问题。2010年起该杂志的英文名称改为"Chinese Journalof AppliedLinguistics",这体现了外语界对应用语言学倾向于从狭义角度理解。外语界体现对应用语言学狭义理解的期刊和著作主要有《20世纪应用语言学评述》《应用语言学研究综述》《应用语言学研究方法与论文写作》等。

# 第二节 应用语言学的基本理论

## 一、交际理论

### (一)交际能力是最基本的语言能力

关于语言能力,人们有不同的看法。影响比较大的是美国语言学家乔姆斯基(Chomsky)在《句法结构》里提出的语法装置说,其认为人天生具有语言创造能力。不过,他没有明确说语言的词汇语法方面也是与生俱来的。近年来人们讨论语言交际能力和语言知识能力的时候经常提出这样的问题:一位是来自我国边远地区农村、连自己的名字都不会写的妇女;另一位是借助字典可以看懂中国古书,但开口就出错的外国教授。你认为这两个人中谁的汉语能力强?这样,就把语言能力分化为交际能力、知识研究能力了。前者可以说是有"语感",后者则是有"论感"。

无论如何，上面所说的语言能力中，交际能力是最基本的。从语言使用的角度看，最好的情况是知其然还要知其所以然。知其所以然的目的是进一步知其然，而不是跟"知其然"无关甚至妨碍"知其然"。换句话说，语文教师的"语感"和"论感"都要强，这可能跟以前受了语言知识能力的教育和没有受到应有的语言交际能力的教育有关。

## （二）在多样的语言交际中实践语言交际能力

过去的语言教育中也提倡语言实践，但是这种实践常常是在"温室"里进行的。1951年提出纯洁语言，1997年12月全国语言文字工作会议提出语言文字不用"纯而又纯"。这是语言应用观念的一个重大改变。人是分层次的，语言是为各个层次的人服务的，学习语言也有个过程，在学习过程中的"过渡语"如果不到位、不规范，等于说是"不纯"，而且不规范的语言现象也是会新生的。语言教学，有时要用模拟的方法，但是要注意让学生知道生活实际中的情况。例如，有些方言地区的人学习说普通话还不错，可是到了北京，听不懂北京话。他们一般只听中央人民广播电台播新闻的普通话，稍有变化或者不是很标准就听不懂，是一种欠缺。教外国人学汉语也有类似的问题，有些外国人因此到街上去学习老百姓实际交际的语言。

## （三）应该以交际值作为衡量语言规范的标准

语言的基本功能是交际，规范是为了更好地交际。交际到位的程度——交际值或者交际度是衡量规范的基本标准。应该把规范同规则或者某些书本上的规定区别开来。规范是在语言不纯的情况下进行的，追求规范不是求语言的纯，不应该有妨碍交际的规范，规范同稳定没有必定的关系。规范或者不规范也不看过去有或者没有这种说法，而是看现在是否需要这样说和语言的系统是否允许这样的说法出现。我们说它可以用，要说出道理；说它不可以用，也要说出道理。现在比较流行的"如果这个说法可以成立，那么'什么什么'也都可以说了"的论证方法本身就有许多不妥，因为语言现象的类推是有条件的。近几年来不少学者进行语言现象延伸的研究是很有意义的，此外，"那么什么什么也都可以说了"的反证的论据往往也是需要论证的。

## （四）语言交际能力的实践不是一次性完成的

语言素质也是有层次的。小学生的语言素质同大学生的语言素质不同，大学生也要进行语言交际能力的实践。素质可以提高，也可以滑坡，素质不是单一的，是综合体。语言是发展的，不顺应语言的发展，轻则素质滑坡，或者说起初的基本素质实践就有根本性的缺陷，重则会对语言的发展产生反感。实际上语病也处在不断地潜显过程中，语言素质可以说是不进则退。人们经常说："当教师的给学生一杯水，自己要有一缸水。"说的是教师要有充足的积累，教师更要不断地充实新知。教师应该生活在活水里面，成为活水的一部分，并且努力给水增加活力。学生头脑里要有自动升级的程序。其实，自动升级的能力是人本来就有的，语言教学就是唤醒学生这种与生俱来的语言能力并促进它发展。

交际能力并非一次性完成，还表现在语言的时代性上，应该让学生学习鲜活的语言。

而在鲜活方面做得往往不够。学习要有一定的量和质，一定的量，可以内化，可以生巧；一定的质，可以提高层次。

### （五）要重视创新

语言还有一个更重要的更高层次的语言能力——语言创新能力。人们常说的语言灵气，主要在语言创新方面，中国有鼓励创新的传统。《马氏文通》后序说："世界上一切人种，不论肤色，天皆赋予心之能意，意之能达之理。"这和乔姆斯基的语言"与生俱来"说颇为相像。今天的学者对这一观点耳熟能详，然而马氏在100年前得现代语言理论风气之先，是中国语言学的骄傲。劳动创造语言说，是指人类初期。犹如说人是猴子变来的，是指人的初期。现有的稳定部分当初都是创新部分，创新部分是稳定部分的唯一来源。特别要鼓励创新，教材要帮助学生创新，教师要在创新方面进行身教。一切语言示范者要在语言规范和语言创新两个方面起到表率作用。学生的学习是为了社会的发展。对学生语言学习的测试，也要注意语言创新方面的测试。创新不等于降低层次，不等于奇谈怪论，不等于一般形式上的变化。教师要留心好的语言现象，要提高创造语言的能力，及时调整语言观。这样，学生就不仅仅得到知识和打开知识宝库的钥匙，还能够自己找到知识的宝库并打开知识宝库，能吸取并提炼前人的宝藏而且为世界增添宝藏。

## 二、动态理论

### （一）动态理论的基本思想

科学理论告诉我们，运动是绝对的。世界上的物种分成生物和非生物，生物里分成动物和非动物。动物当然是可以自己运动的。其实很多非动物、非生物的运动速度也很快。人是最高级的动物，语言又是被最高级的动物——人所用的，其运动性质并不难理解。交际是一种活动，语言存在于语言交际活动之中，因此，语言也是活动的，不断发展变化的。事实上，为了沟通的方便，人类的交际形式必然发生变化，这是语言发展变化的动力。另外，物体运动的速度是不同的。物体运动速度相对比较慢的叫稳态，运动速度相对比较快的叫动态，或者说稳态是动态里的一种状态。

语言的运动是一种新陈代谢。从古代语言到现代语言，新词不断地产生，过时的词语不断地隐退，新的用法不断地出现……可以说，语言的运动从来就没有停止过，也没有人和力量能够阻止语言的运动，在这个意义上，可以说动态是语言的本质。

语言的动态性人们早就看到了。汉朝的思想家王充把语言现象的变化总结为"古今言殊，四方谈异"；西汉时期文学家扬雄的《方言》在实践上证实因地域和古今的不同而称说有别，解释出方言纷繁变化的现象；扬雄死后300年，东晋著名文学家郭璞给《方言》作注，他注意到汉语在300年的发展过程中，又不断从各地方言中吸收有益的成分；到了明代音韵学家陈第提出了"时有古今，地有南北，字有更革，音有转移"的观点，进一步阐明了语言文字变化的情况。

近年来，中国应用语言学界逐步把语言动态性的认识提升到理论的高度来认识，并把它运用到语言应用研究中，提出一系列相关的看法。

## （二）动态理论的基本内容

动态理论主张用动态的眼光看待语言、语言应用和语言研究。其大体上包括三个方面。

1. 对语言动态性的认识

所谓语言动态性的认识，是说自觉地看到语言是以动态的方式存在于人们的交际中。如上所说，人们早就看到了语言是动态的，问题是如何看待语言的动态和静态的关系和地位。由于结构主义语言学的影响，很长一个时期里人们习惯于把静态看作是语言的本质特征，认为动态只不过是对静态的使用，是静态在使用中的表现。语言的动态规则认为，语言的动态是语言的主导方面。静态只是运动速度相对平衡时的一种存在形式，是一种为了研究、说明、解释的需要而假想出来的状态。

语言是个巨系统，各部分运动的速度并不同。局部的发展变化会引起语言内部有关部分的发展变化，使有关部分协调，这可以称为语言的自我调节。调节也是运动。语言的运动是有规律的，语言在其运动过程中，表现出不同的类型，主要有三种：吸收、隐退或消亡中和。在吸收方面，主要是新词。对新词的吸收有许多方面，许多是新创词，旧词新义，有的是从方言和外语中吸收，方言词的吸收已经成了普通话新词构成的一个重要途径。

在隐退方面，语言运动也表现得非常充分。以新词语的隐退为例。例如，有学者研究了中华人民共和国成立后 50 年间某些汉语新词语的隐退情况，发现某新词词典中所收录的 1949—1991 年间出现的 8000 多条新词中，已经有 843 条极少使用，占该书所收词条的 10.5%。词语的隐退，历史上的例子也是举不胜举。

所谓中和，这里的意思是指在吸收的过程中再加以改造以及开始时人们不认可后来又认可。"胡同、戈壁、克隆、迪斯科"等都是按照汉语的语音系统加以改造而进入汉语的。

2. 对语言认识的动态性

应用语言学要研究解决应用中的问题。从实践到理论是动态，从理论到实践也是动态，实践和理论的互动当然更是动态。对语言的认识既是实践性活动，也是理论性活动。就理论认识而言，由于语言是一种特殊的、复杂的社会现象，人们很难在短时间内完全认清。经过一代又一代人的努力，人们对语言的认识不断加深，但对语言的认识并不会结束，这就是语言的动态性。语言的运动有急流和缓流，语言文字工作实践有进有退，这是个规律。因为事物的变化、发展不会是笔直的，而是曲折、螺旋式的。语言工作的开展，即"进"，是主流；"退"是暂时的，是支流。认识这些规律，有助于能动地促进语言工作。

语言文字工作的进和退，往往受到整个社会大的政治气候、语言政策、语言决策乃至语言观念等多种因素的影响。近百年来，中国的语言文字工作有三次大的"进"、两次大的"退"。从"五四时期"到 20 世纪 30 年代为第一次大的"进"，主要表现在大力开展白话文运动、国语运动、大众语讨论、注音字母运动以及国语罗马字运动和拉丁化运动，取得了较大的成绩。第二次大的"进"是 20 世纪 50 年代初期到 20 世纪 60 年代上半期，主要表现在完成并巩固白话文运动、大力推广普通话、进行文字改革、积极开展现代汉语规范化工作，也取得了很大的成绩。20 世纪 70 年代末以来，我国的语言文字工作出现了第三次大的"进"，主要表现在积极普及普通话，继续推动文字改革，加强语言信息处理，进行语言文字立法工作，促进现代汉语规范化、标准化等。中国语言文字工作的第一次"大退"发生在 20 世纪 30 年代末到 40 年代末，除了部分学校和部分地区（如延安等地）还在教学"国语"外，全社会的语言文字工作几乎完全停顿。第二次大的"退"发生在 1966 年 5 月至 1976 年 10 月期间。今后的语言文字工作或许还会出现一些"退"的现象，这几年出现的语言热或许还会降温，但可以肯定的是，语言文字工作是在曲折中继续前进。

认识语言文字工作前进后退的规律具有重要的理论意义。它提醒人，语言是社会的、动态的；语言文字工作也是社会的、动态的。语言文字工作不能脱离社会时代背景进行，必须遵循语言文字的发展规律。不按科学规律办事，不做深入调查研究，就会影响语言文字工作的正常开展，甚至会使工作发生倒退。推动语言文字工作的动力、基础是应用，无论是从社会方面还是自然方面去研究语言，落脚点都是应用。如果社会不需要，语言文字工作就不能发展；如果社会需要，语言文字工作不能及时满足这个需要，甚至引起社会不满，也会影响语言文字工作的开展。

3. 语言研究要动稳结合

强调语言的动态性并不意味着反对稳态研究。纯粹的动态或者稳态研究是不存在的。语言的自我调节是为了适应人们交际、思维和认知等方面的发展。它表现在两个方面：一是不断产生新的语言要素；二是保持相对的平衡状态，使整个语言体系不被毁坏。因此，语言研究必须考虑到语言的这一事实。

一方面，无论是动态的研究还是稳态的研究，都要为动态的交际服务。有时候稳态的分析有利于看清某些语言现象，揭示某些规律。这是一个重要的也可以说是不可替代的视角。结构主义语言学对语言学的巨大贡献；生成语言学对当代语言学的推进，都得益于语言的"静态"观。以现代汉语为例，到底有多少个元音、多少个辅音？不考虑相对的稳态，不考虑音位，麻烦就多了。另一方面，以运动的眼光来研究相对稳态取下来的语言单位、语言要素，是有意义、有价值的。

犹如实验室的研究、静物写生。有时候要在动的情况下才能研究本来是动的事物的静，两个物体基本同步运动才能形成彼此相对的静。从瑞士语言学家索绪尔（Saussure）以后严格区分了共时研究和历时研究，但把二者割裂开来是不对的。历时研究可能局限于语言要素的研究，但不是必然导致不能进行语言系统的原因。语言系统存在于语言的历时和共时之中，可以突破历时和共时的严格限制。动、稳结合研究中要重视所谓语言的"例外"。语言的所谓"例外"，往往是通往语言的上层或者下层进一步考察的通道。语言不是封闭的、"圆的"，不要强调语言研究论证的"自圆其说"。

上面所说的几个方面是密切相关的。认识到语言的动态性，把动态看作语言的本质特征，自然促进对语言的认识随着语言的变化不断调整，而这也就形成了动、稳的结合。

# 三、中介理论

自然界和人类社会中都存在着大量的中介状态，这是人所共知的，人类的语言也是如此。语言单位之间、语体之间、人们学习语言的过程中，以及语言接触融合的过程中，都有所谓的中间状态。现代应用语言学理论把语言中的这些中间状态称为中介现象。

语言的中介现象是一种非常复杂有趣的现象。它涉及语言使用和语言研究的许多方面。正确认识语言的中介现象，并在此基础上对有关语言问题进行研究的理论可以称为中介理论。

中介理论认为，语言和其他现象一样，存在着中间状态，语言研究对此不应该回避，更不应该忽视。自从结构主义语言学产生以来，人们已经习惯于二元分类研究，对语言的每一个方面都希望通过二元分析来解决。无论是单位的确定、层次的切分，都如此处理。例如，在语音上，认定不是元音，就是辅音；在词汇上，认定不是词就是语素或短语；在语法上，认定不是有定，就是无定；在方言的区分中，认定不是 A 方言，就是 B 方言。这种思想甚至影响到文字性质的认识。现代汉语教材说，世界上的文字，可以分成两类，一类是表音文字，另一类是表意文字。类似的例子很多。现在人们逐步认识到，这是与语言事实不相符的。

先看一个语音的例子。汉语的音节应该说是非常明显的。一般情况下，一个字就是一个音节，所以不少人以为在自然语言理解方面汉语有优越性，好处理，不像一些外语那样不好区分。然而，实践证明，汉语的音节之间的关系并不是那么回事。从发音或者声学的记录来看，不要说音节内部一个音素与另一个音素难以分开，就是听起来清清楚楚的一个音节与另一音节之间也很难断然划界。原因在于，同样一个音节在不同的上下文语境里具体发音是不同的，要想一下子掌握一个语言里每个音节所有环境里的具体发音的变化不是一件容易的事。从发音的过程来看，也是这样。例如，人们说话时，发音器官是怎样从一个音节到另一个音节的？通过仪器实验，人们发现，人在说话时，并不是发完一个音，发音器官先恢复到原始静止的位置，然后再转到发第二个音；而是在发前一个音时，后一个音的发音准备动作就开始了，这种动作就叠加在前一个音的发音动作上；同时，由于惯性的作用，前一个音的发音态势要在后一个音正式开始以后一段时间才能逐步撤离。语义的中间状态更是早就被人所注意。例如，许多时间词所表达的时间概念是难以划界的，例如"早上"和"上午"、"晚上"和"夜间"等。另如表示年纪的"青年"和"中年"、"中年"和"老年"等也是如此。

语法上的中间状态人们最初没有充分意识到，因此常常就一些语言现象发生争论。但是到后来，人们才发现其间的许多争论是因为中间状态造成的。词类划分可以说是典型的例子。人们过去已经认识到词的兼类，但是兼类的概念并没有反映出中间状态。人们在动词和名词之间、动词和形容词之间、形容词和名词之间都找出了所谓的兼类，比如说"代表"

这个词就是兼有动词和名词两类特征的词。人们以是否有意义联系来区分词的兼类和同音词。比如把上面提到两个"代表"看成是兼类词，而把"锁门"的"锁"和"一把锁"的"锁"看成是两个不同的词。这说明汉语词类中的情况是比较复杂的。事实上，上面这几个词的情况还不是问题的全部。更复杂的是另外一些词，例如一些语法著作提出现代汉语中一些动词要求跟动词性宾语，比如"进行"（进行斗争）、"加以"（加以解决）等。其实情况可能并不是那么简单。如我们可以说"进行坚决的斗争""加以认真的解决"等。在这里，按照一般的说法，"坚决的斗争"和"认真的解决"应该是名词性短语。

除此以外，结构层次上和各级语言单位间也有中间状态。例如，汉语语素和词、词和短语的区分之所以非常困难是因为，除了传统上所说的各级语法单位构造上的一致性以外，还有一个重要的原因就是汉语各级语法单位之间有中间状态。还有"有定"和"无定"，有人指出，如果从交际的角度看，按照汉族的虚实观念，所谓的有定无定可能是非常复杂的。例如，可以分成四种类型：①说者实指，听者也实指；②说者实指，听者虚指；③说者虚指，听者实指；④说者虚指，听者也虚指。类型①是明显的有定，类型④明显的是无定；类型②和③处于中间状态，其中类型②靠近类型①，是准有定；类型③靠近类型4，是准无定。语用上的中间状态也表现在许多方面，最明显的是语体有中间状态。传统上把语体分为口语体和书面语体，实际上口语体中有书面语体，书面语体中也有口语体，典型的例子是节目主持人所使用的口语。这种口语既不是初始口语也不是书面语，只是中间状态。此外，就连我们传统上所说的疑问句中的设问和反问也有中间状态。就以设问和反问来说，过去人们认为设问本身不表示肯定或否定，自问自答；反问本身表示肯定或否定，问而不答。于根元在他的一系列研究中证明了二者中间存在着中间状态。

既然人们对语言的观察和描写不符合语言事实，那么所概括出来的理论就必然缺乏解释力，其操作方法也必然会遇到许多麻烦。为了避免这些麻烦，就不得不绕弯走，而越绕问题也就越多。例如"这本书的出版"之类，为了能够自圆其说，有人把"出版"看成是动词的"名物化"，有人则说它仍然是动词。似乎也都有自己的理由。表面上看来这些只是处理方法问题，实际上这涉及对汉语自身的认识。为什么这些词可以"名物化"？是不是所有的动词在所有的情况下都可以"名物化"？恐怕不尽然。这些词可以"名物化"，可能就是因为它们本身处于中间状态，当需要动词的时候就表现出动词的特征，当需要名词的时候就表现出名词的特征。

现代汉语中的介词和动词的区分也很能说明这个问题。我们知道，汉语的介词基本上是从动词来的，因此不少介词至今仍有动词的某些特征。这就使人们区分动词和介词时有许多麻烦。其实，这里所反映的正是汉语词类的一种过渡状态，它证明汉语的词性是动态的，汉语也是发展变化的。这也进一步说明在共时和历时之间没有绝对的界限，不能把共时和历时完全对立起来。由此可见，中介理论的提出无论对认识语言的本质还是进行语言分析都具有重要的意义。

## 四、层次理论

### （一）人类语言是开放的梯形结构

层次理论指的是语言是分层次的，层次是语言运动的时空和方式。这个层次跟事物分层次、人的认知过程分层次、人的很多方面分层次是密切相关的。这个结构的底层比较稳定，越往上越活跃。

### （二）人的层次和语言层次的关系

不同层次的语言对不同的人有不同的要求。例如小学生一开始学词、短语，复句在后面学。推广普通话对不同的人也有不同的要求，对在语言方面起示范作用的人则要求要高。

不同层次的人使用语言的方式不同。语言分比较稳定的内核和比较活跃的外层以及中介物。内核如基本词汇、基本语法、语音系统等，外层如新词新语、广告语言等。内核部分比较好做标准，外层部分需要适宜提出指导性意见。内核部分，语言水平比较低的人需要尽快掌握，语言水平高的人使用了外层的许多手段。比较稳定的部分都是从比较活跃的部分来的，比较活跃的外层同比较稳定的内核都是语言的有机组成，共同为人们的语言交际服务，它们之间是互补的关系。

如果说一个人使用的语言是他的主体语言，总的语言是客体语言，那么，不同层次的人的主体语言在客体语言里处于不同的层次。所以，一个人的语言又是一个人的第二形象。此外，语言能反映一个人的性格、修养、职业等。语言比外表等第一形象更内在、更真实。在语言方面起示范作用的人，他的语言往往代表一个地区、一个民族、一个国家等的第二形象。

层次理论渗透在有关的各个方面，概括起来有以下几种：①理论和应用的层次，理论层次低的应用层次也低；②20世纪应用语言学同本体语言学一直在寻求高层次的结合；③1997年到21世纪中叶之前推广普通话分两个阶段的目标，这也是层次的不同和关联；④推广普通话对不同层次的人有不同层次的要求，普通话水平测试提出了分层次的要求；⑤语言规范也是分层次性的，交际值、交际度都是分层次的意思；⑥修辞也有层次性；⑦语言文明分层次，当前提出的"语言美"是基本的要求；⑧应用语言学的基本理论中，交际理论是纲要性的，其他是从属的；⑨语言交际是多层次交叉的，需要在多层次交叉的语言交际中培养语言交际能力；⑩创造能力是最高层次的语言能力。

## 五、潜显理论

### （一）潜显理论的概念

潜显理论是我国一些语言学者在20世纪80年代到90年代逐步形成的一种语言发展的基本形式的语言观念。20世纪80年代初，南京大学教授王希杰开始研究这个问题，但语言潜显概念的明确提出是在 20 世纪 80 年代后期，而比较系统的理论的形成，大致在 20 世纪 90 年代中期。

"显"指的是显现在表层的、现实的状态；"潜"指的是潜藏在深层的状态。该理论认为，可以把语言的世界分为显性的世界和潜在的世界两个大部分。所谓显性语言就是到目前为止，人们在使用的部分。所谓潜在的语言世界指的是按照语言的规则所形成的一切可能的语言形式的总和，但是它们还没有被这个语言社团所利用和开发。潜显理论强调语言的动态本质，其核心内容是：显性语言潜性化和潜性语言显性化是语言发展的最基本形式，潜性语言的大量存在，使语言具备自我调节功能。语言潜显理论对语言动态与稳态关系的发现非常值得重视。这一理论认为，运动和时空是连续的，事物不是同时空同样显现的，显和不显又是有条件的。语言当然也是如此，加上色彩的显现，可以说语言始终处在潜和显的过程中。语言研究的就是语言的潜和显及其相关条件。语言的各种属性和语音、词汇、语法及修辞等各个方面，其存在形态都是既有显又有潜。语言之所以不是同时空同样显现，也是为了交际。语言不仅有潜和显两个方面，还有"初显""显现""隐退"和"占位"等具体情况。语言在发展过程中，不仅显的部分有变化，潜的部分也有变化，一旦具备潜词显化的条件，潜词就会出来占位，语言始终处在潜和显的运动之中。

### （二）潜显理论的学术意义

语言潜显理论在中国应用语言学理论体系的建构和完善方面会起到积极作用。这方面突出的表现在于能有助于我们重新科学地认识语言的本质，建立新的语言观。

语言潜显理论注重语言的社会性质和交际功能。对语言本质认识的深化和语言观的转变，可能带来语言研究视野的扩大和语言学理论系统的进一步充实，这是语言潜显理论的又一个价值。现代语言学产生以来，一直把研究重点放在显性语言上，人们关注的主要是语言结构的描写和研究，很少研究潜在的东西。而语言潜显理论的提出，把潜语言纳入语言学的研究对象，就扩大了语言学的研究视野，语言学研究不仅研究显现的、表层的，也要研究潜在的深层的，还要研究由显到潜、由潜到显的过程。这有助于语言研究更自觉全面地开发语言资源，更有效地服务于人类社会。

最后，语言潜显理论对于更新语言研究方法、增强语言学的解释能力、提高语言学的科学品位可能具有一定的启发。在以往的研究中，由于侧重稳态的语言结构探讨，侧重语言表象的描写，人们主要运用归纳法，注重对语言显性材料的搜集整理和分析，通过量的积累，做出质的判断，这种研究方法是有积极作用的。可以说，任何科学研究都离不开归纳，只是在于研究者是否自觉。但用这种方法得到的结论通常有一个可信度问题，它的前提是偶然性和随机性，有时很难得出一个可覆盖全体的结论。所以，在很多学科中，人们更多的是结合演绎法来使用归纳法。通常是根据已知为真的前提，借助逻辑假设，推出必然的结论。

不过，由于显性语言这一研究对象的特点，人们很难借助演绎法来研究语言。研究对象的特点和语言观的确立制约着研究方法的选择、语言潜显规律的揭示，相应地要求人们选择演绎的研究方法。语言学既是经验的科学，又是演绎的科学，在研究方法上需要结合归纳法和演绎法，从显性语言中的"无"找出潜性语言的"有"。语言的潜性状态很难感受到，归纳法是无能为力的，这就需要采用演绎法，依据一定的假设以语言显性状态为前提进行推理判断。当然，归纳法在语言研究中也是不可缺少的，而且演绎法又必须以归纳法为基础，如果一点显性语料也没有，是无法进行演绎的。多种研究方法互为补充、综合运用，对语言现象进行多维观照，统筹探讨语言潜显的对立和转化，可以使我们正确、全面、辩证地看待语言现象，使语言研究更具科学性。

### （三）潜显理论的实践意义

近年来，潜显理论在实践上的意义也开始受到人们的注意。一些学者提出语言学中的预测问题，其理论基础就是潜和显的概念。

预测能力在科学中占有重要的地位。随着对显性语言潜性化和潜性语言显性化这一语言发展基本形式的揭示，人们意识到应该要对语言的走向和趋势做出预测。运动是事物的共性，事物的个性在于运动方式的不同。语言不仅有我们能够感受到的现实的显性状态，还有我们尚未感受到的、将来会出现的潜性状态，它是形成语言显性状态的基础，语言发展就是潜显对立转化、递相演变的运动过程。据此，可以借助科学的假设，依据现实的显性语言及语言发展的趋势做出科学的超前预测，使语言研究不再亦步亦趋地跟在语言现实后面进行描写和归纳，而要有一定的前瞻性和预见性。

语言潜显理论使人们的语言规范观念也发生了变化。这不仅表现为前瞻跟踪观取代了滞后的追认观，免除了语言规范工作中曾经出现的尴尬局面，而且人们在注意语言的显性状态的同时也开始注意语言的潜性状态，注意开发潜语言在语言规范中的作用。按照潜显理论，由于潜性状态的作用，当一种语言现象显现后，可能会出现一类现象的变化，特别是对语言这样一个开放的大系统来说，更不是一切东西都是稳定不变的，对于一些新的语言现象的出现，我们不能轻易地以违反规范而提出批评，也不必担心会导致语言规范的消失。因为语言具备自我调节功能。语言规范工作应当顺乎语言的发展规律，使语言更加有效地服务于人类社会。

当然，作为一种新出现的语言观念，潜显理论可能还有一些需要完善的地方。但无论如何，这一理论给中国语言学带来的影响肯定是积极的。

# 第三节　应用语言学的研究意义

语言是人类最重要的交际工具。语言的神秘、语言的力量以及语言的运用等一直为人们所注意。因此，有了语言，人们就开始关心语言问题。语言涉及的方面很多，不同的时代，不同的人，出于不同的目的，对语言有不同的观察角度，这就形成了不同的语言学科。应用语言学是从语言应用角度研究语言的一门学科。为什么要开展语言应用的研究？这是一个既简单又复杂的问题，多年以来，人们都希望知道语言是什么，并进行过大量的研究，逐步形成了一门独立的语言学。在这个过程中，一些非常有影响的理论认为只有为语言而研究语言才能认识语言，才能建立真正的语言学。因此，在相当长的一个时期里，人们把研究的重点放在语言的本身。然而，随着语言研究的深入，人们认识到语言研究并不像原来想象的那样可以把语言封闭起来进行。语言是社会历史发展的产物，是在运用中存在和发展的。没有语言的运用，就没有语言。因此，要全面认识语言，真正认识语言，就必须结合语言的应用来进行。例如，为什么一个人在不同的场合会使用不同的表达方式？为什么明明是两个不同的音有人却听成相同的音？为什么同样的词语会产生不同的交际效果？离开了语言的运用，单从语言本身是无法回答这些问题的。

语言是交际工具，语言研究应该研究如何使这一工具更好地为使用者服务。随着社会的发展和科学技术的进步，语言的交际职能在运用语言的过程中不断改善和扩大，促使语言文字的应用范围不断扩大。而语言文字应用范围的扩大，又反过来对社会发展和科技进步起一定的促进作用。最初的语言只有口头形式。后来随着文字的产生又产生了书面语言，这就扩大了语言的应用范围。从时间上看，它能够传给下一代；从空间上看，它又能传达到遥远的地方；从表达方式看，它逐步形成了不同的语体，满足不同情况下的表达需求。

新技术的发展也会影响到语言。例如，随着印刷机的出现，语言的应用得到了进一步扩大，语言不仅能够以文字形式传给下一代和遥远的地方，而且传播的速度也发生了变化，因为印刷术可以使书面语言以很快的速度大量印刷，广为传播。随着录音机和电话的出现，对语言的运用来说又是一次飞跃。从此，语言不但能够以书面形式得以保留，而且也能够以语音形式得到保留；不但能以书面形式传送到外地，而且能以语音形式迅速传递到远方。

现在，电视、传真、复印、录像、激光照排、卫星通信、模式识别、电子计算机等先进技术和设备的出现，更把语言的应用提高到一个新水平。尤其是近年来计算机科学的快速发展、信息高速公路的出现，使得语言的发展进入了一个崭新的阶段。人们可以通过电子邮件迅速地传递各种信息，BBS和聊天室让人在虚拟的世界里以前所未有的速度传递各种信息。在这里，网友们可以无拘无束地使用自己喜欢的词语讨论感兴趣的问题。各种新的语言现象通过互联网广泛而迅速地传播，形成了独具特色的网络语言，而有些又很快地通过使用者涌入社会，为语言使用注入了新的活力。

由此可以看出，语言应用的范围随着时代的发展不断地发生变化，它的范围每扩大一步，都会使语言的交际能力得到明显的提高；而与此同时，语言使用的范围越广，我们要研究的问题也就越多。今天，语言文字已经深入社会生活的各个方面，起着越来越重要的作用，我们的研究任务也就更重了。

以语言教学为例。我国传统的语言教学是教学生读古书、写诗和文言文，教学采用的是"书读百遍，其义自见"的诵读法。1919年以后由于采用白话作为书面语，白话文的教学占据了重要的地位，这时，母语标准语的阅读和写作的教学成了教学的主体。这就改变了传统的语言教学模式。人们今天研究语言的一个重要目的就是想探讨取得最佳学习效果的方法。在母语教学中，人们关心的是如何提高标准语的书面语言的阅读和写作能力，当然，近年来人们也开始关注口头表达能力了。

因为中国历史悠久，古代文献非常丰富，在现代书面语的教学以外，帮助学生通过学习古代的作品而了解中国的古代文化和思想，也成了一项重要的任务，这就又有了古代汉语教学的任务。随着社会的发展，语言教学的内容越来越多，范围也越来越广。现在，进一步扩展到其他方面。除了第一语言的阅读和写作教学以外，还有第一语言标准口语教学、第二语言教学、双语教学、科技外语教学、聋哑人的语言教学等以及近年来兴起的聋哑儿童语言康复教育等。在第二语言教学中，人们关心的是如何最快地使第二语言的学习者在较短的时间里学会目的语。语言教学是应用语言学中历史最悠久的一个分支。过去一些人认为，只要会某种语言，就可以教某种语言。现在人们认识到，语言教学也是一门科学，教学者应该掌握语言的规律，也应该掌握语言学习的规律，教学也有系统的理论和方法。

这些正是应用语言学的重要内容。而我们知道，语言教学所涉及的不只是语言本身的问题，它还涉及心理、文化、教育和社会许多方面，显然，单靠本体语言学是不够的，必须借助另外一门边缘性学科来进行。应用语言学的研究要承担这一任务。聋哑人的语言康复教育对语言教学的研究也有很高的要求。我国的聋哑人人数已经以千万计了，如何认识他们的语言能力，如何能使他们之间以及他们与主流社会之间进行语言沟通，也是应用语言学研究所密切关注的。现代科学技术的发展，对语言研究提出了新的要求。人们普遍认为，今天的社会是信息化社会。从语言学的观点看，所谓信息化社会，最主要的特征之一就是利用电子计算机等先进工具对语言文字进行各种处理（包括语言文字信息的储存、分类、统计、检索、转换传输、控制和模拟等），目的在于建立现代语言信息系统，使语言文字得到最佳利用，使凝聚在语言文字中的知识最大限度地发挥效能。科学技术的巨大变化，对语言学来说也是极大的鼓舞。同时，电子计算机也对语言学提出了新的要求，例如机器翻译、语音识别、汉字输入等都需要语言学的研究成果。也就是说，一方面，电子计算机等可以充当语言学工作者的得力助手；另一方面，语言学的研究也要考虑如何适应时代的发展。

社会的一体化进程也需要语言的应用研究。过去谈到社会一体化的时候就想到语言的规范，而谈到规范化的时候就想到制定各种各样的标准。但是，怎样制定标准，什么样的标准才具有可行性，比如，如何做到规范化既符合语言的发展规律，又有利于人们的沟通。这些都是需要认真研究的。如果只把注意力集中在语言本体上，把语言看成是静止的，制定的规范就会束缚语言的发展。

还有语言研究本身的研究。语言的交际能力的发展、语言传递形式的发展、社会对语言问题认识的需求等，要求人们从新的角度去观察和研究语言，甚至创造出不少新的工具和方法。而这些新工具和新方法本身也是值得进一步研究的。例如，在方法方面就有怎样提高广告的语言效果，怎样利用仪器进行语音分析，怎样利用电子计算机处理语料，怎样评估语言教学质量，怎样解决机器翻译的问题等。

然而，真正把语言应用作为一门学科来研究，历史并不太长。应用语言学这门学科在西方已经取得独立的地位，人们在相当长的时间里对语言的应用研究并不重视。在"为语言而研究语言"口号的影响下，人们更多地集中在语言结构本身的研究，使得语言研究离语言应用的实际越来越远。不是说语言本体的研究不重要，尤其是在我国，本体的研究还很不够，却不能由此而忽略应用的研究。

在我们看来，我国学者忽略应用研究的一个主要原因是，一些人认为只有语言本体研究才是学问，而应用只不过是语言研究结果的应用罢了。他们把本体语言学和应用语言学的关系比之于数学和应用数学的关系。其实，这二者之间不具有可比性。语言基本上是社会现象而不是自然现象，语言的发展和使用受到多种因素的影响，语言的应用有自身的规律，无论是语言应用的哪个方面。另外，人们已经看到，仅从语言自身看语言是不能完全认识语言的。语言的应用研究不仅有利于语言应用本身，而且也有利于加深对语言本身的认识。

当然，语言应用问题并不是现在才有的。学过语言学史的人都知道，语言学产生的动因之一就是要解决应用问题。传统的语文学研究应该说就是语言的应用研究，那么为什么很晚才有应用语言学这个名称和独立的学科呢？这与人们对语言的认识有很大的关系，也与语言自身的发展有很大的关系。早期的语言应用研究显然是不够发达的，也没有条件建立起一门独立的学科。

应用语言学的概念是在 19 世纪末才出现的。我国的应用语言学研究起源于 20 世纪 70 年代末。后来随着社会、经济、科技、政治、文化、语言教育等的发展，特别是在计算机技术以及互联网时代的发展下，语言的传递和学习不断成长壮大。因此，应用语言学的研究范围更加广阔，应用语言学也逐步渗入社会中，与众多学科融合、渗透，互相感染。所以，人们对应用语言学渐渐有了新的认识和了解，并运用到生活中去，提高了生活的质量和个人的文化水平。应用语言学把语言学理论应用到外语培训和外语教学中去，目的是研究如何教授外语，符合时代发展的需要，这样就进一步提升了应用语言学的实际意义。

应用语言学作为一种理论，需要得到认证和实行，将理论投入实际生活中的过程，就是应用语言学存在的一种意义。经过分析，可以清楚地看到，语言学理论与实践相结合的产物就是应用语言学。它的出现以及发展都顺应了社会的自然规律和发展需求。同时，应用语言学作为一种文化的传播，承载着各种文化和各个学科的内涵，人们在不同的领域都可以学习并接触到应用语言学。语言学作为一种语言文化，既是静态的，使用文字的方式传达给人们关于它包含的思想与理论；又是动态的，人们运用理论指导实践，从而体现了应用语言学的实际用途和价值。

# 第四节　应用语言学的发展历程

要了解应用语言学的起源和发展过程，就必须提及语言学自身的发展过程，因为二者有密切的联系。语言学在成为独立学科之前，属于哲学研究的一部分。早期，语言学研究的基本特色是限定主义，核心问题是研究语言使用的正确性和纯洁性，十分注意话语的规性。限定主义把语言看成静态的事物，从逻辑和理性的角度，来规定人们应该怎样使用语言，把语言学家的言论看成法律，规定哪些用法是对的，哪些是错的，语言的规则就是法律，一经决定就不能改变。与此相对应，在 1880 年以前，欧洲大陆的外语教学以教授古希腊语和拉丁语等古典语言为主。学习古典语言除了阅读古典文献之外，其他的目的并不明确。在这种背景下，外语教学主要是采用语法—翻译法，以语法为例，强调背诵规则，以阅读古代经典著作和掌握书面语为目标。这也是早期语言学研究成果应用于语言教学的实践。

1786 年，英国学者琼斯发现古印度的梵语与拉丁语、希腊语以及欧洲许多语言有千丝万缕的关系。其他一些学者也通过语言的结构比较，模仿生物学的方法建立起各种语言的谱系，从而产生了历史比较语言学。一般认为寻找印欧语的共同来源，开始把语言作为独立的研究对象，有了自己的研究方法——历史比较法，这是语言学作为独立学科发展的开始。此后，语言学也摆脱了对哲学的从属地位，发展成为一门独立的学科。

19 世纪初，语言研究有了一定的发展，同时，理论方面的研究与应用方面的研究之间开始出现明显的界限。例如，语言教学作为与实际联系紧密的一个领域，独立于理论语言学之外。这个时候语言教学虽然还没有被冠以应用语言学的名称，但实际上已经同着重探讨历史比较的"语言学"分开。只是那时还没有正式出现"应用语言学"这个术语，因此也就谈不上把语言教学看作"应用语言学"的一个分支。

1870 年，波兰语言学家博杜恩德·库尔特内提出了"应用语言学"的概念，即将语言学的理论方法应用到实际中去。但是，这一概念在当时并未受到太多关注。他在一篇文章里指出应该区分纯粹语言学和应用语言学，并说所谓应用语言学也就是运用纯粹语言学的知识去解决其他科学领域的各种问题。但是，他只是提出应用语言学这个术语，并没有明确界定它的研究对象和范围，更没有提出统一的理论和概念体系，因而未能引起广泛的注意。

在历史比较语言学之后，语言学研究进入结构语言学时期。瑞士语言学家弗迪南·德·索绪尔（Ferdinand de Saussure）针对历史比较语言学的不足之处，提出一系列语言学理论，奠定了现代语言学的基础。他的学习者根据他的讲课笔记整理而成的《普通语言学教程》（1916 年出版），成为现代语言学著作。

19 世纪末，在欧洲受过训练的一些语言学家在美洲大陆记录、学习、整理、研究印第安人语言。他们不按欧洲的语言模式去描写印第安人语言，而是从所得资料中整理出语音结构和句子结构，由此产生了结构分析的方法论和描写语言学。最具代表性的是美国结构主义语言学提出以替换和分布为手段，以辨别语素分析层次为目的的一整套语言分析方法。他们像化学家那样通过严格的手段来分析语言，从分析语音入手，分层次地来分析语言的结构。

19 世纪末，政治、军事、经济和文化的激烈碰撞对外语教学提出了新的要求，传统的语法翻译外语教学方法受到批评，"直接法教学"作为新的教学方法被提出来。该教学法主张从日常口语开始教学，提倡用外语思维，写作训练要先模仿后创造。1920—1935 年，美国开展了大规模的教学法实验活动。1939 年 9 月 1 日—1945 年 9 月 2 日，美国为派到国外的军队训练外语制订了特别的培养计划，主张让学习者大量接触口语，将阅读和写作减少到最低程度，提出听说法。与此同时，法国的法语传播研究与学习中心也提出了视听法。听说法和视听法的语言学基础都是结构主义语言学，把外语学习看成是机械的习惯形成的过程，按结构为纲组织教学，强调学习者所说的应该是使用母语的本国人所能接受的。但直到 20 世纪 40 年代，外语教学一直没有被当作应用语言学来研究，当时的很多外语教学人员，并不知道应用语言学这个术语。

随着社会、经济、文化、科技的发展，语言应用方面的问题越来越受到专家学者的重视。自 1945 年以后，由于国际交往和经济发展的需要，迫切地需要更多的外语人才，因此世界各国大力加强外语教育。然而，当时的外语教育效果无法令人满意，学习者经过几年学习仍无法满足实际工作的要求，开展外语教育的研究已成为大势所趋。1946 年美国密歇根大学成立了英语学院，研究英语教学问题，因此美国被认为是应用语言学的发源地。密歇根大学开始研究如何对外国人教授英语的问题，于 1948 年创立了著名期刊 "Language Learning"，并将副标题定为 "A Quarterly Journal of Applied Linguistics"。这被认为是世界上第一本应用语言学学术期刊，并第一次将应用语言学作为一个学科名称公开使用，标志着语言应用方面和理论方面已明确区分开来。

1957 年美国国会通过国防教育法案，要求全国加强中学两门基础学科的教学，外语教学正是其中重要的一项。在政府大力支持下，从 1957 年到 1962 年的 5 年里，美国中学的语言实验室从 46 间增至 5000 间，共有 11000 名外语教师接受了专业培训，大型外语教学研究活动的开展达百项之多。1959 年，美国华盛顿正式成立了"应用语言学中心"。1958 年英国爱丁堡大学研究生部首先建立了应用语言学学院，开始大量地培养应用语言学方面的人才。随后，英国的利兹大学、埃塞克斯大学和雷丁大学等高校也相继建立了应用语言学专业。"应用语言学"的说法为越来越多的人接受，并逐步发展成为一门独立的学科。

与此同时，语言学的发展突破了结构主义的束缚，进入了生成语言学时期。美国哲学家 Chomsky（乔姆斯基）认为结构分析不可能掌握人类语言的创造性特点，提出生成语言学。生成语言学要研究的不是句子本身，而是那些促使人们产出和理解句子的能力，语言学要解释人们为什么能够用有限的语法规则来生成无限的句子的内在机制。Chomsky 用严格的数学方法来论述生成语言学的原理。心理语言学、社会语言学等边缘语言学科的研究在 20 世纪 60 年代中叶以后取得很大进展。在这种背景下，应用语言学也得到了进一步的发展。

1964 年在法国南锡召开了第一届国际应用语言学大会，同时成立了国际应用语言学协会（International Association of Applied Linguistics，IAAL），这些都标志着应用语言学作为一门独立的学科逐渐得到学术界的承认。之后，国际应用语言学大会每三年举办一次，到目前为止已经举办了 16 届，受到世界各国的高度重视和积极参与。1968 年英国应用语言学协会（the British Association of Applied Linguistics，BAAL）成立，1977 年美国应用语言学协会（American Association for Applied Linguistics，AAAL）成立，这些学术组织和机构极大地推动了应用语言学的发展，使应用语言学研究成为国际性的学术活动。

1964 年，英国出版了英国语言学家韩礼德（M.A.K.Halliday）等人合著的第一本应用语言学教科书《语言科学与语言教学》，标志着应用语言学走向成熟。1965 年，美国教授麦凯（W.F.Mackey）出版了《语言教学分析》，在他的倡议和指导下，1969 年，美国学者凯利（L.G.Kelly）根据该书的纲要又写了一本语言教学法的专著《语言教学二十五世纪》。这两本书不但阐述了语言教学的理论、原则、方法，而且说明了这些理论、原则、方法大都是在悠久的历史传统的基础上发展起来的；语言教师在教学中总是自觉或不自觉地应用着语言学、教育学和心理学的理论。就这个来说，应用语言学的实践可以说是"源远流长"，众多的语言学家都在这一过程中做出了贡献。

近几十年来，应用语言学在国际和国内都有较大发展。首先，应用语言学走出了以语言学为唯一理论来源和以改进第二语言教学为唯一目标的狭窄理论思路和研究范畴，被定义为一个从多个相关学科汲取营养，以解决以语言为基本介质、现实问题为目的的研究领域。其次，20 世纪末，出现了以社会文化理论和新实证主义等为代表的新思潮，应用语言学研究空前活跃，研究思路及成果不仅推动了二语习得、语言教学领域研究的发展，同时也为理论语言学研究注入了活力，产生了比较大的影响。

如今，很多大学都开设了应用语言学课程与专业，培养了众多应用语言学硕士和博士。各种应用语言学的期刊、著作、教材也纷纷出现。应用语言学已经发展成一门有着重要国际地位的学科。总而言之，应用语言学的建立和发展有赖于政治、经济，尤其是科学技术的发展。20 世纪以来，应用语言学蓬勃发展，日益成为一门领先的科学。尤其是近几十年来，现实生活向语言科学提出了一系列与科学技术、政治经济的发展有密切关系的新要求，语言学的应用范围也因而得到了空前的扩大。

# 第二章 现代语言学的理论流派

## 第一节 现代语言学的开端

### 一、索绪尔思想的来源

为什么 19 世纪末和 20 世纪初会出现索绪尔这样伟大的思想家？他的时代为他的卓越成就提供了哪些条件？当时各门科学中的主要思潮又是什么？

索绪尔的语言理论不是凭空出现的，而是与当时社会科学的思潮有密切的联系，尤其与社会学、心理学、语言学、哲学甚至经济学的发展是分不开的。

#### （一）社会学

索绪尔时代的社会科学处在一个十字路口。德国的唯心主义哲学和经验实证主义哲学都认为，社会是一个"结果"，是一种派生的现象，不是实质的东西。实证主义者继承了英国哲学家休谟（David Hume，1711—1776）的哲学思想，把世界分成客观的、现象和主观意识，并认为社会属于后者，是个人感情和行为的结果。英国哲学家本瑟姆（Jeremy Bentham，1748—1832）写道："社会是个虚构的东西，是社会成员的总和。"这就是说，除了个人，社会并不存在；个人是分析者摸得到的唯一现实。另外，德国哲学家黑格尔（Georg Wilhelm Friedrich Hegel，1770—1831）认为，法律、举止、习惯、国家等，都是心智的表达而已，所以只能作为结果来研究。这就等于说，对社会的研究不能成为一门科学。正在这时，法国著名社会学家迪尔凯姆提出了新的想法（Emile Durkheim，1858—1917）。

迪尔凯姆是现代社会学的创始人。他著有《社会学研究方法准则》（*Rules of the Sociological Method*）和《论自杀：社会学研究》（*On Suicide : Sociol ogical Studies*）。迪尔凯姆创建了一套新的理论，使社会学从此成为一门科学。他首先给"社会事实"（social fact）下了定义，把它看作物质的东西，与自然科学所研究的物质性质相同。他说，社会事实"是一种行为，不论其是否有固定性质，它对每个人都有'外部制约'（external constraint）……其主要特征是，在特定社会中具有最普遍的意义"。什么是外部制约？比如说，我在街上遇到一个朋友，并没有人强迫我讲什么，但又不能不打招呼也不讲话。这种自觉或不自觉地要遵守的规范，使我们的行为成为社会事实，这种规范就是外部制约。我们吃饭、穿衣、走路、说话等，都要符合社会规范。

迪尔凯姆说："显然，一切教育都是为了强加给孩子们观察问题、感觉事物、采取行动的方式，这是孩子们不能自发得到的。……到了一定的时候，孩子们不再感到这种制约，因为这种制约逐渐使人产生某些习惯和倾向，制约也就不必要了。"他认为，所谓社会事实就是"集体心智"（collective mind）中的思想。这种思想超越每个社会成员而存在，间接地、不完善地反映在个人的头脑之中。有些不善于思考的社会成员可能不会认识到关于社会行为的规范，但他们的确是遵守这种规范的。所以，迪尔凯姆说，法律、衣着、性别、言语等都是有具体影响的，它们像石头和力（force）一样，应该被看作物质的东西。

迪尔凯姆反对用历史原因来解释当前的社会现实。他认为，社会事实不受历史发展阶段的约束。他说，如果近期社会是早期社会的简单继续，那么每种社会只是前一种社会的复制品而已。实际上，一个社会接替前一个社会时总会失去一些特征，并获得一些新的特征，因此与前一个社会有本质的不同。

迪尔凯姆的思想可能影响到了索绪尔的语言观。既然语言与生物物种不同，那么语言学作为一门学科，应该是什么概念呢？如果语言不是物种，那么应该从什么角度去研究？索绪尔用当时新兴的社会学回答了这些问题：语言也是一种"社会事实"。任何语言，不论是英语、法语、汉语，都是物件。但任何物件都属于一定的类别和范畴，这个范畴包括法律制度和规范的结构。那么语言也属于这个范畴。能实际观察到的语言（嗓子发出的音、印刷文字等等）都是物理现象，但是在能观察到的物理现象与内在的规则系统之间是有区别的。

语言行为也有外部制约，那就是一种抽象的语言系统。这种系统同一切社会规约和惯例一样，是一切成员同意遵守的、约定俗成的社会制度。这种系统是通过教育强加给社会成员的，使每个成员没有其他选择。它存在于集体心智之中。虽然许多语言使用者可以纯熟地使用语言，但他们并不懂得这个抽象系统是什么。如同社会事实一样，语言也不受历史发展的限制。任何时期的语言，我们都可以不问其历史状况而独立地进行描写和分析。《普通语言学教程》自始至终体现了这些基本原则。这并不是说索绪尔仅仅借用了迪尔凯姆的思想去分析语言事实。索绪尔在《普通语言学教程》中从未提到过迪尔凯姆，但是迪尔凯姆的理论是当时哲学界的主要思潮之一，索绪尔不可能对此漠不关心，或一无所知。

## （二）心理学

索绪尔还受到奥地利心理学家弗洛伊德（Sigmund Freud，1856—1939）的影响。弗洛伊德提出了精神分析治疗法，其理论的科学价值在此不加评论，但他提出了一个重要概念，即"下意识"（the unconscious）。他设想，在原始社会里，有一个忌妒心很强、蛮横无理的父亲，妄图霸占所有女人，把长大成人的儿子们通通赶走。几个儿子合伙将父亲杀死并吃掉。儿子吃掉父亲是为了能够获得父亲的权力和地位。弗洛伊德假借历史原因来解释社会中的规范和心理情结，目的是说明如今继续存在着一个"集体心理"（collective psyche），这叫"下意识"心理。他认为，正因为有这种"下意识"心理，一件事情过去之后，继续深深地影响着人类。在人类心理组织中，内疚之情不仅可以产生行为，而且可以产生欲望。这种"创造性的内疚感"使一种行为的影响永远在人的心中存在。也就是说，人的内疚感不一定直接产生于具体事件。弗洛伊德说，前面假设的杀父之罪也许从未发生，几个儿子可能只有杀父的"念头"。但念头本身也足以警告后人避免诸如此类的行为。正是这样，人类逐渐形成一个底层心理系统。人们对这种心理系统并没有意识，但时时受它支配和控制[①]。弗洛伊德用这种方法说明，无须再到历史中去寻找最初的原因，这种原因已在人类心中内化了。

弗洛伊德的观点符合当时的结构主义思潮，即把任何行为都看成是受一个规范系统所制约。社会的规范在于"集体心智"，语言行为的规范在于语言规则，心理上的规范在于心理组织的机能。这些规范系统独立于人的意识而存在，每时每刻都起着积极的作用。语言也应该是这样的。人无法说明他自己的语言知识，但他说话、听懂别人讲话、识别语言错误时，都受到语言规则的限制。

### （三）语言学

在语言学方面，索绪尔受到美国语言学家惠特尼（William Dwight Whitney，1827—1894）的巨大影响。惠特尼是耶鲁大学的梵语教授和比较语言学教授，他基本上是运用新语法学家（Neogrammarian）的传统研究去研究语言的，但不同之处是他提出了符号（sign）的问题。惠特尼认为，语言是建立在社会规约上的一种制度（institution）。他通过坚持符号的任意性这一概念，区分了人类交流与动物的本能交流。索绪尔说，惠特尼通过强调语言的任意性并认为语言是建立在社会规约上的一种制度，把语言学引上了正确的轨道。对索绪尔来说，意义之所以存在，就是因为意义之间有差异，正是这些意义上的差异才能让人使用语言形式。语言形式并不是历史的延续遗留下来的，它们具有不同的功能，能区分和产生不同的意义。

### （四）经济学

不少人认为，索绪尔还受到当时西方经济学思潮的影响。他的语言学理论，如语言与言语（langue vs.parole）、组合与聚合（syntagmatic vs.paradigmatic）关系以及共时与历时（synchrony vs.diachrony）等概念，都可以在经济学中找到。由于价值（value）与价值理论一直是西方经济学研究中的核心概念，索绪尔把经济学称作研究价值的科学，所以认为语言学和经济学都是研究价值的科学，虽然历史主义（historicism）旨在研究价值的根源，共时论（synchronicity）旨在研究价值的效应而不考虑其根源。索绪尔的系列二分法以及自己所偏向的研究重点，把语言学真正带上了一条科学之路。

---

① 哈格德.MOOC 正在成熟 [J]. 王保华，何欣蕾，译.教育研究，2014，35（5）：92–99，112.

### （五）哲学

为了明确解释意义（signification）的本质并开创一门研究符号的科学，索绪尔把自己的理论建立在西方哲学中"在场"（presence）和"不在场"（absence）的经典关系上，即现实世界与虚拟世界之间的对立。对索绪尔来说，言语（parole）属于现实世界中的"在场"，语言（langue）属于虚拟世界中的"不在场"。现实系统被认为是复杂多变的，而虚拟系统是稳定不变的。建立这个框架的好处在于，探讨语言的虚拟系统，人就可以得到一套稳定不变的系统，不用在言语的真实系统中摸索千变万化的不可预测的活动和行为。通过提出"语言"系统这一虚拟的模式，人就不需要把主要注意力放在"言语"这一系统中，也就是说，通过人们所说所写去研究构成所说所写现象后面的潜在规律这一系统的结构。这个原则实际上是理解结构主义的基础哲学及其对 20 世纪科学研究产生影响的关键。

以上这些思想来源，能给我们一种理解问题的方法，可以让我们更清楚地了解为什么有些系统是存在的。描述一个系统，意味着分析能看得见的东西，那是因为这个系统并不是明显的"存在"，却一直影响着所有的人类行为。

## 二、索绪尔的理论

可以说，索绪尔与迪尔凯姆、弗洛伊德等有影响的社会科学家一起为研究人类行为开辟了一条新的途径。他们发现，人类行为是客观存在的东西，但又不同于自然科学家所研究的物质。在自然科学中，人们可以不顾别人的印象，对物质进行独立的分析。在社会科学中，不能忽视人们对行为的主观印象。主观印象正是行为具有的社会意义的一部分。例如，一个动作被视为尊敬，另一个动作被认为表示蔑视，是因为社会本身赋予不同行为以不同的意义，这正是由规范组成的系统所决定的。因此，社会科学研究的不是社会事实本身，而是社会事实与其社会意义的结合。这就要求人们把社会事实放在整个社会框架中，去探求它们的社会功能。换句话说，一个行为本身没有必然的价值。鞠躬表示敬意、男人不穿旗袍，这些现象里并没有内在的生理原因，而是由社会规约和惯例规定的。

但索绪尔是最先注意到语言的复杂性的。他把人类语言看作一种非常复杂而且异质的现象。即使是一个简单的言语活动，也包含着要素独特的分布，并且可以从许多不同的甚至互相冲突的角度去考虑：声音、声波、听觉装置、说话者所要表达的意图、指称、交流语境、说话者和听话者之间的规约、语法和语义规则、语言史等等。索绪尔认为，语言是一个符号系统（a system of signs）。声音可以当作语言，是因为它们表达了思想；否则，就只是噪声。要表达思想，声音就必须成为规约系统的一部分，也就是符号系统的一部分。

索绪尔的理论直接把我们的注意力导向语言的本质，也明确了作为科学的语言学所研究的对象。他写道："语言学家从来没有想过确定它们所研究的对象的本质，如果没有这个环节，科学就不可能有正确的方法。"他的理论可归纳如下。

## （一）语言符号的本质

索绪尔认为，语言符号结合在一起的不是一个物体和一个名字，而是概念和声音形象（sound-image）。这两者结合在一起，才构成了语言符号的全部。他把概念叫作"所指"（signified），把声音形象叫作"能指"（signifier），把它们区分开来，同时也把它们与其共同组成的整体区分开来。例如，"树"是一个语言符号，它的声音形象 shù 是能指，它所指的那种植物就是所指。这两者的特定关系是一个任意的实体。与语言符号的任意性相关联的是能指的线性特性（linear nature）。能指，是能听得到的，所以是在时间这个维面上展开的。因此，能指代表了一段时间，而这个时间段可以得到测量。这一发现与符号的任意性理论同样重要。

## （二）语言单位的关系性质

由于能指与所指的关系是任意的，那么就没有理由把某一个能指给予某一个概念。因此，在一个能指与所指之间没有必然的属性。能指只不过是一个系统里的成员，通过同一系统内其他成员之间的关系得到界定。索绪尔写道，在所有情况下，我们发现的并不是"早已存在的思想"，而是"源于这个系统的价值"。当我们说，这些价值与概念相应，可以解释为这些概念是纯粹的区别性造成的，并非由于其内容决定，而是由于其系统中与其他词语之间的关系决定的。最主要的特征是，它们的属性不由自己的"是"来决定，而由别的词语的"非"来决定。

## （三）语言与言语的区分

索绪尔写道，把 langue 与 parole 相区别，我们同时区别了社会性的和个人性的东西，也区别了主从两个类别。他认为，语言学家的任务就是研究 langue，即语言。研究语言的语言学家，不是描述言语行为而是确定组成语言的单位和组合规则。

把特定的语言事实与属于语言系统本身的东西相区分，具有重大意义。它导致了语音学（phonetics）与音系学（phonology）的分野，也导致了研究话语（utterance）与研究句子的分野。实际上，这从根本上区分了制度（institution）和事件（event），也区分了人类行为的内在规律与具体行为的不同。通过这个区分，索绪尔为语言学找到了一个正确的研究对象，也让语言学家更清楚自己在干什么。

## （四）共时与历时的区分

语言学上的共时与历时之区分，就是静态语言学（static linguistics）与进化语言学（evolutionary linguistics）之分。索绪尔把语言的功能与下棋相对比来进行解释。首先，语言的状态很像一盘棋。就像棋子的价值取决于它在棋盘上的位置一样，每一个词语的价值来自与其他词语的对立。其次，系统总是瞬间的，不断在变化，由一个状态进入另一个状态。尽管价值取决于不变的规约，但在一盘棋开始前就存在的一套规则在每走一步后都起着作用。语言规则一旦被认可，会一直延续下去。最后，从一个静止状态进入另一个静止状态，只需要挪动棋子。有些棋子的挪动，对全局影响很大，而有些棋子的挪动，对全局影响不大。但是每挪动一步，都会对整个系统产生影响。

但这个区分也面临一些质疑和挑战，因为语言学研究的共时与历时之间不可能非常清楚地进行区分。首先，语言是一直在变化着的。语言不可能静止下来让我们描述，我们也不知道某一个新的词到底是否被人们接受，是今天还是昨天接受的，是今年、去年还是前年。语言变化的过程漫长。其次，任何言语社团里的语言都不统一。不同社团的人讲的语言总有不同的变体，到底描述哪个变体，是很难确定的。不论你如何描述，总会有人对你的描述提出挑战，他会说"我从来不那样讲"。最后，语言变化时，并不是一系列特征突然间被另一系列特征所取代。

在历时研究中，对比语言的不同形态时不考虑其各自的时间阶段。否则，语言的变化就不明显或者缺乏代表性。共时描述优先于历时描述之说，就是先要描述语言的状态然后才能对比。并不是说，描述语言的当前状态时，不用了解其先前的状态。实际上我们常常需要了解语言的先前状态才能准确地描述其当前状态。简言之，对语言历时变化的研究与其共时的变体研究之间有非常紧密的关系。

面对所有这些语言的外观以及人们可能达到的不同看法，语言学家就必须询问自己，他试图描述的到底是什么东西。索绪尔认为，语言是一个符号系统，声音只有当其用来表达或交流思想时才被以为是语言。否则，它们就只是噪声而已。为了交流思想，它们必须是规约和惯例系统的一部分，也必须是符号系统的一部分。这里所谓的符号，就是形式和意义的联合，索绪尔称之为能指和所指。尽管我们称其为能指和所指，似乎把它们看作彼此分离的独立体，而实际上它们只有相互结合作为符号的组成成分才得以存在。符号是语言事实的核心，因此我们想要区分什么是根本的、必然的，什么是次要的、偶然的，就必须从符号自身的特性入手。

## 三、索绪尔的遗产

索绪尔也最先指出符号学方法事关语言研究。他认为，只要有符号，就有系统。表示意义的行为都有共性，如果要研究它们的本质，就不能孤立地看待，而必须把它们放在一个系统中考虑。这样的话，潜在的东西就变得可观和明显。尤其是非语言活动被看作"语言"的时候，这种方法有很重要的意义。

语言学可以采用符号学（semiology）的研究模式，因为语言中的符号任意性和规约性非常清楚。非语言符号对于使用它们的人来说，没有什么特别需要注意的。但要研究其意义，就需要费很大力气，因为一个动作和行为表示什么意义并不因为其必然的和内在的特质，而是规约和惯例所表达的意义。索绪尔写道：符号的任意性原则没有人反对。但是发现真理往往比为真理派定一个适当的地位来得容易。上面所说的这个原则支配着整个语言的语言学，它的影响是多方面的。事实上，这些影响不是马上能看得很清楚的，人们经过许多周折才发现它们，同时也发现了这个原则是最重要的。

顺便指出，等到将来符号学建立起来的时候，它会提出这样一个问题：那些以完全自然的符号为基础的表达方式——如哑剧——是否属于它的管辖范围。假定它接纳这些自然的符号，它的主要对象仍然是以符号任意性为基础的整个系统。事实上，一个社会所接受的任何表达手段，原则上都是以集体习惯，或约定俗成为基础的。例如，那些往往带有某种自然表情的礼节符号（试想一下汉人从前用三跪九叩拜见皇上）也仍是依照一种规矩确定下来的。强制使用礼节符号的正是这种规矩，而不是符号的内在价值。因此我们可以说，完全任意的符号比其他符号更能实现符号方式的理想，这就是为什么语言这种最复杂、最广泛的表达系统也是最富有特点的表达系统。正是在这个意义上，语言学可以成为整个符号学中的典范，尽管语言也不过是一个特殊的系统。

索绪尔的符号学理论不仅开辟了一个新学科，而且为许多社会科学奠定了方法论基础。尽管符号学是一门年轻的学科，但事实证明能指与所指之间的关系无处不在，赋予社会符号特殊意义的潜在系统是值得研究的。现在人们认识到，很多被认为是习以为常的事件，其实后面都有一定的习俗、制度和社会价值的制约。符号学的发展，当归功于索绪尔这位伟大的思想家和语言学家。

索绪尔实际上对现代语言学产生了两大影响。首先，他提出了一个总方向，让语言学家明确了以前从未质疑过的研究对象。在这个意义上讲，索绪尔是现代语言学之父。其次，他影响了现代语言学研究的一些具体概念，如符号任意性、语言单位之间的差异关系、语言系统与语言现象的区分、共时和历时的区分等等。尽管这些概念都不是索绪尔首次提出的，但他的重大贡献在于开创性地推动和发展了这些概念，现代语言学的发展可以说是对这些准确概念及其意义的研究。因此可以说，索绪尔推动语言学进入了一个标志性的新时期，20世纪的所有语言学都是索绪尔语言学。

# 第二节　布拉格学派

布拉格学派（布拉格语言学会）的形成可以追溯到1926年，马泰休斯领导召开了该学会的第一次会议。布拉格学派提出了一种独特的研究风格，即共时语言学研究。它对语言学最重要的贡献就是从"功能"的角度来看待语言。布拉格学派一度成为影响语言学发展的最为重要的源头，甚至可以毫不夸张地说，"欧洲任何其他语言学团体都没有像布拉格语言学会那样产生了如此巨大的影响"。"布拉格学派曾影响到美国语言学的每一项重要发展"。尽管第二次世界大战爆发后布拉格学派的活动突然中断，但捷克斯洛伐克国内的语言学活动一直没有停止。其间发表了很多有价值的论文，都是用捷克语或斯洛伐克语完成的。

# 一、语言理论

在布拉格学派形成的诸多观点中，有三点至关重要。第一，对语言的共时研究由于可以得到全面的、可控制的语言材料以供参考而被充分强调。同时，也没有严格的理论藩篱将之与历时语言研究相分离。第二，布拉格学派强调语言的系统性（systemic）这一本质属性，指出如果从孤立的观点去研究语言系统中的任何成分，都不会得到正确的分析和评价。要做出正确的评价，就必须明确该成分与同一语言中相共存的其他成分之间的关系。换句话说，语言成分之所以存在，就在于它们彼此在功能上的对比。第三，布拉格学派在某种意义上把语言看作一种"功能"，是一种由某一语言社团使用的、用来完成一系列任务的工具。

布拉格学派最杰出的贡献是区分了语音学（phonetics）和音系学（phonology）。根据索绪尔对语言（langue）和言语（parole）的区分，他们认为语音学属于言语，音系学属于语言。在此基础上，他们提出把"音位"（phoneme）概念当作语音系统中的一个抽象单位，区别于实际发出的音。为了确定音位，他们使用"互换测试"（commutation tests），确定出改变意义的语音（如 bat/bet/bit）所具有的区别性特征。

这一基本概念被用在句法分析上。马泰休斯从句子所传达的信息角度来看待句子，认为句子有两个部分。第一部分是"主位"（theme），即从上文能得到的已知信息，对要传达的新信息没有很大作用。第二部分是"述位"（Rheme），是要传达的新信息。例如 He loves linguistics 中的 He 是主位，loves linguistics 是述位。主位和述位的区分，对各种语言变体和不同语言的结构分析都有用处。后来发现，这与决定信息分布的潜在规则有关，于是出现了"交际动力"（communicative dynamism）概念。一个语言成分具有的交际动力强度，就是这个成分帮助把交际推向前的程度。

从音位、词、短语和句子的功能出发，有些学者把语言的功能当作一个整体来研究。布勒（Karl Bühler）在 1934 年提出，语言有三种功能：表达（expressive）功能、意动（conative）功能、指称（referential）功能。这就是说，语言的功能：①表达说话者的感情；②影响听话者；③表现真实的世界。由于一句话同时表达的功能不止一个，所以布拉格学派语言学家提出了第四种功能——美学（aesthetic）功能，即语言可以为艺术服务。在布勒的三分法基础上，雅各布森 1960 年又提出了三个功能：寒暄（phatic）功能、元语言（metalingual）功能、诗学（poetic）功能。寒暄功能建立和维持人际交往的关系；元语言功能描述语言本身；诗学功能与布拉格学派的美学功能一致。

布拉格学派早期研究主要有三个方面：①为语言事实的共时研究方法做了理论上的开拓；②强调语言的系统性特征；③强调语言在已知语言社团中所发挥的功能。

给布拉格学派语言学思想带来系统和结构概念的是俄国学者雅各布森和特鲁别茨科伊。在 20 世纪 20 年代末，雅各布森指出，如果孤立地看语言，不可能做出正确的分析和评价。要对一个语言里出现的成分进行正确的评价，必须考虑同一语言系统中的其他成分。他相信，在一个系统里，成分之间的关系经常受到影响并被其他的关系取代，这些变化的主要目的就是保持这一语言系统的平衡。20 世纪 50 年代以后，新一代的布拉格学派语言学家继承老一辈人的传统，继续钻研。他们的理论可以归纳如下：

## （一）语言的演变

语言不是一个绝对统一、封闭的系统，而是一个开放的、包含着相互依存的子系统的系统。子系统就是通常说的语言的各个层面——语音、形态、词汇、句法。这种子系统相互依赖，其中一个子系统发生变化就会导致同一语言中另一个或多个其他子系统发生变化。

## （二）语言系统

雅各布森指出，没有一种语言具有完全平衡的系统。任何语言系统都有结构上的缺陷。虽然美国语言学家霍凯特和派克用"模糊点"（fuzzy points）来形容，但布拉格学派语言学家把这些结构缺陷称作语言系统中的"外围成分"（peripheral elements），与"中心成分"（central elements）相对立。即使语言结构有缺陷，也并不影响用结构方法研究语言。相反，这正好符合语言系统作为一个动态结构的看法。如果语言系统不是动态的，语言结构没有缺陷，语言也不可能发展。

语言系统不平衡的动态性是语言交际功能的必然结果。使用语言谈论的这个客观世界是不断变化的，而且越来越复杂。因此，语言就要不断打破自己的平衡以适应这种复杂性和交际功能的需要，这在词汇层面上尤为明显。为了描述日新月异的科学技术事实和社会现实，使用语言的人必须有新的词汇手段或给已有的词汇添加新的意义。从这种意义上讲，没有任何一种语言可以完美地执行所有交际任务，任何一种语言也不可能达到绝对平衡的状态。

## （三）标准语言（standard language）

语言作为一个开放动态的系统，这一概念可以用来分析标准语言。布拉格学派最先提出了完善的有关标准语言的功能理论。这个理论以"灵活稳定性"（elastic stability）的假设为依据。其灵活性特征是充分尊重语言系统的动态本质，其稳定性特征是强调语言的系统性（systemic）本质。对语言社团的成员来说，书面语言标准是某种稳定的规范，不仅能保证人能够相互理解，而且还能保证整个语言社团里有统一的美学价值。

"功能文体"（functional style）这一概念来自布拉格学派：语言与言语行为之间有某种关系，因此，分析文体就是分析语言的不同功能。这种功能的基础就是语言的结构特征。但是，研究文体不仅仅意味着研究语言的词汇和语法特点，还要研究语言的组织原则，或者说是功能性结构。词汇语法特征与组织原则之间存在着根本的不同，因为组织原则是独立于语言的成分。

### （四）主位与述位

功能和结构方法使布拉格学派语言学家更深刻地了解了日常生活中话语的组成方式。在 20 世纪 30 年代，马泰休斯修正了传统语法中主语和谓语的概念，以"主位"和"述位"来代替。虽然英美语言学家在 50 年代提出了类似的"话题"（topic）和"评述"（comment）的区分，但马泰休斯的概念能够分析各种语言的结构并且分析出尚未知晓的句法学和文体学中的特色。

主位—述位的区别常常与主语—谓语之分相对应。我们说"张三打了李四"或"John killed Mary"，因为我们已经在讨论着张三或 John，想说的是他做了什么，或者说，听众已经知道张三打人或 John killed someone 的事实，我们想告诉被打或被杀的人到底是谁①。但是，如果听话的人知道李四被打或 Mary was killed，那么我们就要把"张三"和"John"放在述位，把"打了李四"和"killed Mary"放在主位，必须说"李四给张三打了"和"Mary was killed by John"。

### （五）语言功能

布拉格学派研究语言的方法对揭示语言的感情功能尤其重要。在布勒的三分法中，虽然第三个功能表达的是反映被表达的超语言现实（extralinguistic reality）的实际内容，但第一个和第二个功能都是为表达感情服务的。从这个角度研究实际话语的重要性在于，总能发现表达感情的语言是使用非感情交流目的的语言。例如，用表示女性的代词指称没有生命的物体，可以被看作感情色彩很强的一个信号：The poor little car, she had a breakdown. 这就使我们自然而然地总结出一个结论，语言使用的文体差异是使用语言的人在表达上的不同，实际上它们表达的是一样的超语言现实。使用语言的人在已有的语言资源和手段中做出了适当的选择，而且这一选择过程是为了不同的具体目的服务的。例如，一次旅行可以用不同的语言手段描述，取决于说话的人讲给亲密朋友、上司或写成游记在刊物上发表等等目的。选择过程中的这些差异实际上与语言的所有层面都有关。

## 二、音位学和音位对立

布拉格学派最突出的贡献在于其音位学说以及对语音学和音位学的区分。波兰语言学家博杜恩·德·库尔德内（Baudouin de Courtenay，1845—1929）早在 1870 年就区分了索绪尔后来命名为 langue 和 parole 的概念，在 1876 年区分了语言的静态和动态特征，在 1881 年又提出音素和音位是两个不同的语言学单位。他对布拉格学派语言学家的影响非常大，其中最具影响力的学者是特鲁别茨科伊。

特鲁别茨科伊生于莫斯科，其父是莫斯科大学教授，父亲给他提供了很多参与学术讨论的机会。15 岁时他就开始发表民间故事方面的学术论文。1908 年进入莫斯科大学后，学习哲学和心理学。从第三学期开始，转向语言学，修了印欧语言的历史比较语言学课程。

① 吴春梅. 试析互动模式在高中英语教学中的应用 [J]. 中学课程辅导（教学研究），2013, 7(26)：97.

从 1913 年到 1914 年，他到莱比锡听布鲁格曼（Brugmann）和拉斯金（Raskin）等人的课程。1915 年回到莫斯科大学，任历史比较语言学副教授。1917 年移居国外，1922 年开始在维也纳大学任教。1929 年后，研究兴趣转向音位学。

他最完整和权威的论述都集中表述于 1939 年出版的《音位学原理》一书中。这是他历时 12 年苦心钻研的成果，在病床上口授的。遗憾的是，离全书完稿还差 20 多页的时候，他与世长辞，年仅 48 岁。后来，他的著作被译成德语、法语、俄语出版。

特鲁别茨科伊在讨论音位时，沿用了索绪尔的理论。他提出，语音学属于"言语"，而音位学属于"语言"，首创了研究语言的独特方法"音位学"。他对音位学的定义是：研究语音功能的学科。因而他和布拉格学派其他语言学家都被称作"功能主义者"。

在日常生活中，我们可以发现语流中的音并不十分清楚。每一个音，都与别的语音或别人发出的音有区别，不是在一个准确的点上产生，而是在一个适当的范围内。比如，tea、two、tar 这三个词中的 /t/ 就不相同。只要在这个范围内，这个语音有好几种体现的方法。一旦一个语音的体现超出了这个范围，就会被理解为另一个音或说话者在表达别的东西。如果不顾语音的意义，我们就能发现，每一个语音都有独有的特征。有些音不会使词汇的意义发生变化。而有些音会使词汇的意义发生变化，因为它们有区别性功能。这可以从元音系统看出。讲英语的人在这个区域范围内更有区别性。哪些音有明显的区别性特征？决定它们的是意义。不表示语义差别的语音差异不是区别性的，而是属于音位层面的。事实上，并不是语音本身来区别音位的，音位只是语音的对照性功能。因此，音位的定义就是这些区别性功能的总和。它不是具体的东西，而是抽象的概念，语音只有在区别意义的时候才是音位。

音位有三个特征：①有区别性；②是最小的语音单位；③只能通过区别性特征来确定。不同的语言有不同的音位系统，一种语言中具有明显意义的语音在另一种语言里并不明显。即使说话的人有微小的语音差异，只要他的发音基本正确，我们都不会理睬这些小差异而能明白他的意思。同样，当我们确定意义差别的时候，我们看的是最基本的区别性特征。这是音位学的基础。

特鲁别茨科伊在给区别性的语音特征进行分类时，提出了三条标准：①它们与整个具有对立性质的系统之间的关系；②对立成分之间的关系；③区别力的大小。这些所谓的对立可以被概括为：

a. 双边对立（bilateral opposition）。如果两个音位所共有的语音特征只属于这两个音位，它们的对立就叫双边对立。换句话说，就是它们共有的特征不同时出现在其他音位中。例如 /p/ 和 /b/ 就共有一个"双边"的特征。

b. 多边对立（multilateral opposition）。这是一种更为松散的关系。例如 /a/ 和 /i/ 仅仅因为都是元音这个特征而彼此相似，它们共有的"元音"这个特性也同时被其他的元音共同拥有。

c. 均衡对立（proportional opposition）。如果同一项特征同时可以区分若干组音位，这种音位对立就叫作均衡对立。例如,英语里清与浊的关系(如 /p/ 和 /b/)就是均衡对立的,因为它们之间的对立与 /t/ 和 /d/、/k/ 和 / g / 之间的对立特征相同。

d. 孤立对立(isolated opposition)。如果两个音位的对立关系是独特的,是其他音位对立中找不到的,这两个音位的关系就是孤立对立。这种对立特征不能被语言中其他音位分享。例如,英语中的 /v/ 和 /l/,前者是一个唇齿摩擦浊辅音,后者是一个双边辅音,这就是孤立对立。

e. 否定对立(privative opposition)。如果两个音位一个具有某种特征而另一个不具有这种特征,就叫否定对立。例如,送气的 /p/ 和不送气的 /b/ 的对立,鼻化音 /m/ 和非鼻化音 /b/ 的对立。

f. 分级对立(gradual opposition)。如果两个音位的对立具有不同程度的同一特征,就叫分级对立。

g. 等价对立(equipollent opposition)。如果两个音位可以在逻辑上看成是等价的,既不是分级对立,又不是否定对立,就叫等价对立。例如英语中的 /t/ 和 /p/、/t/ 和 /k/。

h. 中和对立(neutralizable opposition)。如果两个音位在有些位置上是对立的而在其他位置上失去对立,这就叫中和对立。例如英语中的 /p/ 和 /b/ 出现在 /s/ 之后就失去对立。再如德语中的浊辅音,在词尾位置上就变为清辅音 Rat( 劝告 )和 Rad( 轮子 ),书写形式不同,发音却完全一样。

i. 永恒对立(constant opposition)。如果对立的音位可以出现在一切可能的位置上而不会取消对立,则称永恒对立。例如,在尼日利亚的努皮(Nupe)语中,一般音位结构是一个辅音跟着一个元音,只有少数例外。/t/ 与 /d/ 的对立是在一切辅音位置上都不消失的对立,就是永恒对立。

特鲁别茨科伊对音位理论的贡献涉及四个方面。第一方面,他指出了语音的区别性功能并且给音位做出了准确的定义;第二方面,通过区分语音和音位以及文体音位学(stylistic phonology)和音位学,从而界定了音位学研究的范围;第三方面,通过研究音位的组合关系、聚合关系来解释音位间互相依赖的关系;第四方面,他提出一整套用于音位研究的方法论,如确立音位的方法和研究音位结合的方法。

## 三、区别性特征

特鲁别茨科伊发现了对立的特征,雅各布森进一步发展了音位学理论。

雅各布森曾就读于莫斯科大学东方语言专业。从 20 年代初开始在布拉格做研究和教学工作,直到 1933 年纳粹占领捷克时才离开,第二次世界大战期间的大多数时间在美国纽约避难。1949 年,到哈佛大学。实际上,雅各布森是欧洲与美国语言学传统之间为数不多的纽带人物。雅各布森 1955 年出版的《音系学与语音学》(*Phonology and Phonetics*)是区别性特征理论的杰出代表。他在声谱基础上分析了语音,为语音学和音系学都做出了重大贡献。比如，语音描述是根据发音部位和发音方式研究语音的。描述英语辅音时，就会写出课本上常用的那种复杂图表，这种方法不但烦琐而且不科学。科技的发展，可以使我们通过音响特征来区别声音。为了区别两个不同的音，如 /t/ 和 /d/，就可以描述其特征并描述其音响符号。以前只描述一个音是怎么发出的，现在可以描述这个音听起来是什么样子。

古典布拉格学派的理论把语音特征仅仅当作划分音位的依据，但雅各布森把特征本身（而非不可分割的音位）当作音位学的基本单位，并进一步拓展了有关理论。

语言学分析逐步把复杂的言语单位分解成语素，又把这些最小的意义单位分解成能相互区别的组成部分。这些组成部分叫作"区别性特征"。这样的话，语言和语言分析就有两层内容：一方面是语义，另一方面是特征。

每一个特征都涉及在一组对立的情况下做出的选择。雅各布森区分了两大组固有的特征，有十二种对立，几乎概括了所有语言的音系特征。所有这些固有特征可以分为两大类，音响特征（sonority features）和音调特征（tonality features）。前者很接近韵律力（prosodic force）和量的特征（quantity features），后者很接近音高特征（prosodic pitch features）。

雅各布森把最小音位特征的概念看作与现代物理学中取得的成果相似，即物质是由基本微粒组成的。区别性特征理论揭示了构成语言音位的最基本特点。这一理论对音位学的重要性在于建立在音响特征基础之上的区别性特征创造性地揭示了音位对立，而不是描述语音特征。

## 四、句子功能前景

句子功能前景（Functional Sentence Perspective）是一套语言学分析理论，指用信息论的原理来分析话语或篇章。其基本原则就是评价话语中每一个部分对全句意义的贡献。

一些捷克斯洛伐克语言学家对以功能的视点分析句子的问题投入了相当大的注意力。他们认为一个句子总是包含出发点和核心，所谓话语的出发点，是说话人和听话人都知道的东西——这是他们的共同点，叫作主位。而话语的目标，仅仅表现对听话人来说意义重大的信息，叫作述位。从概念出发点（主位）到话语目标（述位）的运动，揭示了大脑本身的运动。不同的语言使用不同的句法结构，但是表达思想的次序基本相同。基于上述论点，他们提出了"句子功能前景（FSP）这一概念，用来描述信息是如何分布在句子当中的。句子功能前景主要涉及已知信息（被给信息）和新信息在话语中的分布形成的效果。所谓已知信息，是指那些对于读者或听者来说并非新信息的信息；而所谓新信息，是指那些将要传递给读者或听者的信息。正像我们看到的那样，主语、谓语的区别并不总是对应于主位和述位。

马泰休斯对句子功能前景理论的最大贡献是探索了它所发挥的作用。他认为，词序现象构成了一个以词序原则（word order principles）为特征的层级系统。这个层级系统取决于这些原则运行的程度和方式。在捷克语的词序系统里，最主要的原则是句子功能前景：主位—过渡—述位的序列把词序转换成非感情性的、无标记的，而述位—过渡—主位的序列会转化成感情性、有标记的序列。马泰休斯的"过渡"是指实际上属于述位但处于外围状态而介于主位与述位之间的那些成分。他认为，在交流中，语言的词汇、语法手段会因说话人当时的需要而被用来达到具体的目的。在与交际语境的要求相适应的情况下，词汇单位会获得意义，而这个意义从语法上来讲，总有一个主语和谓语分裂成主位和述位。

丹尼斯（F.Danes）和其他学者提出了句法研究的三个层面：语义层面、语法层面、语境层面（句子功能前景）。早在 1926 年，尔特勒（V.Ertl）区分了语法主语（grammatical subject）、逻辑主语（logical subject）和心理主语（psychological subject）。例如，表达某人或某物的特性的逻辑主语是语义层面上的现象。马泰休斯把语义与语法结构看作可以在不同语境下发挥作用并表现出不同前景的手段，因此他区分了两种句子，一种属于语言系统，另一种属于语境的一部分（话语）。但是丹尼斯认为，话语现象显示出的模式正好是句子功能前景理论研究的对象。与这三个层次相一致，就可以区分语义句型（semantic sentence pattern）、语法句型（grammatical sentence pattern）、交际句型（communicative sentence pattern）。可以想象出一种语境，在这种语境里，语义结构与语法结构（如 John has written a poem）可以在动作者—动作—目标（agent-action-goal）的语义句型、主语—动词—宾语（subject-verb-object）的语法句型以及主位—过渡—述位（theme-transition-rheme）的交际句型模式下充当话语。

在探索结构与功能的关系时，费尔巴斯（Jan Firbas）提出了"交际动力"（CD）的概念。其基础是语言交际并不是静态的现象，而是动态的。费尔巴斯的这个概念是指信息形成过程中表现出来的交际特征。交际动力的大小是一个语言成分所起的作用，或者说是语言成分对交际影响的程度，因为它"向前推进交际"。因此在正常语序里，He was cross 从交际动力的角度可以解释为：He 负载的动力最低，cross 负载的交际动力最高，was 介于两者之间。

费尔巴斯认为，研究语言材料中决定交际动力程度分布的规律，可以更深入地认识语言功能。任何成分——句子、短语、词、语素都可以得到突出，以形成明显的反差。如 John was reading the newspaper 中，强调 was 就说明其他都是已知信息，只有 was 是待传送的信息，与现在时形成反差。在这种情境下，唯一传送新信息的成分是独立于上下文的，而其他所有传递已知信息的成分则依赖于上下文。因此，由于语境因素的存在，对上下文依赖与否主要取决于交际的目的，在 John has gone up to the window 中，the window 未必在上文是已知的，但是既然交际的目的是要表达"运动的方向"，the window 必然独立于上下文而出现。如果一个宾语与上下文无关，如在 I have read a nice book 中，a nice book 比限定动词拥有更大的交际力，这是因为宾语是表示对动词的扩展，因而也就更为重要。同样地，如在 He was hurrying to the railway station 中，独立于上下文的表示地点的状语成分要比行为动词的交际力更大。这是因为状语成分表示出动作的方向，因而比动词本身更为重要。

在确定独立于上下文的成分所负载的交际力时，有两个需要考虑的因素：①语义结构，②在线性排列中语言成分的位置。首先，对句子功能前景层次上的语义结构而言，如果一个宾语依赖于上下文，那么它就比限定动词负载着更大的交际力。这是因为前者比后者中的这一部分更重要。其次，不依赖于上下文的地点状语成分要比表达运动的动词含有更大的交际力。表达动作的方向时，状语成分比动词的交际力更大。例如，在 I do not know you were hurrying to the railway station 中，were hurrying 并不比 to the railway station 含有的交际力大。

如果动词、宾语以及状语不依赖于上下文，通常主语负载的交际力都要比动词、宾语及状语更小。这是因为主语表示出来的施动者，无论是已知还是未知，它的交际性都不如由限定动词表示出来的未知动作或是该动作所指向的未知的目标（由宾语和表地点的状语表现出来）重要。例如，在 A man broke into the house and stole all the money 中，其交际的最终目的是要陈述行为（the breaking and stealing）以及行为的目标（the house and the money），重点并不是那个施动者（a man）。但是，如果主语伴随着一个表示"存在"或"出现"意义的动词（也有可能是一个表示时间、地点的状语），而且主语是独立于上下文的，那么这个主语就具有最大的交际力。这是因为一个新人物出场或者某一事件的发生，人物或事件本身要比（诸如当时当地的背景等）场合和"出现"的动作重要得多，如 An old man appeared in the waiting room at five o'clock。而在 The old man was sitting in the waiting room 中，如果主语依赖于上下文，表示时间或地点的状语却不依赖上下文，这些状语就会变得更为重要，而且具有超过主语和限定动词的更大的交际力。在以上例子的结构中，语义内容和关系决定了交际动力的程度，而且它们与语言成分在线性排列中的位置没有直接关系。但是，并非所有的语义内容和关系都能以同样的方式表示交际力的程度。例如，语境独立的不定式放在句末时，负载的交际力较小，试比较：

He went to Prague to see his friend.

In order to see his friend, he went to Prague.

同样，不受语境制约的直接宾语或间接宾语，出现在线性排列中位置靠后的那一个成分，交际力要大些，如 He give a boyan apple 和 He gave an apple to a boy。

费尔巴斯把句子功能前景定义为"不同程度的交际力的分布"。他的解释是排列的第一个成分负载的交际力最低，然后逐步增加，直到交际力最大的成分。但是，相对于主位在前、过渡居中、述位在后的规则来说，会有些例外的情况发生。而且，有时候整个分布场都不受语境的制约（如 A girl broke a vase），于是，主位也不一定总是受着语境的制约。但是，一切受语境制约的成分总是主位的。另外，非主位的成分总是独立于语境，但并非所有独立于语境的成分都是非主位性质的。

在实际分析中，遇到的情况要更复杂。费尔巴斯分析了英语中六类谓语动词的特征。

第一类是以 What did you say 为代表的。疑问句有两种功能。一是表示提出问题的人希望知道的内容，二是告诉被问的人需要提供什么信息。第一个功能是由 what 来实现的，第二个功能由其他部分实现。但是，句子的其余部分有好几个功能性前景：What did you say？ What did you say？ 和 What did you say？

第二类是以 They were booked up too，really... 为代表的。这个句子中的动词显然是已知信息，交际力基本消失。

第三类是以 The proprietor was most friendly 为代表的。英语动词中只有 to be 的语义因素最弱且交际力极小，只构成过渡作用。

第四类是以 Then I retired to a seat in a park and spent half an hour... 为代表的。这类句子的动词语义成分也很弱，后面常常跟着一个独立于上下文的宾语成分，因此动词本身的交际力很弱，构成"过渡"。

第五类是以 We missed the news last night 为代表的。这类句子中的动词可以通过韵律特征（重读）达到对比的效果，从而获得极大的交际力，构成真正的述位。

第六类是以 Well，that does sound nice 为代表的。这类句子中的动词韵律特征功能最强。但其功能不是由动词的意义部分 sound 来完成，而是靠情态部分 does 来完成。

据费尔巴斯统计，这六类动词中，第四类出现的频率最高。揭示词序仅仅是交际力分布的手段之一的这一事实，具有深远的意义，因为虽然词序会有不同或变化，但在一个分布域（distributional field）内的语言成分之间与交际动力有关的关系总是不变的。

布拉格学派兴盛的时间虽然并不长，但它在语言学史上的意义是重大的。布拉格学派的语言学理论，全面深刻地体现了结构主义思想，使他们得出的原则具有普遍意义，从而使语言学研究走上了科学的道路。20 世纪的美国音位学、功能语法理论和文体学，都离不开布拉格学派的理论，如音位学理论和句子功能前景理论。

# 第三节　哥本哈根学派

在布拉格学派语言学家研究语言学理论的同时，以丹麦哥本哈根为中心，诞生了结构主义三大流派之一的一个语言学流派——哥本哈根学派。该学派成立于 1931 年，在欧洲结构主义传统的基础上继承和发扬了索绪尔的结构主义理论，在现代语言学史上具有重要地位。

哥本哈根学派人数不多，主要代表人物是叶尔姆斯列夫（L.Hjelmslev，1899—1965），其他代表人物有马尔达尔（H.J.Uldall）和布龙达尔（V.Brondal，1887—1942）。

叶尔姆斯列夫生前曾任哥本哈根大学哲学系所属的比较语言学和语音学研究室主任。他一生的著作有百余种，不过集中反映其理论观点的著作是《语言理论导论》(*Prolegomena to a Theory of Language*，1943) 一书。这位丹麦语言学家 20 世纪 50 年代才受到真正重视。

他的理论极大地影响了后来提出层次语法（stratificational grammar）的美国语言学家兰姆（Sidney Lamb）。

哥本哈根学派继承了索绪尔关于语言是一个符号系统、语言是形式而不是实体等观点，并进一步加以发展，从而形成了一个与布拉格学派极不相同的结构主义学派，有人称之为语符学（glossematics）。语符学强调语言学理论的本质和现状以及语言与描述之间的关系。同时也区分了系统与过程，即对任何一个过程来说，都有一个相应的系统，在这个系统里，过程可以得到描述。语符学的主要特征之一是强调研究关系而不是物质对象。物质对象可以被看作功能性的。

哥本哈根学派的特点是偏重纯理论研究，具体语言分析方面的著述极少。因此，即使是赞成这个学派观点的一些语言学家也不得不承认哥本哈根学派的理论对语言科学没有多大的实际用处。例如，美国结构主义语言学家加尔文（Paul Garvin）就曾指出："当你理解了《语言理论导论》的观点时，你会感到一种享受。但是，这本著作对于具体的语言分析帮助不大。"尽管哥本哈根学派人数不多，偏重纯理论研究，但它在现代外国语言学诸流派中，仍占有重要地位，这大概是因为这种理论顺应了许多人文科学和精密科学发展的总趋势。

哥本哈根学派和布拉格学派都力图贯彻索绪尔的语言理论，但是这两个学派却以索绪尔语言理论的不同方面为依据，因此其结论也各有差别。哥本哈根学派的代表人物叶尔姆斯列夫抛弃了索绪尔关于语言的社会本质的论点、关于音位的物质性的论点，排除了索绪尔理论中与语言现实有联系的组成部分，而把索绪尔关于语言是一个符号系统、关于语言和言语的区分、关于语言是价值体系、关于语言是形式不是文体等论点发展到极致，得出了一个在逻辑上前后一贯的、自圆其说的语言理论体系。所以，我们可以把叶尔姆斯列夫的语言理论看成是对索绪尔语言理论的片面解释，当然其中也不乏叶尔姆斯列夫本人的独到见解。

叶尔姆斯列夫在早期研究中相信，词序相当重要，研究表达形式应该优先于研究意义。后来在研究了格的范畴后认为，研究意义应该优先于研究表达形式，因为格可以由意群来界定。最后，他采取了一个非常抽象的研究方法，提出语言系统含有很多关系，语言学研究的重点应该是这些关系，而不是表现这些关系的成分。

叶尔姆斯列夫的《语言理论导论》是他语言学理论方面问题研究的高度概括。在这本书中他讨论了常量和变量问题、语言图式和运用、分析的实体、语言与非语言、符号学等。叶尔姆斯列夫对语言的描述无疑具有浪漫主义色彩，但他确实注意到了语言的重要特质：语言的遗传性、社会性、重要性、与思维的关系、与文化的关系以及语言与言语的区别等。

叶尔姆斯列夫指出，不该把语符学与索绪尔的理论等同，很难说索绪尔的观点是如何在思想中具体形成的，而他自己的理论和方法在接触到索绪尔的观点之前就已经逐渐形成了。回过头来阅读索绪尔的《普通语言学教程》，更加证实他自己的许多观点。他说索绪尔以前的语言学中，任何问题都是从个人行为的角度提出的。言语活动被缩小为个人行为的总和。新语言学理论与传统语言学的原则区别正是在这里。尽管索绪尔承认个人行为的重要性及其对语言变化的决定性作用，对传统观点做了充分的让步，但是他终于建立了与以前根本不同的原则：结构语言学，格式塔语言学（Gestalt linguistics），它应该代替，至少是补充以前的纯联想的语言学。

叶尔姆斯列夫提到的"格式塔语言学"，也就是按照格式塔心理学建立的语言学。他认为，结构语言学实质上就是格式塔语言学。"格式塔"，是指任何一种被分离的整体，格式塔语言学是反对元素分析，强调整体组织的语言学。叶尔姆斯列夫认为，这种语言学才是真正体现了结构主义精神的结构语言学。在他看来，结构语言学必须强调，语言现象是一种格式塔，是一个"被分离的整体"，整体并不等于部分的总和，它并不是由若干个部分组合而成的，整体乃是先于部分而存在的，并且它还制约着部分的性质和意义。

叶尔姆斯列夫公开声称，哥本哈根学派是从属于用结构主义方法研究语言学的一个学派。他说："没有必要提及那些在语言学中应用结构主义方法而得出的结论。只要指出下述情况就足够了：有了结构主义方法之后，语言学才彻底脱离了主观主义及不精确的状况，才脱离了直觉的、纯粹个人的论断，而最终有可能变为真正的科学。……当语言学成为结构主义的语言学时，它才是客观的科学。叶尔姆斯列夫的主要观点包括以下几个方面。

## 一、语言的本质

叶尔姆斯列夫总结了前人对语言的观察，全面地阐述了语言的性质。他认为语言是取之不尽用之不竭的资源。"语言即人的话语，是永不枯竭的、涉及众多的巨大宝库。语言不可与人分割开来，它伴随着人的一切活动，语言是人们用来构造思想、感情、情绪、抱负、意志和行为的工具，是用来影响别人和受别人影响的工具，是人类社会的最根本、最深刻的基础。同时，语言又是每个人最根本的、不可缺少的维持者，是寂寞中的安慰；在十分苦恼时，诗人和思想家是用独白来解决思维矛盾的。在我们有意识之前，语言就已经在耳边回荡，准备环抱我们最初思想的嫩芽，并将伴随我们的一生。不论是日常最简单的活动，还是最崇高的事业，或者私人生活，人们一分一秒也离不开语言。是语言赋予我们记忆，我们又借助记忆而得到温暖和力量。然而，语言不是外来的伴侣，语言深深地存在于人脑之中，它是个人和家族继承下来的无穷的记忆。而且，语言是个人性格的明显标志，不论是何种性格；它又是家庭和民族的标记，是人类的崇高特权。语言与性格、家庭、民族、人类、生活之联系如此紧密，我们有时甚至怀疑语言是这一切的反映，或者是这一切的集合，是这一切的种源。"

要建立一门真正的语言科学，而不是辅助性的科学，语言学就必须抓住语言的本质，不是把语言当作一种非语言现象的聚合，而是自足的、本身结构的总和。只有这样，才能真正地、科学地研究语言①。

---

① 左滢.ACTIVE教学模式在高中英语读写结合课中的实践研究,以Schoollife教学为例[J].英语教师,

## 二、语言学理论与人文主义

通过纯形式方法研究具体语言结构的理论，不能只注意这些言语变化因素的变化。根据语言的符号逻辑理论，叶尔姆斯列夫认为，语言学不同于历史、文学、艺术等人文科学，语言学理论是发现一种常量（constant），使之投射于现实。在任何过程中，必然有一个系统；在任何变动中，必然有一个量。语言学的任务就是演绎建立这个系统，这个系统将预见到语言单位的各种可能的组合。因此，它必然要高于单纯描写的科学。正是这种常量而不是语言以外的某种"现实"中的东西，它决定了语言的本质，使一切实体与变体基本一致。传统语言学所采用的归纳法只能指出不同语言中的差异，而不能引导研究者得出他们所要追求的常量，因而不能建立语言理论。真正的语言学必须是演绎的。

## 三、语言学理论与实证主义

叶尔姆斯列夫认为，语言学理论要受实验数据检验。他的原则是，描写不能出现前后矛盾，要详尽无遗而且要简单明了。但坚持经验、实证主义原则并不意味着坚持归纳法。叶尔姆斯列夫认为归纳法有明显的缺陷，发现的是变量，不是常量，比如"完成""虚拟""被动"等概念在不同语言中指不同的事实。所以他坚持，语言学研究应该采用演绎法，从一般到具体，是分析而不是综合。尽管实证主义原则与归纳法有矛盾，但他说只有通过这个办法才能更为全面地看待语言问题。一方面，语言学理论要能经得起语言事实的检验。另一方面，语言学理论应该囊括所有语言事实。也就是说，理论与事实应该互补。虽然语言学理论依赖于语言事实，但语言事实也可以依赖于理论。从任意性角度来看，这样的理论也许不现实。但从适合性上来看，这样的理论又是现实的。

## 四、语言学理论的目的

叶尔姆斯列夫认为，以前的语言学往往把语言研究作为工具，而不是作为目的。把语言看成是符号系统，为的是研究人类思维系统和人类心理实质；把语言看成是一种社会制度，为的是研究一个民族的特征；把语言看成一种不断变化的现象，为的是研究个人语体变化和人类的变迁。叶尔姆斯列夫提出了语言学理论及其描述应该达到的标准。他说，语言学理论应该是内在的，也就是说，应该把语言当作自足的结构来分析，同时也应该有任意性和合适性。其目的应该是提供一个描述程序，这个描述程序应该始终一致、恰当、简单。语言学理论研究的是篇章，但理论所提供的不仅仅是理解某个篇章的程序，而是理解一切篇章的程序，既包括现存的篇章也包括潜在的可能篇章，不仅仅适合于一种语言的篇章分析，而且适用于一切篇章的分析。

2017，17（4）：141-143+154.

叶尔姆斯列夫忠实地继承了索绪尔的理论。他把整个语言学归为结构问题，即语言的形式问题，正是受到索绪尔的语言符号理论、价值理论和一系列对立关系等概念的影响。同时，他在很多方面发扬了索绪尔的思想。索绪尔把语言符号分为能指和所指，叶尔姆斯列夫提出了两个平面的理论，把语言世界分为两个平面四个方面，并提出了语言的三种关系（决定关系、依存关系和并列关系）。

哥本哈根学派的语言学理论的目的是解决两个问题。第一是语言学的对象问题，第二是语言研究的准确化问题。他们在追求形式化的过程中，把语言学与数理逻辑紧密结合起来，认为只有语言学成为结构主义的语言学时，才是客观的、科学的。这个思想对包括哈里斯、乔姆斯基、韩礼德等在内的不同语言学流派的语言学家都有很大影响。

# 第四节　英国语言学派

伦敦学派通常是指英国的语言学研究。英格兰不仅在语言学研究方面有着悠久的历史，而且在现代语言学领域也独具特色。弗斯（J.R.Firth，1890—1960）使语言学在英国成为一门公认的科学，他也于1944年成为英国第一位语言学教授。在英国，大多数教授语言学的大学教师都接受过弗斯的指导或受反映弗斯思想的著作的影响。所以，尽管语言学研究后来开始在许多地方盛行起来，"伦敦学派"还是专门用来指独具特色并有英国风格的语言学研究。弗斯主要受人类学家马林诺夫斯基（B.Malinowski，1884—1942）的影响，继而，他又影响了他的学生——著名的语言学家韩礼德（M.A.K.Halliday，1925—2018）。他们三人都强调"语言环境"和"语言系统"的重要性。因此，伦敦学派也被称为系统语言学和功能语言学。

## 一、马林诺夫斯基的理论

马林诺夫斯基自1927年开始一直在伦敦经济学院任人类学教授。他所创立的理论中，最重要的就是有关语言功能的理论，这与他纯粹的人类学研究有着明显的区别。在马林诺夫斯基看来，语言并非将思想从说话人的大脑传递给听话人的大脑的手段，也不是什么与思维相对应的东西，而应该被看作一种行为模式。按照马林诺夫斯基的观点，话语的意义并不来自构成话语的词的意义，而是来自话语与其所发生的语境之间的关系。

马林诺夫斯基的主张主要基于两种判断：第一，原始社团因为没有书面语言，所以语言只有一种用途。第二，一切社会中儿童都是以这种方式学会语言的。马林诺夫斯基巧妙地比喻道，在儿童看来，一个名称对它代表的人或物具有某种魔力。儿童凭借声音而行动，周围的人对他的声音做出反应，所以这些声音的意义就等于外界的反应，即人的活动。

马林诺夫斯基认为，话语常常与周围的环境紧密联系在一起，而且语言环境对于理解话语来说是必不可少的；人们无法仅仅依靠语言的内部因素来分辨话语的意义；口头话语的意义总是由语言环境决定。马林诺夫斯基还区分了三种语言环境：①言语与当时的身体活动有直接关系的环境；②叙述环境；③言语仅仅被用来填补空白的环境——寒暄交谈。

就第一种语言环境来说，马林诺夫斯基指出：一个词的意义并不是由其所指的自然属性给予的，而是通过其功能获得的。原始人学习一个词的意义的过程不是去解释这个词，而是学会使用这个词。同样，表示行为的动词，通过积极参与这个行为而获得意义。对于第二种语言环境，马林诺夫斯基进一步区分了"叙述本身所处的当时的环境"和"叙述涉及或所指向的环境"。第一种情况"由当时在场者各自的社会态度、智力水平和感情变化组成"。第二种情况则通过语言所指来获得意义（例如神话故事中的情境）。马林诺夫斯基坚持认为，尽管叙述的意义与语言环境没有什么关系，但可以改变听话人的社会态度和思想感情。第三种语言环境是指一种诸如"自由的、无目的的社会交谈"。这种对语言的使用与任何人类活动都毫无关系，其意义不可能来自使用语言的环境，而只能来自"社会交往的气氛……谈话者之间的私人交流"。例如，一句客气话，它的功能与词汇的意义几乎毫不相干，马林诺夫斯基把这种话语称为"寒暄交谈"。马林诺夫斯基在他 1935 年发表的《珊瑚园及其魔力》（*Coral Gardens and Their Magic*）一书中进一步发展了他的语义学理论，并且提出两个新的观点。第一，他规定了语言学的研究素材，认为孤立的词不过是臆造的语言事实，不过是高级语言分析过程的产物。有时候，句子是个自成一体的单位，但即使是句子也不能看作完整的语言素材。在他看来，真正的语言事实是在实际语言环境中使用的完整话语。马林诺夫斯基的第二个观点是：如果一个语音用于两种不同的语言环境，则不能称之为一个词，而应该认为是两个词使用了同样的声音或是同音词。他说要想规定一个声音的意义，就必须仔细研究它被使用时的环境。意义不是存在于语音中的某种东西，而是存在于语音与环境的关系之中。

马林诺夫斯基的"语言环境"和"意义是情境中的功能"这两个概念，为后来弗斯的语言学研究提供了相当有利的条件。

## 二、弗斯的语言学理论

弗斯通过吸收索绪尔和马林诺夫斯基的某些观点并继承了他们的传统，同时又发展了他们的理论并提出了自己的见解。在马林诺夫斯基的影响下，弗斯把语言看作社会过程，认为其是人类社会生活的一种方式，而并非仅仅是一套约定俗成的符号和信号。他认为，为了生存，人类必须学习，而且学习语言是一种参与社会生活的手段。语言本身是一种做事的手段，也是一种使他人做事的手段，还是一种行为手段，也是一种生活手段。

在索绪尔语言学思想的影响下，弗斯认为语言有两个组成部分：系统和结构。"结构"是语言成分的组合顺序，而"系统"是一组聚合单位。因此，结构是横向的，系统是纵向的。

弗斯不完全同意索绪尔对语言系统与言语行为的区分，他也不同意语言学研究的对象是言语的说法。他认为，社会中的个人就像舞台上的一位演员，每个人都要扮演自己的角色。个体的人出生于自然（nature）并成长于教养（nurture），语言也有这两个特点。因此，语言有三种含义：

①语言有自然性。我们使用语音、动作手势、符号和象征的背后，有强烈的渴望和动机。

②语言是系统性的。我们接受教育的结果，就是学会了传统的系统和言语习惯，这些是牢固地存在于我们的社会活动中的。

③语言被用来指称很多个人的话语和社会生活中数不清的言语事件。

弗斯既不把语言看作完全天生的，也不把语言完全看作后天获得的。他倾向于采取一种折中的态度，认为语言既有先天成分又有后天成分。因此他坚持，语言学研究的对象是在实际使用中的语言[①]。研究语言的目的就是把语言中有意义的成分分析出来，以便建立语言因素与非语言因素之间的对应关系。研究语言的方法是决定语言活动的组成部分，说明它们在各个层次上的关系以及它们之间的相互关系，然后指出这些成分与所处环境中的人类活动之间的内在联系。就是说，弗斯试图把语言研究和社会研究结合起来。人与文化价值是不能分离的，语言是文化价值非常重要的一部分，所以语言学可以帮助人们揭示人的社会本质。

## （一）意义研究

弗斯的主要研究是语义学与音系学。在意义的研究上，他采用了社会学方法。他研究的"意义"不仅仅包括词汇与语法意义，而是更广的一个概念，包括了语言在具体语境中的意义。

弗斯在不同层面上研究了意义。在音系层面上，他相信语音由于语音所处的位置而有其功能，而且语音与其他可以在相同地方出现的音之间的反差也有其功能。在词汇层面上，他提出，词汇的意义不仅由其常规的指称意义（referential sense）来决定，而且受其搭配决定。例如，在 March hare 和 April Fool 中再也没有月份的意义。在情景语境层次上，弗斯认识到，要确定构成情景语境的因素，是很难办到的。但他在《语言学论文集》（*Papers in Linguistics*，1957）中列举的因素包括了情景语境也包括了语言环境：

①参加者的相关特征：人物、性格

a. 参加者的语言行为；

b. 参加者的非语言行为；

②相关主题，包括物体、事件以及非语言性和非人格性的事件

③语言行为的效果

弗斯指出，意义是用途，因此把意义定义为不同层次上的成分和该层面上成分与情景语境之间的关系。根据他的理论，任何句子的意义都含有以下五个部分：

---

① 刘小琴 . 应用型本科大学"英语语言学"教学存在的问题与对策 [J]. 英语教师，2018，18（07）：56-58.

①每一个音素和它的语音环境的关系。

②每一个词项和句子中其他词项的关系。

③每一个词的形态关系。

④作为例子被给出的句子的类型。

⑤句子与其所处语境的关系。

一是语音层，通过分析语音的位置和与其他音的对立来找出语音的功能。例如，英语中 /b/ 的特征如下：①是一个词（如 bed, bid）的首音；②出现在元音前；③在某些辅音前（如 bleed，bread）；④从来不在元音后出现。/b/ 与其他音的对立可以描述为：① /b/ 在词头出现时，与 /p/ 和 /m/ 有很多异同点。/p/ 和 /m/ 可以出现在 /s/ 前，但 /b/ 不能；② /p/ 和 /m/ 与 /b/ 的发音部位相同。不过，/b/ 和 /p/ 都是唇音而不是鼻音，/m/ 是鼻音而不是爆破音；③ /d/ 是齿龈音，但与 /b/ 的对立和其他音的对立不同。

二是词汇和语义层，这一层的分析目标不仅要说明词的所指意义，而且要说明搭配意义。例如，night 的意义之一是和 dark 的搭配关系，而 dark 的意义之一是和 night 的搭配关系。

三是语法层，又分形态学层和句法层。在形态学层上研究词形变化，在句法层上研究语法范畴的组合关系，或称"类连结"（colligation）。这种关系是靠语言的组成成分实现的，如 We study linguistics。弗斯说，句法层上的类连结与词汇层上的搭配，其作用是相似的，都有相互期待的功能。但也有区别，因为类连结中的成分可以不连续。比如说，宾语从句肯定会中断语法范畴的连续，如 The man who is going to make the announcement has not arrived yet。

四是情景语境。在这个层面上，研究的是非语言成分（如物体、行为、事件）以及语言行为的效果，这种研究不区分词和思想。通过分析，我们就能解释为什么一定的话语在一定的场合出现，因此也就把"使用"等同于"意义"。弗斯的情景语境是指一系列情景语境，每一个情景语境都包含在更大的情景语境之中，最后所有的情景语境都在文化情境中发挥作用。

弗斯在前四个层面上没有做什么具体研究，像马林诺夫斯基一样，他把语言环境作为研究的重点。他对语言环境的定义包括整个言语的文化背景和个人的历史，而不仅仅是语言出现的环境中人们所从事的活动。弗斯发现，句子的变化是无穷的，于是他提出了"典型情景语境"（typical context of situation）这一概念。这样，就可以做出概括性的论断。用典型情景语境这一术语，弗斯的意思是，社会情景语境决定了人们必须扮演的社会角色。由于人们遇到的典型情景语境是有限的，因此社会角色的总数也是有限的。基于这个原因，弗斯说，与大多数人们所想象的不同，谈话更像一种大体上规定好的仪式，一旦有人向你说话，你则基本上处于一种规定好了的环境，你再也不能想说什么就说什么。于是，语义学就成了对出现在典型情景语境中的话语进行分类的问题。

弗斯继而进行了更为具体、更为细致的语境分析。他提出，在分析典型语言环境时，应该在以下两个层面上进行：

①篇章本身的内部关系

a. 结构中成分间的组合关系。

b. 系统中单位的聚合关系及其价值。

②情景语境的内部关系

a. 篇章与非语言成分之间的关系及其整体效果。

b. 词、词的部分、短语之间及情景语境中特殊成分之间的分析性关系。

## （二）语音研究

弗斯对语言学的第二个重要贡献是韵律音位学（prosodic phonology）的研究。这是他 1948 年在伦敦语文学会（London Philological Society）提交的论文《语音与韵律成分》（ *Sounds and Prosodies* ，1948）中提出的一个分析方法。

弗斯的韵律分析方法独具特色。首先，他区分了组合与聚合关系。他认为，具有聚合关系的单位是"系统单位"（systematic units），具有组合关系的单位是"结构单位"（structural units），这是首创性的。弗斯的"韵律"有特殊意义。由于人和人的话语都是由一个连续不断的、至少由一个音节构成的语流，所以就不能切分成独立的单位。要分析不同层次的功能，仅仅靠语音和音系学描述是不够的。音系学描述仅仅说明了聚合关系，根本没有考虑组合关系。其次，弗斯指出，在实际言语中并不是音位构成聚合关系，而是准音位单位（phonematic units）。音位单位中的特征要比音位中的特征少，因为有些特征是一个音节或短语（甚至句子）所共有的。当在组合关系中考虑这些特征时，它们都被称作韵律单位（prosodic units），可以用下列公式表示：

音位－准音位单位 = 韵律单位

音位－韵律单位 = 准音位单位

弗斯没有给韵律单位下定义，但是他在论证中描绘了韵律成分的组成，包括重读、音长、鼻化、硬腭化和送气等特征。总之，这些特征不单独存在于一个准韵律单位中。

弗斯韵律音位学的第二个原则是"多系统性"（polysystemic），与"单系统性"（monosystemic）相对立。传统音位学把音位的变体看作同一个音位，认为它们是互补分布关系，如 /p/ 在 pin 和 speak 中送气与不送气的区别，都被归为同一个音位 /p/。单系统性的分析方法有时候会遇到问题，但多系统性分析方法可以通过系统概念表达出更多特征。如英语 ski，单系统性方法仅仅指出两个辅音和一个元音的序列，而多系统性方法揭示出同一个词更多的特征。用 C1C6V6 表示，意思是，在辅音 /k/ 前只有一个音位 /s/ 来组成一个辅音丛（consonant cluster），而在音位 /s/ 后可以有六个音位（ /p/、/t/、/k/、/l/、/w/、/y/ ）来组成一个辅音丛。元音 /i/ 属于另一个六元音系统。在汉语里，首位置可以有很多辅音出现，但在尾位置只有两个。但系统性方法把 /j/ 当作某个首辅音的变体，但实际上没有与之相似的首辅音。对弗斯来说，如果把它们看作属于两个不同的系统，问题就很简单。

强调"多系统分析"并不意味着忽视结构分析。事实上，弗斯非常重视组合关系。他认为，分析话语的基本单位不是词，而是语篇（text），而且是在特定环境下的语篇。把语篇拆成各种层次是为了便于研究。各个层次是从语篇中抽象出来的，因此先从哪一个层次下手都无关紧要。但是，不论先研究哪一个层次，都必须分析语篇的韵律成分。

韵律分析与音位分析的区别，不仅仅是用不同的方法揭示了不同的特征，完全可以说，韵律分析和音位分析都考虑了基本相同的语音事实。但是，在材料归类和揭示材料的相互关系上，韵律分析有很多优越性，能在各个层次上发现更多的单位，并且力图说明这些不同层次上的单位相互关联。这就是弗斯在音位学上最大的贡献。

弗斯于 1957 年提出，音位学与音段音位学可以合并。同年，乔姆斯基对布龙菲尔德的音位学提出了质疑，怀疑直接成分分析法是否能解释所有语言中的关系。乔姆斯基的目的是揭示语言的内在关系，因此弗斯研究具体话语，而且重点在情景语境上。

也有人对弗斯的理论提出批评：第一，他未能对自己的理论做出完整的、系统的阐述，而且他自己的不同论文之间很难看到有什么联系。第二，他未能提出一套技术术语或范畴概念，使自己在不同层面的描述更为规范和统一。第三，他的论文艰涩，语义模糊、难懂。

布拉格学派、哥本哈根学派、伦敦学派的早期功能主义语言学理论，分别侧重不同的领域，为 20 世纪上半叶的语言学做出了显著贡献，也为 20 世纪后半叶的功能语言学奠定了坚实的基础。尽管布拉格学派的主要贡献在于音位学，但它也影响了当代语篇分析和文体学等很多领域。尽管哥本哈根学派的叶尔姆斯列夫提出的区别性术语仅仅是为语符学提出的，但它几乎影响了后来各个不同学派的语言学理论。伦敦学派的语言学理论，是韩礼德的系统功能语言学的直接理论基础。

# 第五节  美国语言学派

美国描写主义与结构主义语言学是共时语言学的一个分支，独立地诞生于 20 世纪初的美国，在人类学家鲍阿斯（Franz Boas，1858—1942）的领导下，形成了与欧洲传统完全不同的风格。事实上，鲍阿斯的研究影响了整个 20 世纪的美国语言学。

赵世开先生在他的《美国语言学简史》中，把美国语言学分为四个时期：①鲍阿斯和萨丕尔（Edward Sapir）时期（1911—1932）；②布龙菲尔德（Leonard Bloomfield）时期（1933—1950）；③海里斯（Zellig Harris）时期（1951—1956）；④乔姆斯基（Avram Noam Chomsky）时期（1957—）。这四个时期都属于 20 世纪。并不是说 20 世纪以前美国没有语言学，只是因为从这时开始才真正形成了具有美国特点的语言学理论。

美国语言学家裘斯（Martin Joos）曾写到，"美国语言学"这个术语通常有两种主要意义：一是对本地语言的记录和分析；二是美国式的语言学思想。实际上，美国语言学包括的两种含义，是指它的描写方法和它的理论。"美国描写语言学"只能是美国语言学的一个部分。

美国的语言学，总的说来，有自己独特的历史和传统。它虽然跟欧洲和其他地区的语言学有某种程度的联系，却是根据本国的历史条件和文化特点走自己的道路。在早期，从本土印第安语的实际出发，不主张用别的语言的模式来描写本地的语言。

欧洲的语言学研究始于两千多年以前，而美国的语言学则始于 19 世纪后期。在欧洲，传统语法一直占据统治地位；而在美国，其影响却微乎其微。欧洲有众多的语言，并且都有自己悠久的历史和丰富的文化；而在美国，居统治地位的只有英语，而且没有欧洲语言那样的传统。此外，在美国最早对语言学感兴趣的学者是人类学家，他们发现印第安人的土著语言没有任何文字记载，当一种土著语言的最后一个使用者死去，这种语言也就随之消亡。而且，这些语言种类之多、彼此差异之大，在世界上其他任何地区都是极为罕见的。有大约一千多种美洲印第安土著语，分别属于 150 多个不同语系。据说仅加利福尼亚州一地的土著语就比整个欧洲的所有语言还要多。为了记录和描写这些奇特的语言，人们往往无暇顾及这些语言的普遍特性。因此，这一时期语言理论的发展远远不如对语言描写程序的讨论多。

由于面向具体语言的事实，美国语言学从一开始就沿着自己的道路向前发展，这样就形成了美国式的结构主义，即美国描写语言学。

从 20 世纪 50 年代起，由于种种因素，美国的语言学中出现了一股新的潮流。它主张理性主义，反对经验主义。它重视语言的普遍现象，主张采用演绎法强调对语言现象做出解释，即唯理主义语言学。至今这两种不同的思想还在激烈的冲突中。其中第一种思想以"美国描写语言学"为代表，第二种思想以"转换生成语法"为代表。与此同时，除了这两种语言学思想外，在美国还有其他一些语言学思想，与欧洲以及其他地区的学派都有所不同。

有人把 19 世纪以前的语言学称为"前科学时期"，把 19 世纪以后的称为"科学时期"。对于这种分期有过不少争论。其实，所谓"科学"是不能超越当时的具体历史条件的。任何一门学科的发展都受同时代的哲学思想、科学技术和人文科学的水平的制约。凡是能反映当时学术思想的主要成就并合乎发展趋势的就具有时代的特征。从当时的角度来看，它就是"科学的"，也是进步的。

## 一、美国语言学的序幕

惠特尼（William D.Whitney）1827 年生于美国马萨诸塞州，1894 年在康涅狄格州逝世。1842 年，他 15 岁就已插班进入威廉斯学院的二年级，1845 年毕业。1848 年进入耶鲁大学，跟当时美国唯一的梵文教授萨里斯伯里（E.E.Salisbury）学习梵文，也是萨里斯伯里第一个学梵文的学生。1850 年，惠特尼到德国柏林大学，主要跟魏伯（Albrecht Weber）学习。在此期间，他还听过葆扑（FranzBopp，1791—1867）的课。1854 年回国后到耶鲁大学教梵文、法语和德语，1869 年任耶鲁大学比较语言学教授。

惠特尼在梵文研究方面很有贡献，也培养了一代美国的梵文学者。他的主要代表作是《梵文语法》（*Sanskrit Grammar*，1879）。在语言学理论方面，他的主要代表作是《语言和语言研究》（*Language and the Study of Language*，1867）和《语言的生命和成长》（*The Life and Growth of Language*，1875），另外还写了《英语语法要点》（*Essentials of English Grammar*，1877）和《穆勒与语言科学》（*Max Muller and the Science of Linguistics：A Criticism*，1892）。

当时学术界把科学分为两大类：自然科学（或物理科学）和人文科学（或历史科学）。惠特尼认为语言学属于人文科学。这跟当时欧洲某些学者的观点如施莱歇尔（August Schleicher，1821—1868）是不同的。

施莱歇尔认为语言学属于自然科学。惠特尼致力于使语言学成为一门独立自主的学科。他说，"一方面是物理学，另一方面是心理学，二者都力图占领语言学。但实际上，语言学既不属于物理学，也不属于心理学"。他既反对把语言学归属于物理学，也反对把语言学归属于心理学，而是认为语言学应该拥有自己独有的方法。所以他主张采用归纳法，主张语言学应该以经验的概括为基础，这种概括仅限于说明语言的现状和过去的状况。他反对毫无根据的假说和经不起推敲的演绎。在形态学的研究方面，他认为，把无限种类的实际事实加以分类和排列，并指出其活动的主要方面，在这些方面可以进行最有效的工作。可见，惠特尼在语言描写方面已经鲜明地表现出经验主义的倾向，并且展现出以后美国语言学中以"分布"作为主要标准的观点。

在语言学中"心理主义"（mentalism）和"机械主义"（mechanism）或"物理主义"（physicalism）的两大阵营中，惠特尼站在心理主义的立场上。他强调人的意志的力量，认为语言产生于人类互通信息的愿望，信息交流的功能是语言的基本功能①。

在语言的描写中，他只提到"结构"，而没有提出"系统"。他把语言看成是词和句子的总和，在结构分析中，他把"位置"看成是形式差别的重要表现方式。他写道，"在 You love your enemies but your enemies hate you 这个句子里，主语和宾语的区别完全依靠位置，……"。总的说来，惠特尼要求尊重语言事实。

惠特尼重视实际，面向语言事实并注重归纳法，在语言描写中强调对语言现象的分类和排列，这显示了美国式语言学的早期特点。然而，也应当指出，惠特尼的这些观点还不系统，也不成熟。但总的来说，惠特尼为美国语言学揭开了序幕，被认为是第一代美国语言学家。

## 二、早期研究

### （一）鲍阿斯

鲍阿斯与众不同之处是，他是人类学家，没有受过任何正式的语言学训练。他在大学的专业是物理学，对地理也很感兴趣。在以后的工作中，他自学了语言学。这种专业技能

---

① 杜开群. 关于大学英语语言学教学问题及对策分析 [J]. 山东农业工程学院学报，2017，34（2）：5-6.

欠缺实际上对他的研究工作反而有利无害。欧洲语言学家强调语言的普遍性，鲍阿斯则与之不同，他认为世界上根本不存在什么最理想的语言形式，人类语言是无穷无尽、千差万别的。尽管一些原始部落的语言形式似乎非常原始，但这一判断丝毫没有事实上的根据予以支持。对于原始部落成员来说，印欧语同样是原始的。鲍阿斯强烈反对那种视语言为种族的灵魂的观点。他证明种族的进化和文化的发展与语言形式之间没有必然联系。由于历史变迁的原因，原来属于同一种族的人开始使用不同的语言，同一种语言也可以被不同种族的人使用，同一语系的语言使用也可以属于完全不同的文化。因此，语言只有结构上的差别，而没有发达与原始之分。

鲍阿斯是调查墨西哥以北众多美洲印第安土著语的发起人。1911 年是美国语言学史上划时代的一年，这一年出版了美国学者集体编写的调查结果，即《美洲印第安语言手册》。鲍阿斯亲自撰写了其中的若干章节，并且为全书写了重要的序言，总结了描写处理语言的研究方法。从他的学术背景可以看出，他不受任何传统语言学的束缚，在语言研究中不带任何局限和偏见。在对美洲印第安语的实地调查中，他发现了印欧语以外语言的科学价值。这篇序言在美国语言学的历史进程中吹响了号角，它号召人们摆脱传统语言学的概念和方法，标志着美国描写语言学的开始，也是语言研究新方向的起点。可以说，从这一年开始，美国语言学掀开了它的第一章——人类语言学时期。

鲍阿斯论述了描写语言学的框架。他认为这种描写包含三个部分：语言的语音、语言表达的语义范畴、表达语义的语法组合过程。他已经注意到每一种语言都有它自己的语音系统和语法系统。对于要研究的语言，语言学家的主要任务是概括各种语言的特殊语法结构和分析各种语言的特殊语法范畴。他处理美洲印第安语语言数据的方法是分析性的，不采用跟英语或拉丁语等语言比较的方法。鲍阿斯从人类学的观点出发，把语言学看作人类学的一部分，故而没有把语言学确立为一门独立的学科。尽管如此，他的基本观点和考察、描写语言的方法，不但为美国描写语言学铺平了道路，而且影响了几代语言学家。鲍阿斯还训练了一批人去调查其他语言。多年来，美国语言学界的著名人物都直接或间接地尊鲍阿斯为师。

### 1. 鲍阿斯的语言观

鲍阿斯的语言观全部反映在他为《美洲印第安语言手册》撰写的序言里。该序言共分五个部分：种族和语言、语言的特性、语言的分类、语言学和民族学、美洲印第安语的特点。

（1）种族和语言。鲍阿斯首先论述了种族分类的问题。关于种族的科学分类可以根据生理构造、文化特点或语言加以区分。德国生理学和比较解剖学家布鲁门巴赫（Johann Friedrish Blumenbach，1752—1840）根据生理构造和地理分布把人类分成了五种：高加索型、蒙古型、埃塞俄比亚型、美洲型和马来型。法国动物学家居维叶（Georges Cuvier，1769—1832）把人类分成了三种：白种、黄种和黑种。法国种族学家戈比诺（Joseph-Arthurde Gebineau，1816—1882）和德国人类学家克莱姆（Gustav Friedrich Klemm，1802—1867）曾根据文化上的成就把人类分成"积极种族"和"消极种族"。

鲍阿斯论述生理类型、语言和文化之间的关系时认为，这三者没有什么必然的联系。他列举了各种例子，例如：美洲的黑人，其生理类型未变，而语言和文化改变了；欧洲的马扎尔人（Magyar）虽然保持了原有的语言，但跟说印欧语的人种混杂了；新几内亚地区的人在语言上很不相同，但在文化上有共同点。因此，鲍阿斯认为，根据这三个不同的标准划分出来的种族很不一样。可见，人类种族的划分是人为的，语言学、生物学和文化史的分类有助于种族的划分。

（2）语言的特性。鲍阿斯首先讨论了语音的性质。他指出，虽然语音的数目是无限的，但是实际上每种语言都只选择固定的和有限的语音，每种语言都有自己的语音系统。他批驳了所谓原始语言中缺乏语音阶区别性的说法，认为这实际上是调查者本人受自己熟悉的语音系统的影响的结果。例如，美洲印第安语中的波尼（Pawnee）语中有一个音，有时候听起来像是 /l/，有时候像 /r/，或是 /n/，或者 /d/。这是因为它在词里的不同位置上会受邻近的音的影响而改变。这个音在英语里没有，但它的变体并不比英语的 /r/ 多。鲍阿斯认为，根据记音人所记的语音系统可以看出他本人的母语。实际上记音人往往受自己母语的影响。

关于言语的单位，鲍阿斯认为，"由于一切言语都是用来交流思想的，表达的自然单位是句子，也就是说，包含完整思想的一个语音群"。词是从句子里分析出来的。他给词下的定义是："由于有固定的形式、明确的意义以及独立的语音，它是很容易从整个句子里分割出来的一个语音群"。可见，词是从句子里分析出来的。不过，鲍阿斯也认为这个定义带有某种任意性。因此，有时很难确定一群音究竟是独立的词还是词的一部分。特别是语音上很弱的成分，如英语里表示复数、领属和动词第三人称单数的 s，很难把它看成是一个词。这种情况在美洲印第安语里常常会遇到。为此，鲍阿斯又补充了一点，即句子里语音上固定的部分可以自由地出现在各种位置上，而且语音形式不改变，这也是确定词的一个条件。即使如此，要确定某个语音成分是一个词还是词的一部分，仍然存在着不少问题。总的说来，鲍阿斯强调了词跟句子之间的关系。他的基本看法是先有句子，词是从句子里面分析出来的。作为词的一部分，鲍阿斯区分了词干（stem）和词缀（affix），词缀是附加到词干上修饰它们的。可是，如果修饰成分太多（如美洲印第安语中的 Algonquian 语有很多修饰动词的成分），就很难说哪个是被修饰成分哪个是修饰成分。在这种情况下，鲍阿斯把它们看成是"并列成分"（co-ordinate）。

在语法范畴的论述中，鲍阿斯首先指出了不同的语言具有不同的范畴，表达概念的语音群的数目是有限的。由于概念多而语音少，如果所有的概念都用不同的语音表达，那么语音群的数目会很大，而且看不出概念之间的关系。因此人们把概念进行分类，并选择有限的语音来表达它们。由于经常使用，这些概念跟语音就建立了固定的联系。不同的语言在这方面是不同的，如 water 的概念可以用不同形式表达，按性质是 liquid，按面积可以有 lake，按流量大小分 river 和 brook，还可以按其形式分成 rain、dew、wave、foam 等。这些概念在英语里都用单个词语表达，在其他语言中可以用一个词语的派生形式表达。

鲍阿斯认为描写语言的任务有三个：①该语言的语音成分；②用语音组（phonetic group）表达的一组概念；③组合和修饰语音群的方法。他指出，研究过欧洲和西亚语言的语法学家制订了一套语法范畴，他们往往想在每一种语言里都去寻找这些范畴。但是，实际上这些范畴只在某些语系里是特有的，在其他语系里会有另一些范畴。如印欧语里的名词有性、数、格这样一些范畴，而这些范畴并非对所有的语言都是必要的，性并非一切语言的基本范畴，名词的分类可以是各种各样的。北美的阿尔贡金语把名词分为有生命和无生命的两种，而这跟自然属性无关，因为小的动物被列入无生命类而某些植物被列入有生命类。总的来说，在美洲印第安语里，名词的性是很少有的。为了表达清楚，单数和复数对名词来说似乎是必要的，实际上也并非如此。因为通过上下文或者修饰名词的形容词也可以表示，如印第安语中的夸扣特尔语（Kwakiutl）就是如此。因此，名词的一些语法范畴并不一定在所有的语言里都有。不同的语言还可能有一些新的语法范畴，如许多印第安语里的名词有时（tense）的范畴，用以表示现在、过去或将来存在的事物，如表示"未来的丈夫""过去的朋友"等。

代词分类的原则在各种语言里也不是一致的。我们习惯把代词分成三种人称，其中还分单复数，第三人称还区分性（如阴性、阳性和中性），三种人称的复数都不区分性。但是南非的霍屯督语（Hottentot）里不仅第三人称区分性，第一、第二人称也区分性。问题是，第一人称"我自己"不该有复数，怎么能有一个以上的"我自己"呢？这说明，不同语言在人称代词的区分以及它们的单复数的区分上并不一致。

指示代词的分类原则各个语言也不相同。例如，美洲的夸扣特尔语还区分"看得见的"和"看不见的"，切努克语（Chinook）分现在和过去，爱斯基摩语（Eskimo）还根据说话人的位置区分七个方向：中、上、下、前、后、左、右。

在印欧语里有标示人称、时、式（mood）和态（voice）的表达，但在美洲印第安语里表现也不相同。如爱斯基摩语里动词本身没有时的标示，也就是说，它不通过语法形式来表示时的概念。此外，表达时的概念也有不同，有的语言表达"起始""延续"（表示动作时间的长短）和"转移"（表示由一种状态转变为另一种状态）。式和体也是各不相同。总之，并非所有语言的动词的语法范畴都一样。在这一部分的最后，鲍阿斯总结道："根据以上所举的例子，我们的结论是，在讨论各种语言的特点时，我们会发现不同的基本范畴，在比较不同的语言时，为了给每种语言以适当的位置，有必要既比较语音的特点，也比较词汇的特点，而且要比较语法概念的特点。"

（3）语言的分类。首先，鲍阿斯认为，如果两种语言在语音、词汇和语法上十分相似，就可以认为它们有共同的来源。一种语言分化成几种方言是很自然的。同一来源的语言在不同地区会发生语音和词汇的变化，但从中还是可以找到某种规律，以此确定新的方言跟它们母语间的历史关系。在比较不同的语言时，我们会发现相邻地区的语言的语音很相似，但词汇和语法的形式不同。例如南非的班图语（Bantu）、布须曼语（Bushman）和霍屯督语都有"咂音"（clicks），然而，它们之间在语法和词汇上都没有什么共同点。有的时候，我们会遇到语法相似但词汇不同的情况，或者有很多词汇相似在语法上却不相同的情况。这就使我们难以确定这些语言是否有共同的来源。语言间相互的影响更增加了语言分类的复杂性。语音的影响最为明显，没有共同来源的邻近语言之间可能在语音上相互模仿，或一种语言影响另一种语言。语法上也可能相互影响。例如，拉丁语曾对现代欧洲语言的语法产生过影响。此外，在欧洲语言里引入新的后缀也并不少见。如英语里引入了法语的后缀 -able，它可以构成 eatable、getable 这类词。词汇中的借词更是常见的现象，而且有时数量很大。英语在这方面是个典型，它从诺曼人那儿吸收了很多词汇，还吸收了拉丁语、希腊语以及世界各地语言的词汇。澳大利亚英语和印度英语就吸收了很多本地语言里的词汇。此外，土耳其语从阿拉伯语中吸收了大量的词汇。美洲印第安语很少吸收借词。当一种新事物引入时，它们多数采用描写的办法，如把"汽船"（steamboat）说成"背后有火，在水上活动"，把"米"（rice）说成"看起来像蛆"。但也有直接借入的，如 biscuit、coffee、tea 等。它们之所以用描写的办法，可能跟印第安语中描写性的名词比较普遍有关。

在语言分类中应该考虑两种不同的现象：从同一个祖传的语言分化而成的差异；某些相似的现象并非同一来源，其中有些是由于语言的混合（mixture）而形成的。鲍阿斯认为语言间的相似现象，可能出自一个来源，也可能是好几个不同来源，这需要历史的证据才能确定。鲍阿斯不同意完全用语言所处的地理环境的相同来解释语言间的相似现象。事实上，同处亚洲和南非的沙漠地带的语言，其语音并不相同。不同民族的文化也不能单纯用地理环境的影响来解释，历史的影响可能比地理的影响更大。至于语言间的相似现象，更不能只用地理和气候的影响来解释。生理的差别可能伴随心理的差别。但是，不同种族的生理差别并不是质的差异，只不过是程度上的不同。不同生理类型的种族可以说同一种语言，这证明生理结构对语言的影响很小。可见心理的差别并不能用来说明不同语言的差别。语言的相似现象并不能证明它们都有同一来源，而且语言间还可以相互影响。此外，一种语言可以有自己新的发展，这些都使得语言的谱系很难确定。在这种情况下，对美洲印第安语的分类只能暂时按共同点来划分。

（4）语言学和民族学。这一部分主要论述语言调查在印第安民族学研究中的作用。鲍阿斯认为，在进行民族学调查时，最好能直接跟本地人谈话，通过翻译往往是不准确的。从实用的角度考虑，语言研究有助于民族学现象的调查和了解。接着，他论述了语言研究在理论上的重要性，并指出，语言是民族学现象中的一部分，通过语言研究可以了解人的心理现象。于是，他进一步阐明了语言和思维的关系。印第安语里一般没有脱离具体事物的抽象说法。例如，英语里 The eye is the organ of the sight，印第安人可能把这句话说成"某个人的眼睛是看东西的工具"。印第安语里缺乏表达脱离具体事物性质和状态的词语，这并不能说明他们的语言不能表达抽象性，而是在他们的生活中不需要这类表达，如果有需要，他们也能开发出这类词语。又例如，爱斯基摩人的数词不超过"10"，这是因为他们没有很多东西要数。总之，这决定于是否需要。鲍阿斯曾在印第安人中做过试验，经过交谈发现，可以把"爱"和"怜悯"这类词从他们习惯用的具体的"某人对他的爱"和"我对你的怜悯"中抽象出来。此外，在某些印第安语中，如在苏族语（Siouan）里，抽象的词语也是常见的。可见语言本身并不足以妨碍思维的抽象概括，而且语言本身也不能决定文化的发达程度。

（5）美洲印第安语的特点。鲍阿斯在这一部分里指出，过去人们把世界上的语言分成了四大类：孤立语、黏着语、屈折语和多式综合语。美洲印第安语被列入多式综合语（或者叫作"合成语"）。从这本《美洲印第安语言手册》所描述的语言中可以看出，事实并非完全如此。所谓多式综合语或合成语，是指在这种语言里，各种不同的成分合并成一个词的形式。然而在印第安语里，有很多语言并没有这种现象。例如，切努克语就很少用单个的词表达复杂的概念。阿塔巴斯坎语（Athapascan）和特林吉特语（Tlingit）虽属多式综合语，却把代词性主语和宾语作为独立的单位。所以多式综合语或合成语并不能看成是所有美洲印第安语的特点。另外，美洲印第安语有另外一些常见的特点。例如，把动词分成主动（active）和中性（neutral）两类，其中一类跟名词的领属形式相连，而另一类才是真正的动词。美洲印第安语言的语音系统很不完整。例如，易洛魁语里没有一个真正的唇辅音，海达语（Haida）里唇音也很少。印第安语的元音系统也不一致。

许多印第安语的语法现象也很不一致。不过，在组词和造句时，附加成分用得很广泛。印第安语里有前加成分、后加成分和中插成分。其中后加成分比前加成分用得广泛，有的语言只用后加成分，没有一种语言只用前加成分的。词干的重复和音变现象也比较常见。

鲍阿斯最后指出，由于缺少历史文献，虽然印第安语也有类似印欧语的历史发展过程（某些语法范畴消失了，又出现一些新的语法范畴，如主语和宾语的形式差别，代词的性的范畴），但目前无法说明这些范畴的历史演变。这种分析语法的方法只能说明现状，今后还应做彻底地分析和对各个语群的所有方言进行比较来补充。鲍阿斯根据分析的结果，把墨西哥以北的北美印第安语分成了 55 个语系。

2. 鲍阿斯的贡献

鲍阿斯的学术道路是从物理学和地理学开始，再由地理学进入人类学的。在人类学的研究中，他认为语言对于了解和描写一个社会的文化有着特别重要的作用，也可以说，语言对于了解文化的其他方面是一个关键。他不仅自己身体力行，而且组织了一些人调查了墨西哥以北的北美印第安语言。由于他是自学语言学的，因此他不受任何其他传统观念的影响。面对一群陌生的语言，而且这些语言又没有历史的文献，这就迫使他必须从实际的语言事实出发，对语言结构进行共时的分析和描写。

《美洲印第安语言手册》是一部约有 15 种语言描写素材组成的集子，由鲍阿斯等人集体写成。而其中的"序言"已成了一篇经典著作，说明了美洲印第安语言的结构特征，并指出每一种语言都有它自己的语音、语义和语法的结构。根据实地调查，印欧语的语法范畴并不是普遍的。因此，鲍阿斯建立的原则是：描写一种语言只能根据它自己的结构，不能也不应该用其他的语言结构来套这种语言。对语言学家来说，研究每种语言的特殊结构，是分析者最重要的任务，描写本身才是目的；对于人类学家来说，这是了解某个社会的文化的第一步。鲍阿斯这篇"序言"的重要性在于它指明了描写语言学的道路，推动了语言共时描写的研究。可以说，它是美国描写语言学诞生的"宣言书"。作为美国描写语言学的先驱，鲍阿斯的这一贡献将永载史册。当然，鲍阿斯在做出巨大贡献的同时，也有不足。第一，鲍阿斯从人类学研究出发，把语言学只看成是人类学的一部分。第二，鲍阿斯并没有建立一套新的完整的描写方法。他的贡献只在于推动了共时描写的研究。第三，鲍阿斯注意到了对不同的语言应该发掘其不同的现象和特征，有必要创立一些新的概念和方法。不过，如果没有鲍阿斯，也许就没有现在的美国语言学。

# 二、萨丕尔

萨丕尔与鲍阿斯一样，也是一位杰出的人类语言学家。萨丕尔于 1904 年毕业于美国哥伦比亚大学（Columbia University），主修的专业是日耳曼语。在见到鲍阿斯之前，萨丕尔很自信自己能够深刻理解语言的本质。同年在纽约遇见了比他年长 26 岁的鲍阿斯后，萨丕尔发觉自己似乎仍有很多东西需要学习。于是，他选用具有自身文化背景的当地发言人，开始着手按照鲍阿斯的方法去调查美洲印第安语，脚步踏遍了华盛顿州、俄勒冈州、加利福尼亚州、犹他州等地。对于萨丕尔来说，这是一段极为宝贵的经历，同时也是对试图把印欧语语法范畴套用于其他语言的传统实践的一次根本性的革命。

萨丕尔开始在美国西部工作，1910 年到 1925 年在加拿大工作，担任渥太华的加拿大博物馆人类学部的主任。在此期间，他写了不少民歌，1925 年出版了《法属加拿大的民歌》（*Folk Songs of French Canada*）。从 1917 到 1931 年间，他共发表了 200 多首诗，并写了一些有关艺术等方面的评论文章。1925 年，他回到美国，在芝加哥大学任教。1931 年到耶鲁大学任教，直至 65 岁逝世。

萨丕尔的全部心血凝结于 1921 年出版的《语言论：言语研究导论》（*Language：An Introduction to the Study of Speech*）一书中，这也是他撰写的唯一专著。萨丕尔从人类学的角度出发来描写语言的特点及其发展，其重点是类型学。这部书的目的是要"给语言学一个适当的展望而非堆积语言事实"。这本书很少述及言语的心理基础，对特殊的语言也仅仅给出充分的现实描写或历史事实来说明其基本原则，主要目的在于说明语言是什么、语言怎样随着时间和地点而变异、语言和人类所关心的其他根本问题之间的关系是什么，如思维问题、历史过程的本质、种族、文化、艺术。

萨丕尔的《语言论：言语研究导论》涉及的内容非常广泛，详细论述了语言的定义、语言的成分、语音、语言的形式等诸多问题。

## （一）语言的定义

在《语言论：言语研究导论》的引言里，萨丕尔给语言下了个定义："语言是纯粹人为的、非本能的，凭借自觉地制造出来的符号系统来传达观念、情绪和欲望的手段。"萨丕尔甚至将语言与行走相比较，认为"行走是人遗传的、生理的、本能的功能""是一种普遍的人类活动，人和人之间，行走的差别是有限的"，并且这种差别是"不自主的，无目的的"。他指出，语言不同于行走，它是非本能的，是社会的习俗。语言作为一种符号系统，它的特性是一种特别的符号关系。一方面是一切可能的意识成分，另一方面是位于听觉、运动和其他大脑和神经线路上的某些特定成分。

关于语言和意义之间的关系，萨丕尔认为语言和意义的结合是一种并非必然但可能确实存在着的关系。萨丕尔也注意到了语言与思维的关系。他认为，尽管二者的联系如此紧密，但实际上并不相同。语言是工具，思维是产品，如果没有语言，思维是不可能实现的。萨丕尔还注意到语言的普遍性。他认为，人类的一切种族和部族，不论其多么野蛮或落后，都有自己的语言。除去形式上有所差别，各种语言的基本框架（毫不含糊的语音系统、声音与意义的具体结合、表达各种关系的形式手段等等）都已发展得十分完善。语言是人类最古老的遗产，其他任何有关文化的方方面面都不可能早于语言。可以说，如果没有语言，就没有文化。

## （二）语言的成分

萨丕尔讨论了词根（radicals）、语法成分、词和句子。他用"词根"而没有用后来描写语言学常用的 morpheme 和 phoneme 等术语，因为他认为语言成分不仅具有区别功能，还应该有指示功能。语音必须与人的经验的某个成分或某些成分（如某个或某类视觉印象或对外物的某种关系的感觉）联系起来才能构成语言的成分。这个经验成分就是一个语言单位的内容和"意义"。音义结合才是语言的形式。他给语言形式的基本成分下的定义是：词根和语法成分是单个孤立的概念在语言中相应的部分；词是从句子中分解出来的、具有孤立"意义"的、最小的叫人完全满意的片断；句子是命题的语言表达。萨丕尔用大写字母（如 A，B）代表词根，小写字母（如 a、b）代表附属的语法成分，用圆括号表示黏着成分，用加号（+）表示组合，用数字 0 表示零形式。他列举了五种形式类型：

A：如诺特卡语里的 hamot（骨头）。

（A）+（B）：如拉丁语的 hortus（花园）。

A+B：如英语的 fire engine。

A+（0）：如英语的 sing（不加附属成分 -ing，-s 等）。

A+（b）：如英语的 singing。

## （三）语音

萨丕尔的重点不在于论述语音，他关心的不是语音的异同，而是语音的格局（phonetic pattern）。正因为如此，他后来发表了《语言的语音模式》（*Sound patterns in language*，1925）一文。他用 AB 两个人说话中发 /s/、/θ/ 和 /r/ 音的图表明，B 的 /s/ 与 /θ/ 不一样，但与 A 的 /θ/ 很接近，B 的 /r/ 更接近 A 的 /s/ 而不接近他的 /r/。根源是尽管 AB 两人的语音系统有差别，但他们所使用的语音差别数量和区别性功能的数量是相等的。这种音差跟音乐上的音差一样，同一首歌可以在不同的琴键上弹，语音上的其他区别也应该是这个道理。因而，一个语言中的区别性特征，在另一个语言里并不起作用。英语 bat 与 bad 的元音之间的差别，德语里也有，如 schlaf（睡眠）和 schlaff（松弛的）。

在语音的音位学说中，萨丕尔属于"心理派"，他强调语音的心理基础。他认为，在一种语言独具的纯粹客观的、需要经过艰苦的语音分析才能得出的语音系统的背后，还有一个更有限制的、"内部的"或"理想的"系统。它也许同样不会被人意识到是个系统，不过它远比第一个系统容易让人意识到是一种模式、一个心理机制。

### （四）语言的形式

萨丕尔很重视形式的结构和模式。他先讨论语言的形式手段，即语法过程（grammatical processes），区分了六种语法过程的类型：①词序（word order）：在不同的语言里，词序的重要性是不同的。例如，拉丁语的词序只起修辞的作用，没有语法的功能，而英语和汉语的词序就很重要。如英语的 he is here 和 is he here 就由于词序不同而形成的不同句型。②复合（composition）：其是指把两个或更多的词根成分合成一个词的过程。复合的整体意义跟组成它的成分的词的价值并不一致，如英语 typewriter 的意义跟 type 和 writer 加起来的价值并不相同。③附加（affixation）：这在各种语言里是最常用的语法程序。附加法的三种类型（前加、后加和中加）里以后加最常见，如加利福尼亚州的一种印第安语雅纳语（Yana）里甚至有几百种后加成分。④变换（modification）：其是指词根或语法成分内部分元音和辅音的变换。元音变换如英语的 goose 和 geese；辅音变换如英语 house（n.）和 house（v.）。⑤重叠（reduplication）：其是指词根成分的全部或部分的重复，如英语的 goody-goody、riff-raff、roly-poly。一般用来表示复数、重复、习惯的行为、持续性等。⑥重音的变异（variation in accent）：这种变异包括音重和音高。

萨丕尔—沃尔夫假说的核心是人的语言影响了人对现实的感知。我们看到的世界是语言所描述的世界，因此我们生活在其中的世界是一个语言结构。有多少种语言，就有多少种分析世界的方法。也就是说，世界上的语言不同，各民族对世界的分析和看法也不同。自古希腊时代至今，语言与文化、种族、思维的关系一直困扰着哲学家、心理学家、人类学家和语言学家。古希腊人认为，语言是思维的外表。但是萨丕尔和沃尔夫对这一看法提出了挑战。沃尔夫在大学是学化工的，毕业后一直在康涅狄格州的一家保险公司任职。语言学对他来说是一种业余的爱好。在分析失火的报告中，他发现语言起着很大的作用。例如，人们走近"盛满汽油的油桶"时十分小心，但走近"空油桶"时却非常大意，殊不知"空油桶"内含有易引起爆炸的汽油的气体，它比盛满汽油的油桶更加危险。这件事加深了他对语言影响世界观的信念。萨丕尔于 1931 年到耶鲁大学工作，该校离沃尔夫的工作地点哈特福德（Hartford）仅 48 公里，沃尔夫成了萨丕尔的合作者，并开始集中力量研究在亚利桑那州（Arizona）的美洲印第安语霍皮语（Hopi）。

萨丕尔—沃尔夫假说的两个主要组成部分是：语言决定论和语言相对论。第一个观点坚持，语言决定思维；第二个观点坚持，语言的结构多样化是无止境的。典型的说法是，如果亚里士多德讲汉语的话，他的逻辑肯定是另一个样。

1. 语言决定论

语言决定论即人的思维完全受自己的母语影响，因为人只能通过自己语言中的范畴和区别特征来认识世界。萨丕尔说，人不是孤立地生活在世界上的，也不是孤立地生活在一般意义上的具有社会活动的世界里，而是受他们所处的社会中作为表达媒介的特定语言的影响。这个"真实的世界"在很大程度上是建立在这一群体的语言习惯之上的。不会有两种表达同一社会现实的语言。不同的社会所处的世界是完全不同的世界，并不仅仅是带着不同标记的同一个世界。语言不仅仅指称独立于语言而获得的经验，实际上也决定着我们的经验。

沃尔夫的证据主要来自霍皮语与英语的对比。他认为，在英语和其他印欧语言里，词汇分为两大范畴：名词和动词。这一区别会让讲英语的人感到，世界也分为两种范畴：动作和物体。因此他们把抽象的和没有形状的东西也当作物体。例如，时间是一个连续体，但讲英语的人把它当作可以分段和可以用数字来计算的东西，所以才有"两天"和"三个月"等的说法。但在霍皮语里，他们不说"三天"而说"第三个白昼"、他们不说"七天比六天多"，而说"第七天比第六天晚"。

萨丕尔—沃尔夫的语言决定论受到过强烈的质疑。第一种批评意见是，沃尔夫的观点是循环性的。如果两个东西之间建立起一种关联，应该有各自的独立性，要判定其中一个就不需要取决于另一个。霍皮语的时间概念与英语不同，正是由于其表达概念的方式不同、这就从根本上瓦解了沃尔夫的概念差别取决于语言差异的论断。因为从这个角度来看，也会有人提出另一个论断，即所谓的语言差异实际上是由于概念差异形成的。最令人信服的方法是找到语言以外的证据，但沃尔夫未能找到。第二条批评意见是有关翻译的问题。沃尔夫一遍遍地以"计算日期"的方法为例来说明讲霍皮语与英语的人在对待时间上的不同，但这仅仅是字面翻译中的一个大问题。过分重视字面翻译的话，就会在别的语言中发现一些差异，而这些差异实际上并不真正存在。如果把英语的 He is really something 按字面翻译，就成了"他确实是一个东西"；把汉语的"他不是个东西"按字面译成英语 He is not an object 或 He is not something，就会令人不知所云。这就说明，意义上的翻译并不一定反映思维结构。重要的是，在字面翻译中，人实际上如何思考与如何表达，两者之间的确有差别。这是研究语言相对论中需要解决的第二个方法论问题。

2. 语言相对论

萨丕尔—沃尔夫假设中语言相对论的关键是，一种语言系统里的范畴和区别特征对这一语言系统来说是独特的，与其他系统不相容。沃尔夫说，语言系统（语法）是人类背景知识的一部分，这种背景被人当作自然而然的东西，因此也从来没有意识到它的存在。只有当发生了不正常的事情时，人才意识到这种背景现象。这种背景性的语言系统不仅仅是一个表达思想的重复性的工具，而且是限制着人的思维的东西，引导人的心理活动。形成思想的过程并不是独立的，而是一种独特的语法，在不同程度上因语言不同而不同。人们并不是用语言来表达已经存在的东西，而是用自己的母语所提供的框架来切分并组织自然世界。在这个过程中有一个共同的认可为基础，离开这个基础，人类就无法谈话也无法相互理解。这一事实对科学尤其重要，因为没有人能不受某种解释手段的影响而客观地描述自然，不论他自己认为自己多么"客观"和不受干扰。实际上，真正能说自己最接近独立和客观的是懂得很多不同类型语言的语言学家，但谁也做不到。因此，又有一个新的相对论：除非世界上的观察者们具有同样的语言学背景，否则他们不可能用同样的方法在同一个对象中获得同样的数据。

　　沃尔夫说，讲一种语言的人经验地感知事件可能与站在旁边讲另一种语言的人感受到的完全不同。人们看到彩虹时，大多数讲英语的人看到了红色、橙色、黄色、绿色、蓝色、紫色。但沃尔夫说，人们看到的颜色来自他们语言中颜色命名的影响，有些语言并不是把颜色分成同样数量的基本色。有的语言不能区分绿色和蓝色，讲这种语言的人描述彩虹的方法就跟讲英语的人所描述的不同。在霍皮语里，祈雨的人把云当作活着的东西。沃尔夫指出，单从这一个例子中难以说明这个用法属于隐喻、是特别的宗教性修辞手法，还是讲霍皮语的人真的相信云是活着的东西。

　　萨丕尔和沃尔夫认为，语言给人的影响要比人给语言的影响大。用最简单的话来说就是，除非事物的区别用语言手段表示出来，否则我们没法做出区分。但这个说法也缺少根据，因为霍皮语中的"昆虫""飞机""飞行员"是同一个词，但并不说明讲霍皮语的人没法区分这些不同的东西。

　　围绕这一争论，有两个问题。第一个问题是，语言在多大程度上塑造和影响思维与文化？当我们使用一种语言时，就接受了其中蕴含的前提及其所反映的文化价值。有些前提概念受到质疑并被新的思想概念取代，这些新的概念会成为后代人所接受的常识，直到有一天被更新的思想概念取代。一个社团的语言和该社团中的个人的思想就是这么相互影响的。个人对语言的影响也许更重要，因为语言对个人的影响是消极的，只能被解释为个人未能仔细观察所有的概念。第二个问题是，语言模式和文化规范，应该把哪一个当作主要根源？社会学家做了很多实验，试图发现语言结构在多大程度上影响人对世界的感知。对同一个物体和现象，不同语言有不同的描述。这就说明一个事实，使用一种不同的语言，使用语言的人就使用了一整套不同的社会价值观念并且在经受着一个不同文化的影响。尽管语言对人类思维会产生一定的塑造和限制的效果，这是毫无疑问的，但人在使用语言时的创造性作用却不能忽视。

　　为什么有些概念很容易受到人的注意而有些概念不大受到人的注意？为什么语言在描述很明显的对象时会产生很大的差异？沃尔夫并不关心这些问题。他为了说明自己语言相对论所举的词汇例子仅仅解释了一个很简单也很熟悉的原理：不同的文化特征，不论是环境的、物质的，还是社会的，都会产生不同的语言特征。文化特征不仅因言语团体不同而不同，而且会在同一言语团体内发生变化。一个文化中如果有了新的需要，其语言就会立即做出反应，造出新词或借用外来词，或者给已有的词汇添加新的意义。

　　萨丕尔—沃尔夫假设也不符合人的直觉。如果语言决定思维的话，没有语言就没有思维。如果讲不同语言的人之间的差异没有任何制约的话，他们就不可能按照相似的方式去看同一个世界。同样，如果我们能找到一种限制人们学习语言的方法，那就能控制他们的思维。如果语言决定思维，讲不同语言的人就永远没有可能做到相互理解。但事实是，讲不同语言的人不但可以相互理解，而且同一语言框架也可以产生完全不同的世界观。

现在人们的广泛认识是，语言与文化的关系是辩证的。每一个语言都是文化的一部分，其功能是为文化服务并反映着文化的需要。一个言语社团的文化需要与其语言资源不可能完全一致。因此，语言决定论和文化决定论都不能准确地解释为什么一种语言会选择自己独特的符号系统。不过，萨丕尔—沃尔夫假设让人们进一步认识了语言与思维、语言与文化的关系，把人们的注意力引向文化对语言的影响以及语言对思维的影响。这一假设对人类学、社会学、语言学、语言教学等领域都有深远的影响。

萨丕尔在 1929 年以后对于语言的本质以及语言跟心理学和社会的关系等观点，散见于一些论文之中，其中的一些已汇集成册《萨丕尔论语言、文化和个性选集》(*Selected Writings of Edward Sapirin Language，Culture，and Personality*，1949 )。萨丕尔强调语言模式的心理基础，这使得他的学说在行为主义盛行的时期一度受到人们的冷落。但是一旦语言的心理现象受到重视时，人们自然又会想到他。萨丕尔没有能在语言分析和描写方面建立一套完整的、科学的术语和方法，但从美国人类语言学的整个发展时期来看，他的独特贡献是无人能比的。

有人把萨丕尔比作美国语言学中的莱伯尼兹（Leipniz），意思是说，美国语言学的发展从他开始是一个转折点。在他以前( 也包括他自己 )，美国语言学是以人类语言学为主的；从此以后，美国语言学进入了以描写语言学为主的历史时期。

# 第三章　大学英语教学概述

## 第一节　英语教学的目标设定

随着大学英语课程教学目标的不断变化，课堂教学目标也随之发生了变化，从语言知识和语言技能转向文化、思维等综合目标。这个变化可以总结为"大学英语课堂教学目标的多元化"。笔者认为，再多的变化，都离不开"以人为本"的基础，离不开大学生对英语学习的实际需求。以明确的课堂教学目标，切实有效地提高大学英语教学的课堂质量，以满足和引导不同层次学生的英语学习需求。

确定教学目标是英语语法教学的立足之本，但目前语法教师对教学目标存在定位偏差或定位模糊、师生目标不一致两大问题。教学目标的设定需要从正确认识英语语法课堂教学功能入手，其课堂教学功能主要在于要实现培养语法学习兴趣、系统传授语法知识、提供语法学习环境和语言资源、提供课内外语法学习指导、提供情感体验和展示学习成果的机会等五大功能。在教学目标的具体化过程中要确保教学系统内各层次目标的一致性，预设需留有弹性，并注重显性语法知识和隐性语法知识学习的动态平衡协调。

教学目标是教学设计和实施的首要环节，指的是"教学中师生预期达到的学习结果和标准"，反映了学生在教学活动结束后所发生的内部心理结构变化。作为教学这一复杂系统里的起始步骤，教学目标决定了教学内容和教学策略的选择，在教学过程中具有导向性功能，并能科学客观地测定某一课程教学的最终结果，因而教学目标的探讨对于课程教学优化具有极其重要的意义。

### 一、大学英语教学的合理目标及实现方式

#### （一）改变测试方式

测试与考试是检验学生学习效果的重要方法之一，但随着时代的进步，大学英语的测试方式也应做出改变。大学英语测试以提高课堂教学质量为目标，以强化学生对语言交流能力的重视程度。因此，英语测试应由以往的单一化向系统化、多元化转变，使英语真正围绕培养学生的实用能力开展教学。通过改变大学英语测试的模式，可以使考试对学生产

生积极的影响，转变以往学生被动式的应付考试的心态。例如，以英语表演的形式替代部分考试内容。通过让学生以小组的形式运用英语进行短剧表演，是最有效的检验并提高学生实际运用能力的方法。

## （二）教学模式

国内的英语教学往往存在"两强两弱"的特征。"两强"是指基础知识的传授和应用能力的培养较强，而"两弱"则是指学生创新能力和应变能力的薄弱。针对这一点，首先要改变根本性的教学理念和教学模式，确立以学生未来发展需求为核心的教学模式，转变改变学生被动的学习意识，将大学英语教学由知识的传输转化为深入的理解和应用。因此，想要改变学生根本性的学习意识，则需要从教学的基础开始改变，如强化英语文化的教学，只有通过让大学生更加了解英语所蕴含的文化，才可真正转变学生的学习目标。

## （三）教学评估模式的改变

教学评估是大学英语教学过程中的终端，但它是评价教学效果的主要依据，同时，教学评估拥有另一个非常重要的功能，即将评估信息准确而快速地回馈到教学的各个环节中，以便调整教学内容。

1. 利用教学评估可以实现"优化课内"

优化课堂教学的艺术性，从根本上提高课堂教学的质量。教师的综合教学能力直接影响了学生英语学习的效果，因此大学英语教学在保留个人风格的基础上，应该增强自身英语知识的丰富性和全面性，从不同的角度进行英语教学，开拓学生的思维。

2. 利用教学评估实现"强化课外"

为学生创造更多自主学习、应用英语的机会和环境。英语作为一种语言类的学科。实践交流在整体的教学过程中有着毋庸置疑的重要性。多数大学生学习英语困难或排斥应用，其中最主要的原因是缺少有实际意义的应用英语的机会。针对这一点，帮助和教授学生开展多元化的课外英语活动，创造轻松而愉悦的英语交流氛围，一方面可以提高学生的学习欲望，另一方面可以帮助学生巩固所学的知识和技巧。

## （四）培养学生的综合语言素质

大学英语的课堂教学应改以往教师为唯一主导，单方面传输知识的形态。通过教师所设计的具有实际意义的生活化活动，可以使学生有效地运用和练习自身的英语交际能力。在此教学过程中，是否可以把专业知识、时间技能和文化背景融为一体，对教师而言是一个新的挑战。同时学生的学习意识和方式方法是否可以适应大学英语改革，则是另一个严峻的考验。从院校教学的角度来分析，向学生提供丰富的具有较强针对性的语言输入信息，以及能否创建生动形象、自由愉快的学习氛围，以便增强学生学习的自主性，则是培养学生语言素质的有效途径。

## 二、大学英语教学目标的变化

大学英语课程教学目标的变化与时代的发展进步紧密相连。过去三十几年，我国大学英语课程教学目标发生了三次阶段性的变化。第一阶段：1986 年《大学英语教学大纲》规定的教学目标是"培养学生具有较强的阅读能力，一定的听的能力，初步的写和说的能力"。第二阶段：1999 年修订大纲将教学目标改为"培养学生具有较强的阅读和一定的听说写译的能力，使他们能用英语交流信息"。第三阶段：2007 年《大学英语课程教学要求》指出，大学英语的教学目标是"培养学生的英语综合应用能力，特别是听说能力"。通过以上三阶段大学英语课程教学目标的变化，我们可以看到大学英语课程教学目标变得越来越高，这对大学英语课堂教学目标的要求也变得越来越多。要充分体现大学英语课程目标的变化，课堂教学目标的设置就要相应地发生变化，以达成课程教学目标变化的目的。

## 三、外语界专家们对大学英语教学目标的争议

当前关于大学英语教学目标的争议主要可以总结为三种观点。第一种观点：大学英语的教学目标主要是培养学生的综合语言运用能力，帮助学生打好扎实的英语语言基础。明代教育家王守仁提出教学目标包括三个方面的内容，即要培养英语综合应用能力、发展自主学习能力和提高文化素养。其中"英语综合应用能力"是高校大学英语教学的主要任务。高等学校大学外语教学研究会会长杨治中曾指出大学英语课堂教学包括听说读课教学，主要是帮助学生学习语言，操练语言，而不是培养学生的创新能力和思辨能力。他认为大学英语课堂主要帮助学生打好扎实的语言基础。第二种观点：大学英语不仅要培养学生综合语言运用能力，还要培养学生跨文化等综合能力。北京外国语大学教授、博士生导师文秋芳认为英语综合课的总体教学目标应该是培养学生的英语综合应用能力、跨文化能力、自主学习能力和提高学生综合素养。第三种观点：大学英语教学学术化与专业化。在全球化的新形势下，大学英语教学的具体目标是培养学生的学术英语能力和专门用途英语能力。

笔者认为对于大学英语教学目标的设定不应纠结于哪一种观点，因为以上三种观点在本质上并不矛盾，它们只是对我国大学英语教学在不同层次、不同阶段对学生的不同要求。第一种观点主要强调培养学生英语综合应用能力，重点掌握语言知识与语言技能。而这些语言基本技能正是跨文化及思辨等综合素质培养的必要前提，只有拥有一定的语言技能，语言和文化才能水乳交融，相辅相成，才有可能把已学习的知识运用于实践的认知活动中去，从而形成自己的思辨能力。大学英语教学的学术化与专业化是大学英语教学的更高层次，这是在全球化的背景下培养跨文化高端人才的需求。但只有具备良好的语言综合运用能力和一定的思辨能力时，才具备开设这种课程的条件。因此，我们应从实际出发，根据学生的实际水平和学习规划，有步骤有层次地循序渐进地实现既定的教学目标。

## 四、大学英语课堂教学目标设定的三个基本依据

课堂教学是实现课程教学目标的最重要途径，教学目标设定得是否合理明确直接关系着课堂教学内容和活动设计，关系到课程教学的成败和课堂教学效果的达成等一系列问题。因此无论是理论研究还是一线实践教学，都需要了解教学目标的相关设定的基本依据。课堂教学需要在《大学英语课程教学要求》的指导下，结合具体人才培养目标以及学生的自身发展需求，来设定明确合理的课堂目标。笔者认为大学英语课堂的教学目标设定应该遵循以下三个基本依据。

### （一）《大学英语课程教学要求》是大学英语课堂的教学目标设定依据

大学英语课堂的教学目标设定应该以《大学英语课程教学要求》为最基本指导原则。课程要求明确指出培养大学生的英语综合应用能力为大学英语的主要教学目标。综合应用能力首先必须掌握语言知识和语言技能。那么大学英语课堂教学目标就是语言知识教学。在系统讲授语言知识的基础上强调语言技能训练。因此，大学英语课堂的整体目标必须在它的指导下进行，再结合学校和学生的实际情况因地制宜地设定具体的课堂目标，从而把"培养学生的英语综合应用能力"的任务落到实处，切实提高大学英语课堂教学质量。

### （二）课堂教学目标的设定符合大学生自身的发展规划

我国大部分地区从 2004 年开始推行实施《普通高中英语课程标准》，经过十多年的沉淀，我国高中阶段英语水平有了显著提升，但是也不忽略全国英语教学质量的地区差异和城乡差别。因此，大学课堂教学目标的设定一定是综合评估不同院校、不同专业、不同学生进行差异化英语教学。目前已有部分大学开展普通英语教学，通识教育类英语教学，专门用途类英语教学，双语、全英专业课程类教学四种不同阶段不同需求的英语教学目标。各个院校应综合各自的教学资源、学生水平和发展规划的差异，注重实效，设定符合学生发展需要的教学目标。

### （三）课堂教学目标的设定符合国家人才培养目标的需求

《国家中长期教育改革和发展规划纲要》明确指出，需要培养具有国际视野，通晓国际规则，能够参与国际事务与国际竞争的国际化人才。英语作为在国际政治、经济科教、文化等领域的强势语言地位在未来较长时间无法被替代。随着中国经济的高速发展，中国将和世界各国开展范围更广、水平更高、层次更深的各项交流合作，在这样大背景下大学英语课程教学目标的设定就应该符合国家对英语高端人才的需要，在其基础上大学英语课堂的教学目标应该具体设定如何实现课程教学目标及达成国家对高端英语人才的需求。此外，课堂教学目标的设定既要把握语言工具性还要强调语言的人文性，以达到学生综合素质教育的目的。

# 第二节 我国大学英语教学的发展历程

回顾大学英语教学的历程，我们发现大学英语教学的发展与社会时代的发展变化密切相关，甚至可以看作是时代社会发展变化的"晴雨表"。大学英语教学不仅印有时代的深深烙印，而且正一步步走向它的应然状态。

1982年党的十二大召开后，我国的改革开放事业全面展开，开创了社会主义现代化建设时期的新局面。1985年5月，中共中央颁布了《关于教育体制改革的决定》，标志着我国教育改革和发展进入一个新的阶段。《关于教育体制改革的决定》明确指出教育必须为社会主义建设服务，社会主义建设必须依靠教育。社会主义现代化建设的宏伟任务，要求我们不但必须放手使用和努力提高现有的人才，而且必须极大地提高全党对教育工作的认识，面向现代化、面向世界、面向未来，为20世纪90年代和21世纪初叶我国经济和社会的发展，大规模地准备新的能够坚持社会主义方向的各级各类合格的人才。在这样的背景下，公共英语教学受到学校的重视，公共英语逐渐成为高校一门重要的基础必修课程。在此后的20多年中先后进行了三次大学英语教学改革，促进了大学英语教学的发展。

## 一、1982—1987年大学英语教学的崛起

进入20世纪80年代，高校的公共外语教学已经以英语教学为主流。在各种内外因素的刺激下，大学英语教学开始渐渐崛起，成为1000多所高等院校的一门重要课程——教学时间长、学生人数多、教学任务重。但是因为大学英语教学效果不尽如人意，远远不能适应改革开放和市场经济发展的需要，这一切使得大学英语教学改革势在必行。教育部在1982年开始就我国大学英语的改革陆续召开了一系列全国性的会议，正式开启了自中华人民共和国成立以来的第一次全国大学英语教学改革。

### （一）文理平行的《大学英语教学大纲》的修订与颁布

中国公共外语教学研究会成立大会举行，指出学会的主要任务是积极开展学术交流活动，促进公共外语教学的提高和发展，为实现社会主义现代化做出贡献，把公共外语的教学提高到一个新的水平。1982年，教育部在武汉召开高等学校公共英语课教学经验交流会，揭开了大学英语教学改革的序幕。会议就公共英语课教学大纲的修订、教材建设、教学组织和管理以及师资培训等问题组织专题讨论和座谈。同年7月，教育部以文件形式肯定了修订大纲的建议，发到全国各高校和各省（市）高教局（厅），成为指导这一时期大学英语教学的重要文件。

基于此，教育部委托理工科外语教材编审委员会和中国公共外语教学研究会负责大纲修订工作。参加大纲修订工作的有北京大学、清华大学、重庆大学、哈尔滨工业大学、华

中工学院、大连海运学院、西安交通大学和上海交通大学，工作班子设在上海交通大学。1982—1983 年的两年，大纲修订工作组进行了三方面的工作。第一，认真总结了我国三十多年来公共英语教学的经验，学习和研究了国外语言学和英语教学的有关著作，从中吸取了一些切合我国需要的有益成分，在实践和理论上为修订大纲提供了可靠的依据。第二，进行了大量的调查研究工作。根据教育部相关文件的精神和规定，修订组在北京、上海、哈尔滨、武汉、西安等七个地区的三十七所理工科和文科院校，对 1982、1983 届本科生新生入学的英语水平，分别进行了全国规模的抽样测试；同时对 1981、1982 级学生在读完英语课后的英语水平进行了抽样测试，并用计算机对测试结果进行了科学的定量分析，从而为确定新大纲的教学目的、起点和终点的要求等提供了比较可靠的参考数据。此外，修订组还向社会进行了科技外语社会需要调查，先后向 4 所理工科院校的约 4000 名毕业生发出"科技外语社会需要调查表"，并对回收的近 2000 份调查表进行了统计，取得了关于科技人员在英语读、听、写、说能力等方面的实际需要的第一手资料。修订组还委托哈尔滨工业大学对专业阅读阶段的要求、应达到的能力及指标等进行了调查。大纲起草小组利用计算机作科技英语词汇统计，并参照国外已出版的几份词汇表，根据教学需要加以人工调整和筛选，制定出新大纲所附的词汇表。第三，在调查研究的基础上，大纲起草小组于 1983 年 5 月提出大纲正文初稿和四张附表（词汇表、语法结构表、功能意念表及语言技能表），以供讨论。

大纲修订组两年内先后分别在上海、西安、安徽、无锡、杭州共召开了六次不同类型和规模的讨论会议。在广泛听取意见的基础上，起草小组反复修改，最后于 1984 年在杭州召开全国公共英语（理工科用）教学大纲审订会。参加会议的有来自全国 25 个省、市 51 所高等院校和单位的代表。会议认为英语教学大纲体现了"四性"（科学性、先进性、实用性和灵活性）要求，较好地结合了国外先进教学、语言学理论和中国的国情。会议一致通过英语教学大纲，改名为《大学英语教学大纲（高等学校理工科本科用）》，并决定报教育部审批。自此，"公共外语"改称为"大学英语"。同年 7 月，大纲修订工作组根据杭州会议的决定对新大纲进行了最后的审定和定稿。历时两年的大纲修订工作圆满地告一段落。

按 1982 年教育部印发的文件要求，新大纲自 1985 年秋季起使用；对教学中的一些重大问题，如语言功课和科技英语，阅读理解的准确性和流畅性以及理工科院校英语教学中的读、听、写、说的关系等做了说明；大纲除正文外，还增加了词汇表、语法结构和功能意念表。此外还对培养目标测试方法等做了原则性的规定。

与此同时，1984 年 5 月在杭州召开的《全国公共英语（理工科用）教学大纲》的审定会上，与会的综合大学师范院校以及文科院校代表，根据当今世界自然科学、技术科学和社会科学相互渗透、交叉发展，专业信息多向性特点，一致要求参考理工科大纲，将原文、理分科大纲修订成一个适合于上述三类院校使用的文、理科通用大纲。同年，受原教育部的委托，前全国高等学校文科公共英语教材审编组于 1984 年 10 月在上海组建了以复旦大学为首，南开大学、北京大学、华东师范大学、武汉大学、中国人民大学、南京大学、兰州大学等八校代表参加的《大学英语教学大纲（高等学校文理科本科用）》（简称《文理科大纲》）修订组，并召开了第一次工作会议。

1985年6月在苏州召开了第二届高校外语教材编审委员会成立大会，着手制定了文理科教学大纲初稿。在《大学英语教学大纲（高等学校理工科本科用）》（简称《理工科大纲》）的基础上，修定组经过一年的工作，完成了大纲正文的修订，并制定了词汇、语法结构、功能意念和微技能等四个附表和大纲修订说明，印发给有关院校征求意见。1985年3月、6月、8月，修订组多次召开会议就各院校提出的意见进行详细讨论，反复修改，在全国五十余所院校的大力支持和协助下，高等学校大学外语教材编审委员会综合大学英语编审组最后于1985年11月16日至21日在南京大学召开审定会，与会代表对《理工科大纲》的正文和四个附表进行审定，一致认为大纲较好地体现了科学性、先进性、实用性和灵活性，切合当前文理科英语教学的需要，通过并上报国家教委审批。1986年3月17日，国家教委批转《大学英语教学大纲（高等学校文理科本科用）》，通知全国所有院校从1986年秋季起参照执行。

《大学英语教学大纲（高等学校文理科本科用）》较以往的大纲相比，具有五个特点：①重视英语语言基础的教学及交际能力的培养；②文、理科通用；③读、听、写和说分三个层次（较强的阅读能力、一定的听的能力、初步的写和说的能力）列入教学目的；④实行了分级教学；⑤定性、定量化。

1985年的《大学英语教学大纲（高等学校文理科本科用）》和1986年的《大学英语教学大纲（文理科本科用）》是以广泛的测试、调查为基础，通过各院校通力协作，几经讨论研究后制定而成的。这份大纲是中华人民共和国成立以来较为完善的一份公共英语教学大纲。结束了中华人民共和国成立30多年全国高校大学英语教学长期处于教学目的、教学内容、教学途径和方法的模糊认识状态。基本上反映和符合当时我国对外语人才的需求情况，符合当时大学生的实际英语水平。大学英语教学完成了从无统一大纲到有统一大纲、从分文理科大纲到文理科统一的大纲过程。这个统一的大纲对规范全国大学英语教学、推动大学英语教学发展、提高各高校大学英语教学质量起到了非常大的作用。

虽然1985年和1986年制定的两个大纲在当时是针对重点大学提出的要求，但是后来在执行贯彻过程中，大纲的对象逐渐扩展为全国所有的高等院校，使得这两份大纲名副其实地成为全国各高等院校大学英语教学的依据和指导性文件。

## （二）文理通用的《大学英语》系列教材的问世

在修订大纲的同时，1986年8月7日，大学外语教材编审委员会综合大学英语编审组在兰州召开了大学英语教学研讨会。参加研讨会的有来自全国20个省、市、自治区的78所综合师范大学以及其他文理科院校的代表117名。到会还有国家教委的代表、甘肃省教育厅、兰州大学和上海外语教育出版社的负责人。会议听取了复旦大学、北京大学、华东师范大学、中国人民大学合作编写的《大学英语》系列教材的报告。大学外语教材汇编委会副主任兼综合大学英语编审组组长董亚芬教授介绍了这套系列教材的编写思想与指导思想。《大学英语（文理科本科用）》虽然不是国家统编，却是第一套根据新的《大学英语教学大纲》所提出的目的要求编写的教材。它与原文、理科英语教材相比，在方法与内容上都有较显著改变。它是按一套系列教材，共分精读、泛读、快速阅读、听力、语法与练习等五种教程。按分级教学要求除语法与练习只编四册外，其他教程各编六册，每级一册。精读和听力教程每册都配有录音和教师用书。

该系列教材确实是公共英语教学史上一项空前巨大的工程。国家教委为了推动新《大学英语教学大纲》的实施，特拨款聘请两名专职外籍教师，参加编写和文字审定工作。各教程都由教学经验丰富的中年教师担任主编并请各校的老专家担任主审。五种教程根据各自的课型特点自成体系，但又相互配合，形成整体。《大学英语（文理科本科用）》系列教材基本上体现了《大学英语教学大纲》的要求，达到《大学英语教学大纲》所规定的各项指标。同以往出版的同类教材相比，这套教材从形式到内容都有所创新，吸收了国内外英语教学法研究的某些新成果，具有一定的先进性；同时，这套教材还保留了过去的教学实践中业已证明行之有效的做法，符合当时和今后一段时间内我国大学英语教学的实际情况，具有广泛的可行性。文理科通用的教学大纲和系列教材的诞生结束了我国高校长期以来文理科英语分离的历史，表明我国高等院校大学英语教学获得了初步的发展。

### （三）大学英语四、六级考试的开发与实施

外语教学质量的提高，除了明确教学目标、编写高质量的教材外，还必须提供检查和考核的手段。因此，1985 年原国家教委在批准实施《大学英语教学大纲》的通知中指出：《大学英语教学大纲》确定的教学目的和要求反映了当前国家对高等专业人才外语方面的要求，是教委今后检查大学英语教学质量的依据，基础阶段各级教学结束时均应安排考试。为了保证大学英语四、六级考试的正常实施，1985 年 10 月，由国家教委任命成立了大学英语四、六级标准考试设计组，组长为上海交通大学杨惠中教授。设计组在国家教委高教司的直接领导下在学术上、考务上和组织上对大学英语四、六级考试全面负责，设在上海交通大学的《大学英语》考试办公室承办具体工作。清华大学、上海交通大学、武汉大学三个考试中心则分片协助，各省、自治区、直辖市高教部门教务处和有关院校配合实施。

大学英语四、六级考试作为教学大纲的配套措施或作为大学英语课程实行分级教学的评估体系，经过两年多的准备，终于正式实施。1987 年 9 月 20 日，国家教委下达通知，试行大学英语四级标准考试（CET-4）。CET-4 的实施标志着我国大学英语从教学目标到教学计划、从教学内容到教学方法以及教学评估整个教学体系的初步建立。

实行第一次大学英语教学改革之后的几年里，我国大学英语教学发生了巨大的变化。其主要表现在：第一，大学英语教学的指导思想已发生转变，开始用语言学理论来指导教学，在传授语言基本知识的同时坚持语言基本技能的训练，既使学生在句子水平上掌握英语，也使学生在语篇水平上运用英语。第二，全国大学英语教学在新大纲的指导下教学目

标明确、具体，即大学英语实行分级教学，对各级教学目的和要求规定了定性和定量化的明确指标，实行全国大学英语四六级统一的标准化测试。第三，改革了课型和教材，分科教学发展了学生读、听、说、写的技能。第四，确定了大学英语作为一门独立学科的地位，大学英语教师的地位和积极性得以提高，教学设备得以改善。第五，成立了全国大学英语教学研究组织，促进了国内外大学英语教学方面的学术和科研成果的交流。

## 二、1987—2000年大学英语教学的繁荣

随着我国对外开放力度的加大，国际交流的日益频繁，社会发展对大学英语教学提出了新的要求，培养具有国际竞争能力的能听、说、读、写的外语人才已成为大学英语教学的迫切任务。在这种形势下，原先的大学英语教学越来越显示出其弊端。为了解决一系列问题，推动大学英语教学健康发展，国家教委、大学英语教学界共同努力，展开了全国第二次大学英语教学改革。在高教司的领导下，完成了《大学英语教学大纲》的修订，试题库建设，八所学校的大学英语自主考试改革试点工作，多套教材的修订和开发，大学英语四、六级考试新题型和口语测试的增加等一系列深化大学英语教学改革的工作。

### （一）统一的《大学英语教学大纲》的修订

1985年和1986年的两份大纲的共同核心之处就是"分级教学"，规定大学英语的基础教学有六个级别，其中一至四级为必修课程，五至六级为选修课程。并且对每一级的教学内容、教学要求都做了定性和定量的规定。这一做法结束了长期以来我国高校大学英语教学各自为政的状态，不仅有利于英语教师组织教学，也大大促进了校际的交流。由于《大学英语教学大纲》对教学的语言技能和词汇量做了严格的描述，教师和学生对教学目标也十分明确。另外，由于是全国统一的尺度，学生按照分级所达到的相应水平在人才市场上也显示了他的社会价值。

不可否认，两份教学大纲对大学英语教学的发展起着不可磨灭的历史功劳。但是，这两份教学大纲是针对不同类型学校、学生平行使用的，在大学英语教学目的、教学内容、教学要求以及教学时数方面存在相当大的差异，很长一段时间内限制了四、六级考试的词汇命题范围。这种不正常的现象，有碍于大学英语教学工作的进一步发展，在全国大学英语四、六级统考需要的强大压力下，要求制定一份全国统一的大学英语教学大纲的呼声越来越强烈。

为此，国家教委高教司委托大学外语教学指导委员会和大学外语学研究会于1994年7月和12月分别在大庆和桂林召开全国大学英语教学研讨会和全国大学英语教学上新台阶座谈会。大会肯定了1985年和1986年大纲颁布以来大学英语教学所取得的长足进步，总结了10年来大学英语教学的经验教训，对大学英语教学上新台阶的必要性和措施取得了共识。会议提出：为适应国民经济和社会的发展，适应高等教育深化改革，培养跨世纪人才，加强学科建设，完善大学英语这门课程的需要，要实现大学英语教学上新台阶，修

订《大学英语教学大纲》必须先行一步。这两次会议为修订大纲做了舆论动员，拉开了修订《大学英语教学大纲》的序幕。与1982年4月的武汉会议一样，大庆会议成为我国大学英语教学发展史上的又一里程碑。

1996年5月，受原国家教育委员会的委托，高等学校大学外语教学指导委员会成立了"面向21世纪的大学英语课程教学内容与课程体系改革研究与实践"项目组。项目组成员为：浙江大学、清华大学、北京大学、复旦大学、上海交通大学、南京大学等六所高等学校。该项目是原国家教委"高等教育面向21世纪教学内容和课程体系改革计划"项目之一。项目组成立后，立即着手开展了多层次的社会需求调查、学生英语水平调查和词汇量调查，立足于21世纪人才的培养规格，确定大学英语的培养目标。调查项目主要包括：大学毕业生英语水平及使用英语现状的调查；用人单位对大学毕业生英语能力的评估及期望；专家、学者、教授对大学生英语水平及培养目标的描述；英语教师的意见；高校新生的英语词汇量；高校新生的英语应用能力等。调查涉及四万余人。根据对这些调查的分析和研讨，项目组向教委顾问组提出了《大学英语课程改革和教学大纲的框架设想》。

1996年12月，新一届高等学校大学英语教学指导委员会成立。《大学英语教学大纲》的修订成了新一届指委会的首要任务，在指委会的领导下，项目组对1985年的理工科大纲和1986年的文理科大纲进行了认真深入的研讨，确定了大纲修订的原则和方向。一年多后，提出了大纲正文讨论稿。为了配合大纲的修订，项目组委托北京大学、上海交通大学、中山大学、吉林大学等学校按照大纲正文的要求分别修订语法结构表、功能意念表和语言技能表；项目组还成立词汇工作组，负责词汇表的修订工作。

项目组对大纲讨论稿反复修改，数易其稿，并在有关会议上征求同行专家的意见，于1998年5月在指委会英语组武汉会议上推出了《大学英语教学大纲》（征求意见稿）。在6—9月，各省、市、自治区的大学英语教学研究会，指导委员会或协作组分别召开了各种形式和规律的大纲研讨会，广泛征求了第一线大学英语教师的意见，并将他们提出的意见和建议汇总后带到9月底在上海召开的全国大学英语教学大纲研讨会上。项目组根据这些意见和建议，再次对大纲做了修改，最后于1998年12月下旬提交在杭州举行的高等学校大学英语教学指导委员会英语组扩大会审定通过。

为了适应形势的变化，修订后的大纲不再分文理科和理工科，教学对象为全国各类高等学校的文、理、工各科的本科生。第一次将四级定为"全国各类高等院校均应达到的基本要求"。同时考虑到全国高校的差异，提出"分类指导"的原则，在教学内容上向"两头延伸，高低兼顾，一纲多用"；并将原先的"专业阅读"改为"专业英语"，提出英语学习"四年不断线"的原则。

大纲既重视打好语言基础，又重视语言应用能力培养。它继承了原大纲的优点，借鉴了国内英语言学研究的最新成果，反映了社会需要和学生的实际需求及大学英语教学的特点，体现了科学性、先进性、实用性、灵活性的原则。

## （二）多套大学英语教材的研发

为了进一步地加强高等学校教材建设和管理，1987、1988 年，国家教委先后发布了《关于加强高等学校教材建设工作的几点意见》《高等学校教材工作规程》《高等学校优秀教材奖励试行条例》和《高等学校教材工作评估办法》等四个文件，总结了高等学校教材建设工作的基本经验，提出了教材工作的方针、任务，制定了教材规划、编审、出版、评估、奖励等各方面的规章制度，有力地指导和促进了高等学校的教材建设工作。自 1985 年恢复教材编审组织后，文科教材建设方面，先后制定了两个教材编选计划，促进了文科教材建设工作，数量增加，质量提高，涌现了很多比较优秀的教材。

自 1986 年董亚芬主编的《大学英语》系列教材问世后，从 1987 年到 1997 年的十年间又陆续出版了上海交通大学杨惠中、张彦斌主编的《大学核心英语》（共六册），清华大学科技外语系编的《新英语教程》，由麦克米伦出版公司和高等教育出版社联合出版的《现代英语》，大连海运学院杨美帽主编的《大学英语》，还有与董亚芬主编的大学英语教程《精读》相衔接的《大学英语预备级教程》。其中《大学英语》《大学核心英语》《新英语教程》和《现代英语》四套教材由于组织全国院校的力量，并引进和借鉴国外教材，因此质量较高，使用最广泛，对我国大学英语教学的全面提高和蓬勃发展做出了巨大的贡献。尤其是董亚芬主编的《大学英语》获得教育部高等教材优秀奖，自出版后几本修订，长期以来深受广大师生的欢迎。它的编写体例、内容、形式等对同时期以及以后教材的编写都产生了很大的影响。

## （三）四、六级考试新题型的增设

为了进一步提高大学英语四、六级考试的效度，使考试更好地为教学服务，促使各校把精力放在正常课堂教学，扎实提高学生的实际英语能力，避免传统形式的教学，考试委员会从 1993 年开始进行新题型的研究工作。考试委员会经过两年的实验研究，并经国家教育委员会高等教育司批准，于 1995 年 7 月公布了第一批可能采用的两种题型：英译汉和听写填空。1996 年 7 月公布第二批可能采用的新题型、简短回答题和复合式听写。这几种新题型从 1997 年 1 月开始在全国大学英语四、六级考试中陆续使用。每次考试仍为五个部分，但其中有一个部分可能采用新题型，具体采用何种题型事先不予以公布，以鼓励师生认真搞好课堂教学，提高学生实际使用英语的能力，避免应试教学。

同时，为了使大学生更加重视英语口语学习，获得更强的英语口语交际能力，经教育部高教司批准，全国大学英语四、六级考试委员会 1999 年起开始施行大学英语四、六级考试口语考试。报考条件是近两年内参加过大学英语四、六级考试，六级成绩在八十分及以上、四级成绩在八十五分及以上的在校大学生。大学英语四、六级考试口语考试每年举行两次，分别在 5 月中旬和 11 月中旬举行。

## （四）大学英语教学改革的试行

1996 年 11 月，教育部高教司下发《关于在八所高校进行大学英语教学改革试点工作的通知》，确定以北京大学、清华大学、北京航空航天大学、复旦大学、上海交通大学、南京大学、东南大学和北京交通大学八所院校为试点单位，后增加中国人民大学。三年后，大学英语教学改革试点工作研讨会于 1999 年 7 月 13 至 16 日在江苏省张家港沙洲工学院举行。会议的主要议题是：总结交流大学英语教学改革试点工作情况和经验，研讨部署下一阶段工作。会议充分肯定了近几年来大学英语教学改革及试点工作所取得的成绩，并指出，九校教改试点的经验能为全国普通高等院校的大学英语改革提供有益的借鉴。

在九所学校教学改革中，根据各自学校的自身特点和学生的情况逐渐形成了具有特色的大学英语教学。例如，北京大学把较强的写、译能力作为教学目标，特别强调词汇、语法、阅读教学，使学生打好扎实的语言基本功，并以此带动语言应用技能的提高。他们利用课堂讨论、口头表达等方式培养学生的听说能力。学校还制定并颁布了《大学英语教师工作手册》，建立了课程主持人制度，强化教学管理。北京大学一直坚持自己的四级考试制度，其中将主观题比例定为 40%。北大通过开好后续课争取使学生的英语学习不断线，英语系还为全校大学生开设了高级英语、口语、澳大利亚概况、商务英语报刊选读、文化人类学、英诗欣赏、语言文化、中西文化比较等选修课程。北京航空航天大学制定了自己的教学要求。例如：基本要求词汇量 5000 词，较高要求为 6000~7000 词；基本要求中阅读能力分为准确阅读能力（25wpm）和快速阅读能力（50~60wpm）。在课程设置上，强调阶段侧重，英一、英二重点为听说，英三为读写，英四重在专项语言技能培养，学生可在翻译、中级听说、中级写作等课程中任选其一。北航设立了自己的大学英语合格证书考试，在总成绩中，笔试占 80%(其中主观题约 60%)，口试占 20%。复旦大学加强教师培训，坚持理论研究，对教师提出了明确的教学理论研究任务，并将研究成果用于教学，推动大学英语教学水平不断提高。九所学校在校领导大力支持下，对各自学校的大学英语教学特点进行了深入的研究，都把重点放在提高学生的英语应用能力，在改革中采取了不同的措施和方法，有力地促进了各自学校大学英语教学的改革，取得了可喜的成绩，积累了有益的经验。

## 三、2001年至今大学英语教学的成熟

为了改进大学英语教学，尽管在 20 世纪 90 年代采取了一些措施，但是始终没有达到相应的教学要求和目标。大学本科公共英语教学改革事关如何培养新一代高素质创新型专门人才和拔尖人才，提高我国综合国力和国际竞争力的大局，同时也是高等教育人才培养和教学改革的重要突破口和最有可能用先进的信息技术手段改进传统教学模式、取得重大突破的领域。

为此，教育部在 2001 年启动"高等学校本科教学质量与教学改革工程"（以下简称"质量工程"）中，根据时代发展和社会进步的需要，提出进一步推进大学英语教学改革，并将其纳入"质量工程"之中，成为"质量工程"重点项目之一，这标志着第三次大学英语教学改革的正式启动。

自 2002 年启动大学英语教学改革以来，大学英语教学改革走过了四个阶段，即启动阶段、实施阶段、试点阶段和推广阶段。

## （一）酝酿阶段

2002 年年初，教育部采取委托方式，请大学英语教学指导委员会对大学英语教学的现状进行调查，并下发了《关于启动大学英语教学改革部分项目的通知》，开始着手制定新的《大学英语课程教学要求》和建设基于计算机和网络的大学英语教学模式。

同年 12 月高教司正式启动大学英语教学改革，首先开始的是大学英语教学改革的调研。受教育部的委托，高等学校大学外语教学指导委员会对全国高等学校大学英语教学现状进行了全面的调查。根据各校反馈的调查问卷以及调研的情况，提出了当前大学生的英语教学目标是培养听说为主的实用能力，为学生的今后发展打好基础的基本思路，并从改革英语教学大纲，研制一流的教学软件，改革四、六级考试三方面着手大力推进大学英语教学改革。

## （二）实施阶段

2003 年 3 月，教育部部长专题会议讨论通过了启动"高等学校教学质量与教学改革工程"的总体方案和基本思路，将大学英语教学改革列为"质量工程"四项工作中的第二项。教育部决定采取三项措施，改革大学英语教学：①广泛采用先进的信息技术，推动基于计算机的英语教学改革；②制定《大学英语课程教学要求》；③进一步改革大学英语四、六级考试。为此，2003 年 3 月 8 日成立由高校大学英语教学第一线的专家、教育教学管理部门人员以及外国同行专家一起组织的《大学英语课程教学要求》项目组，负责起草《大学英语课程教学要求》。在 2002 年期间不到一年的时间内，项目组前后共组织了四次集体会议，多次讨论，几易其稿，完成了《大学英语课程教学要求（试行）》稿。2003 年 10 月 9 日至 11 日，由教育部组织的大学英语教学改革研讨会在北京交通大学召开。教育部大学英语教学指导委员会全体委员、"大学英语课程教学要求"项目组成员、"211"学校大学英语教学部主任（主管大学英语教学的外语学院院长、系主任）、部分省市大学英语教学研究会会长、部分高校教务处处长及出版社代表两百余人参加了会议。会议审定通过新的教学要求草案，最终于 2004 年 1 月正式印发《大学英语课程教学要求（试行）》。

与此同时，为推动建立新的大学英语教学模式，2003 年 2 月 19 日教育部委托高等教育出版社、清华大学出版社、外语教学与研究出版社、上海外语教育出版社四家出版社开发研制基于计算机网络的大学英语教学软件书籍，出版社组织国内外专家对国际已有的英语学习软件和教材，例如维克多学习系统、华尔街学习系统、英语城学习系统，进行系统的调查和研究分析，不到半年时间内研制出四套英语学习软件。这些软件集趣味性、交互性、自主性、可管理性于一身，采用了最新的语音合成与识别、视频等最新软件技术。四套教学软件通过教育部组织的专家验收通过。

为进一步地推动大学英语教学改革，高教司决定部分高校进行大学英语教学改革试点。

2003 年 2 月 26 日教育部印发《关于开展大学英语教学改革试点工作的通知》试点的目的在于 "根据新的《大学英语课程教学要求（试行）》，采用通过高教司验收的大学英语教学软件，以培养学生的自主学习能力为中心，充分利用现代教育技术，构建个性化的大学英语教学模式，提高学生的英语综合应用能力，尤其是听说能力；积累经验，为全面推行大学英语教学改革做准备"。试点范围包括不同层次和类型的本科高校。通知发出后，全国有 288 所高校申请参加，通过教育部专家组的评审，于 2004 年 1 月最后确定 180 所高校参加教学改革试点工作。

## （三）试点阶段

在 2004 年 2 月 18 日的 "大学英语教学改革试点工作" 视频会议上，教育部确定了 "大学英语四、六级考试改革是 2004 年大学英语教学改革的重点"，3 月启动了大学英语四、六级考试改革项目。根据《全国大学英语四、六级考试改革方案》，改革的总体思路分为三个方面：一是按照《大学英语课程教学要求（试行）》修订考试大纲，开发新题型，改革考试内容和考试形式，突出加强对学生英语综合应用能力特别是听说能力的测试。二是全面改革分数报道方式，由原来的 100 分制改为 710 分的积分体制，不设及格线，不颁发合格证书，只发成绩单；同时逐步将考生范围限制在校内，降低考试的社会权重，突出考试为教学服务的功能。三是改革考试管理体制，进一步加强考务管理。

为了推动大学英语四、六级考试改革，2005 年 2 月 25 日教育部召开大学英语四、六级考试改革新闻发布会。教育部副部长吴启迪就大学英语四、六级考试改革的背景，紧迫性与必然性等问题进行了介绍，并强调 "各级教育行政管理部门，各高校以及全国大学英语四、六级考试委员会要共同努力，使四、六级考试在促进我国大学英语教学和提高学生英语综合使用能力方面发挥更大的作用"。

## （四）推广阶段

### 1. 考察调研

为了认真总结大学英语教学改革经验、巩固成果、以点带面，全面实施大学英语教学改革，2006 年 3 月教育部委托大学英语外语教学指导委员会、大学英语教学改革联络办公室，对全国 50 所高校大学英语教学改革情况进行考察调研。6 月 14—16 日高教司在北京交通大学组织召开大学英语教学改革调研工作会议。从 19—26 日教育部组织 30 多个专家 6 个调研小组，对 14 个省市自治区的 37 所高校进行了实地调研，了解大学英语教学改革实践情况，发现存在的问题，为进一步修订《大学英语课程教学要求（试行）》做准备。

### 2. 专家巡讲和师资培训

2006 年 7 月 31 日教育部办公厅印发了《关于进一步提高质量全面实施大学英语教学改革工作的通知》（以下简称《通知》），全面总结了大学英语教学改革进展情况，对今后的大学英语教学改革工作提出了明确要求。为了加强师资队伍建设，全面推广基于计算机和网络的大学英语新教学模式，根据《通知》把推进和深化大学英语教学改革作为一项重大而紧迫的任务，切实抓紧抓好的精神以及积极使用我部推荐的优质教学课件和教学资源，改革传统英语教学模式的要求，教育部组织英语专家巡讲组，分期分批深入高校，开展大学英语教学改革巡讲活动。2006 年分别在 10 月、11 月、12 月份组织了三批专家，每批分成三个小组，分赴有关省会城市或大学相对集中的非省会城市。每个城市组织 2 场左右，每天一场，每场集中在一所大学对 200~300 名的教师进行培训。

3. 推出《大学英语课程教学要求（正式版）》

2003 年颁布的《大学英语课程教学要求（试行）》积极推动了大学英语教学改革，促进了教学质量的提高。根据大学英语教学改革的目标要求，结合两年多的教学实践，《大学英语课程教学要求（试行）》有部分内容还需要进一步修订及完善。于是，经高教司研究，决定成立《大学英语课程教学要求（试行）》修订项目组，并于 2006 年 11 月 8 日在北京交通大学召开项目组第一次会议，会议研究确定了项目组工作目标和任务，讨论修订思路和内容，并落实了具体的分工。最终在 2007 年 1 月由上海外语教育出版社以《大学英语课程教学要求（正式版）》的形式公开发行供高校参照执行。

2007 年 2 月 17 日教育部印发的《关于进一步深化本科教学改革全面提高教学质量的若干意见》对今后一段时期进一步深化高等教育本科教学改革，全面提高教学质量的工作提出 6 点建议 20 条具体措施。其中，第四点"深化教育教学改革，全面加强大学生的能力培养"的第十条指出进一步推进和实施大学英语教学改革。要全面推广大学英语教学改革成果，充分运用优质教学软件和教学资源，深化大学英语教学内容和教学方法改革，推动高校建立网络环境下的英语教学新模式，切实促进大学生英语综合应用能力，尤其是听说能力的提高。增强大学英语师资培训，造就一批大学英语教学改革的骨干教师。推进大学英语四、六级考试改革，研究建立四、六级网络考试系统。鼓励开展双语教学工作，有条件的高等学校要积极聘请国外学者和专家来华从事专业课程的双语教学工作，鼓励和支持留学回国人员用英语讲授专业课程，提高大学生的专业英语水平和能力。由此我们可以看出，大学英语教学改革是一项复杂的系统工程，各项工作仅仅才开始，改革采取的措施的有效性还需进一步认证，因此任重道远。

大学英语教学经历了曲折复杂的历程，而这一切又和社会时代的发展变化密切相关。由于大学新生入学时英语基本未曾学过，使得大学英语教学起点从 ABC 开始，这种现状随着改革开放带来的社会对英语需求的日益加强而迅速得以改观。1982 年英语成为高考的必考科目并以 100% 计入总分之后，新生的英语水平迅速提高。这种情况反过来促进了大学英语教学，教学大纲重新修订，教材得以编写出版，教师得以培训提高。随着社会主义现代化建设时期的到来和改革开放进一步的深入，大学英语教学也进入了繁荣发展的春天，先后进行了三次大规模的教学改革，每一次改革又都是在前一次改革基础上的深入，教学目标越来越明确，教学要求越来越高，教学争论越来越激烈，教学研究也越来越深入。

但从总的趋势来看，大学英语教学已越来越成熟，越来越呈现学科化的特点。从中华人民共和国成立初期的边缘化到恢复时期的"英语为第一外语"，再到"大学英语在公共外语中占绝对主导地位"的确立，大学英语的学科地位得到加强；从中华人民共和国成立初期的"一会"和"阅读为先"，到后来的"四会"和"听说为先"再到重视跨文化交际。从中华人民共和国成立初期的英语教学测试的随意和无足轻重、长时间内无全国性的测试到四、六级考试的事实，再到四、六级考试的争鸣以及四、六级考试的重新定位和全国正式推动四、六级考试改革大学英语教学越来越走向成熟，越来越具备成为一个独立性学科的特点。

# 第三节　大学英语教学与应用语言学的关系

## 一、应用语言学的生成

应用语言学是研究语言在各个领域中实际应用的语言学分支，是研究语言如何能够得到最佳利用的问题。应用语言学是一门边缘性学科，它涉及的范围非常广泛，主要应用于语言方面的研究。在外语教学方面，应用语言学就像黑暗中的灯塔一般将有关的理论技术引领到外语教学这一块宽阔的沃土上去。

## 二、大学英语教学中的应用语言学原理

外语教学不仅仅是教师的输出和学生的输入过程，而是通过复合的交流方式以实现学生运用语言的综合能力。其最终目的是能够使得学生运用语言，正确、流利和得体地进行交流。下面就从外语教育的三个层面——词汇教学、文化教学和教学模式来探讨教师和学生凭借应用语言学的指导来进行教学实践活动，并最终达到更好的教学效果的过程。

### （一）词汇教学

词汇教学是语言教学中最重要的单位，词汇量只有积累到一定的数量，才能听懂别人的意思并顺畅地和他人进行交流。但传统的教学方法过分重视语法结构的教学，将语法结构的教授视为教学的目标。这种方法忽视了词汇教学的重要性以及学生对语言的实际应用能力。在词汇的教学过程中，教师应该充分发挥其自身的组织和协调作用。要有针对性地对学生进行指导，帮助学生树立信心，克服其心理障碍。教师应该根据词形、词意，对词汇进行分类，科学地组织材料，让学生的接受有一个循序渐进的过程，亦可以在文章中讲解词汇，让学生根据文章来造句。教师还可以结合最新的时事新闻讲解词汇，给学生留下深刻印象。此外，组织学生进行词汇接龙，能够增加课程的趣味性。学生在学习的过程中，首先要结合自身的实际，吸收总结他人有利的经验，形成适合自己的学习模式，并要长期地付诸实践。教师和学生要注意结合词汇学习的方法，诸如归类记忆法、构词记忆法、语境记忆法、图像想象法、相似联想法、谐音联想法、循环记忆法等等。这些学习方法可以

交叉进行。只有通过多多地接触词汇，才能让学生真正感受到词汇的魅力，从而能够按自己的学习方法坚持下去。

### （二）文化教学

语言和文化就好像鱼和水的关系，息息相关，相互影响。而外语教学过程也是一种文化的传承过程，文化元素渗透到教学过程的始终。但传统的教学忽略了文化教学的内容，只是以语言知识为主，存在着重视语言基础技能训练而轻文化的现象。从社会层面上来看，这种教学形式已经远远脱离了时代发展的实际需要。我们应该在教学过程中融入文化因素，使得教学和实际相结合。在文化教学的过程中，教师应该根据教学内容和教学对象来选择文化内容。遵循循序渐进、由浅入深的方式，有目的、有针对性地深入文化因素，逐渐扩大学生的文化知识。

### （三）教学模式

传统的外语教学是以教师为中心，向学生灌输的方式进行，教师是课堂的主体。这种单一的语言输入模式不利于学生对语言的应用，抑制了其应用能力的发展，这也是造成诸多哑巴英语现象的原因。为了改变这种状况，我们在当前教学过程中应该转换角度，采取以学生为中心的教学方式，让学生积极主动地参与到课堂教学过程中来。可以事先将学生分为若干个小组，课前给每个小组分配一定量的知识内容，让其在课余时间查阅，上课时分享给全班同学，各个小组之间可以就某个问题进行探讨，也可以让老师给予解答。学生在查阅知识点的时候，可以借助于多媒体，教师在讲解时也可以利用此类设备，将图像、文字和声音结合起来，这样就可以调动学生的积极性，督促学生学习。并且将原本抽象枯燥的内容活灵活现地表现出来，可以大大提高学习外语的效率。目前流行的"翻转课堂"和"慕课"就是一种很好的教学模式。前者就类似于以学生为中心的教学模式，教师负责答疑解惑；后者是根据学生的注意力集中是有限的这一特点来控制教学时间，并利用网络让学生答题闯关，最终获得答案的方式。

总而言之，应用语言学同英语教学是相辅相成的，前者指导后者，为后者提供理论基础；而后者是前者的实践，在不断实践过程中为前者提供新的信息，形成新的理论和研究内容。相信随着研究的深入，应用语言学在指导外语教学这个方面一定会走得更远，能够回答更多未知的问题。

## 三、外语教学引入应用语言学对教学的影响

### （一）对英语听力教学的影响

不管从哪个角度来讲，英语的听力都是非常重要的。因为人体的构造有差别、生活的环境、每个国家的国情等因素，学生不能真正地听清楚外国人的发音，使得一些短语和句子连接起来就不明白什么意思了，虽然汉语和英语有本质的区别，但是如果我们注意方式

方法的话,那对于我们的英语听力能力的提高是有很大帮助的,大部分学生由于惯性思维,很容易就把听到的英语句子混淆,使他们不能很好地理解其中的意思,从而使英语题目做错。如果很好地掌握听力的话,是离不开应用语言学的介入的,可以很好地帮助到学生听力的提高。

### (二)对英语口语的影响

在英语学习的当中,口语也是非常重要的,很多学生可以考很高的分数,但是一遇到口语就不行了,这是一部分考高分的学生的苦恼,很多学生不敢开口讲话,就是会听、会写,但是不能说,出现这种情况主要是因为,我们的学习精力都放在考取高分数上面,而忽略了口语的表达,而我们不仅要进行英语单词的掌握,也要对语法进行掌握,更要对外国人的俗语进行掌握,他们的语言和汉语一样,有正式语言和平时俗语之分,可能正式语用到的句子,俗语是不会讲的,所以这更加造就了一部分学生学习英语的困难,我们平时见面都会问"吃饭了吗""干吗去啊",而在英语当中就绝对不会这样讲的,因为他们对自己的隐私是相当注重的,他们会认为你侵犯了他们的隐私,从而会讨厌你,所以这就是我们国家的国情和别的国家不一样所造就的,如果想要解决这一问题,就要在平时的生活当中、课堂当中积极地培养英语的口语方式,了解国外的历史,然后根据自己的实际情况来做出学习的改进。

### (三)对英语翻译的影响

在我们做英语翻译成汉语的题目时,不能只按照字面上的意思进行翻译,具体要考虑当时的情景,国外的文化进行翻译,切记不可以机械式地、一字一句地进行翻译,要对自己的主观形态和外国人的说话方式等情况具体考虑,如果只是翻译一个单词的意思,会造成翻译出来的文字不通顺,不知道表达了什么意思,所以我们要加强这方面的训练,提升自己的翻译能力,要结合外国的文化、场景进行合理的翻译,其实如果想要真正地翻译好,那也是相当困难的,这离不开我们平时的多读、多看。由上述可见,应用语言学对于英语翻译来讲产生重大的影响。

### (四)对作文的影响

一般我们做英语试卷的时候,最后一题就是要写一篇好的文章,而在写作文时是对上述这几点事项的综合考量,如果明白了上述说的事情,那么写出来的文章不仅通顺而且用词优美,充满内涵,这是取得高分数的最重要的一部分,学生在进行写作的时候一定要注意语法的运用,并且要在语言表达习惯和应用习惯的基础上,把外国的文化融入进去,学生在写作的时候如果不能很好地运用其中的表达方式,那么就会出现写作困难的情况,所以说文化导入就显得尤为重要,不仅能够开阔学生的视野,提升他们的写作能力,还能培养学生的英语语法习惯,使学生可以更好更快地掌握有英语文化。

# 第四章 英语语言知识教学

## 第一节 英语语音教学

语音是语言的物质外壳，是语言教学的重要内容之一，是语言学习的基础，不掌握语音这个物质外壳就谈不上掌握语言。Celee Murica（1996）指出，外语学习者在语音方面的不足会使他们的外语学习处于不利地位。这样的不利体现在多个方面，如影响听音、辨音、影响听力理解，影响口头交流，影响单词的记忆，影响学生的自信心等等。由此可见，掌握正确的语音、语调是学好语言的第一步；如果一开始语音、语调就没有掌握，那么，想要进一步地学好语言就会遇到很大的困难。听、说是形成正确的语音、语调的基本保证。正确的语音、语调是在听、说的实践活动中形成和发展的。在正确的语音、语调的基础上学习读、写字母、单词、句子等语言知识，就会产生事半功倍的效果。

语音不仅是语言的本质，也是语言教学的基础。可以说，学好语音是学好英语的基础，学好语言的关键在于学好语音。早期的英语语音教学注重音素和单词的发音。20 世纪 80 年代后，随着交际法的发展，语音教学重点从音段音位转向超音段音位。音段音位指音素，如元音和辅音；超音段音位指节奏、重音、语流和语调。时至今日，英语语音教学的主要内容一般包括整个英语语音系统，主要包括发音知识、单音、字母、音标、语流等几个方面。

### 一、英语语音教学的模式与原则

学习者对语音的有效掌握将会促进语言技能和知识的提高。然而，掌握标准流利的英语语音并非易事，并不是凭一朝一夕的练习就可以掌握的。学生需要长期的、持之以恒的练习。同理，语音的教学也不是几个课时就可以解决的。语音知识的灌输与语音技能的训练贯穿整个英语教学过程，渗透在字母、单词、句型、课文等内容的教学当中，还需要正确的教学方法。

#### （一）英语语音教学的模式

语音教学模式是语音教学方法的基础，语音教学方法是对语音教学模式的演绎。语音教学模式从 20 世纪 50 年代起，随着第二语言习得理论的研究和教学理论的发展产生了很大的变化。教学重点从强调音位的单音教学，发展到侧重超音位教学；练习方式从机械性的语音操练，发展到有意义的交际性的练习，促进了语音教学的发展。

（1）行为主义学习理论下的语音教学。行为主义学习理论认为，学习是刺激与反应间的联结，原本不能引起某种反应的刺激，通过条件训练后就会在该刺激出现时做出固定的反应。20世纪50—60年代，在这种理论认识的影响下，机械性练习成为语音教学的主要方式，重点放在听音辨音和发音准确性等方面。在行为主义学习理论影响下的语言教学模式，强调语音的标准性，强调有错必改，重视重复模仿，要求学习者对字母的发音、音素的学习到句子、对话的重复模仿。

（2）交际语言教学法下的语音教学。交际语言教学法主张教学情境和语言材料的真实性，倡导在交际过程中学习语言。20世纪70年代语音教学重点就从音素和单词的发音转到连续、同化、缩音、省音、语句重音、节奏和语调等方面，并且尽量把语音教学与交际互动的学习活动和语言功能结合起来。

（3）人文主义学习理论下的语音教学。人文主义心理学兴起于20世纪60年代，受此影响的语音教学更关注学生在学习过程中的情感因素，主张教学材料要符合学生的兴趣爱好，减少学生学习时的紧张情绪。教师应当避免当众纠正学生的每一个发音错误，而是引导学生自我纠正。

（4）语言对比分析理论下的语音教学。语音对比分析，主要是通过比较分析母语与目的语之间的异同处来解释和预测学生在学习外语过程中遇到的困难。20世纪60—70年代，语言对比分析理论对语音教学产生过重要影响。这个时期的语音教学，重点是通过语言对比分析进行教学，也就是对学生的母语与英语语音间的相近处和相异处进行比较分析和对比性练习。语言对比分析，主要通过使用音位图发音图表、讲解口形舌位等方法帮助学生了解母语和外语的异音区别。对比分析理论下的语音教学对象并不局限于孤立的元音和辅音，还发展到了更高层面的语音结构，如语句重音、连读、节奏、语调等。这种对比分析，可以突出外语的语音特点，便于帮助学生学习到准确的语音。

## （二）英语语音教学的原则

根据语音教学的目标和现代英语语音教学中存在的问题，为了弥补语音教学中的不足和提高语音教学的教学效率和优化教学效果，现代英语语音教学应遵循以下原则。

（1）准确性原则。准确性原则是语音教学的首要原则。学习语音，归根结底是为了培养学生的英语沟通能力。与人交际，必须既要让自己听得懂别人的意思，又需要别人听得懂自己表达的意思。如果语音不正确，别人就很难明白你要表达的意思，就容易导致交际失败。因此，准确的发音是培养学生语言沟通能力的前提和基础，十分重要。教师要通过各种教学方式、多样化的教学手段，从发音方式、发音部位等方面入手，保证学生掌握正确的发音，形成准确的发音习惯。

（2）示范性原则。教师有效的指导和示范，对学生来说即要注意观察、理解，以便于模仿，有效的示范对学生学习英语语音有很大的帮助作用。听示范音是模仿发音的先导，只有示范正确并且学生听准了才能仿得像，发音才能准确。语音教学时教师首先要示范发音，让学生通过观察教师示范的口型，听教师示范的发音，来感知英语的语音、语调，从而为正确模仿语音提供前提条件。做好语音示范，应注意以下几点：①示范原则上由教师承担，也可利用多媒体设备、直观发音口型图、模型等；②在示范时，教师的角色是"组织者"和"示范表演者"，学生的角色是"被组织者"和"观察者、模仿者"，认真听，仔细观察，做到听得清、看得见、仿得像；③教师应站在学生都看得见的位置，也可要求学生用照镜子的方法来观察，对照口型发音；④运用示范方法时，应结合讲解，边示范边讲解应注意的要点和难点，讲解要适时、适量、适度，做到具体、简单、明了。示范步骤如下：单音示范—结合单词示范—对比其他音示范—书写到黑板上示范—讲解怎样发音—学生集体模仿—学生单个模仿—教师纠正、练习。

（3）模仿性原则。英语语音教学中，既需要示范又需要模仿，示范是模仿的前提。在有效的示范和指导的基础上进行模仿是学习英语语音最有效的手段。因此，模仿对语音教学来说尤其重要，甚至可以说，离开了模仿，人们就不可能正确学习英语语音。只有通过模仿，大量练习，才能培养学生良好的听音、辨音和发音的能力。对于英语语音中一些简单的发音，直接模仿就能够学好，而有些困难较大的语音，就需要教师给予一定的讲解，以帮助学生认识发音的特点，从而更好地模仿。教师在引导学生做模仿练习时，应注意以下几点：①为了避免学生感到语音课枯燥乏味，模仿练习的方式方法要多样化，让学生感兴趣；②模仿练习应当集体模仿与个别模仿相结合、高声模仿与低声模仿相结合，先集体后个别，先低声后高声或高声、低声交替进行；③教师要及时纠正学生错误发音，教师要注意观察学生模仿发音，以便时发现学生模仿练习时出现的缺点，耐心地正面指导、纠正并给予鼓励；④要与学生多交流，了解学生学习中的困难，尤其是对个别沉默寡言、较少开口练习英语的学生，教师要多和他们交流，鼓励其多参与练习；⑤在听得清、发得准的基础上，借用所学词汇在理解的基础上多加练习。只有在正确的发音基础上大量练习，学生才能掌握正确、优美的语音语调。

（4）综合性原则。英语教学中的语音教学具有综合性，语音知识不仅包括字母、音标、句子，而且包括重音、停顿、连读、失去爆破、语调、节奏等。具体而言，英语教学中的语音教学的综合性体现为以字母带音标，以音标学单词，以单词学句子或以句子学单词，以单词带音标，以音标带字母，字母音标一体教学，字母、音素、单词三位一体教学，音标词汇归类教学等互相交汇、反复循环。在日常交际中，人们所听到的话语不是一个个单个的字母、音标，而是把音素、节奏、语调统一起来的句子。英语教学的目的之一是培养学生的英语语感，培养对听、说的感性认识，这样需要英语教师在教学时既要练好单音，更要始终注重在英语语流中练习语音和语调。语音单项（字母、音标等）本身没有意义，只有将它们有规律地结合起来，和词汇、语法一起作为一个整体才能表示意义。基础阶段的语音教学仅是一个重要的开始，培养语音熟练的工作不可能在语音阶段结束；特别是语音、语调的训练，只能随着语言材料的增加而逐渐增加。要学好英语语音、语调，还需在基础阶段以后继续在其他英语教学方面（对话、课文）中不断加强训练，进一步学习语音，使语音、语调更加自然、流畅，逐渐合乎标准。总之，在教学实践中，教师要让学生在语流中学习语音、语调，注意做到三结合：将音素同单词的学习结合起来，在拼读中学习音素；将音标同单词的拼写结合起来，在单词的拼写中学习音标；将语调同交际功能结合起来，在交际中学习语调。

（5）坚持循序渐进和结合国际音标的原则。音标教学循序渐进的原则是指在音标教学中，要按照学生的学习规律由容易到复杂，由少到多，注意层递性、渐进性。例如，我们可以按照让学生先精准地掌握字母的发音，在字母教学中，教师要注意字母名称和读音的结合，字母表和元音、辅音分类表的结合，字母发音和拼读的结合，以及英语字母音和汉语拼音字母表的对比等。另外通过例词例句帮助学生掌握字母音形和音标的形音，加深对字母音和音标音的印象，让学生先体会到音标的概念，继而在逐步认识的过程中，融合48个英语国际音标的概念以及对元音、辅音的系统认知和掌握，并逐步熟悉开音节、闭音节、长中短元音、鼻音、半元音等其它概念和意义。

（6）整体性原则。英语教学中的语音教学的整体性体现在以字母带音标，以音标学单词，以单词学句子或以句子学单词，以单词带音标，以音标带字母，字母音标一体教学，字母、音素、单词三位一体教学，音标词汇归类教学等互相融合，反复循环。也就是说，不应该将语音教学孤立进行，应该将音素、音标、单词、句子以及语意、语用等各个层面结合起来，即把语音教学同口语、交际、互动等围绕意思展开的语言活动结合起来。

（7）大声朗读原则。朗读在外语教学中占有重要的地位。朗读涉及语言能力的各个层面——语音语调、词汇、句法处理能力、句子及篇章的理解能力，如使用恰当，朗读可以用来测试外语学习者的语言能力。因此，我们应将朗读作为一种重要的教学手段，用来提高学生的英语语音能力。那么在英语语音学习过程中教师怎么正确运用朗读这一基本的教学原则呢？首先，教师要教会学生如何朗读。在所学单元课文中，教学生如何正确地划分意群、何时停顿、如何用适当的语调表达语境中的含义等，然后教师绘声绘色地朗读给学生听，或听课文录音，要求学生进行模仿练习。在此基础上，教师要努力使学生养成大声朗读单词和课文的习惯，要求其做到单词发音基本准确。朗读的形式可以灵活多样、生动活泼，可以穿插讲故事、诗朗诵、做演讲、演话剧等学生喜闻乐见的活动，课堂气氛比较活跃；教师也可以在班上举行朗读竞赛，激发学生的学习热情。此外，大声朗读还能培养学生良好的语感。众所周知，能否有效地使用外语进行交际，在很大程度上取决于学习者的语感强弱。经常朗读语言优美的课文，可以丰富词汇，熟悉句型，有助于提高学生的口头语言和书面语言的表达能力。

## 二、英语语音教学的意义

语言作为交际的重要工具，它首先是有声音的，而文字不过是有声语言的记录符号而已，语音作为语言存在的物质基础，既是语言的本质，又是语言教学的基础。如果不抓好语音的基础训练，学生就无法辨析最小的语音单位，就不能正确模仿和朗读单词，更谈不上掌握正确的语音语调。这样学习英语，只能是学"哑巴式"的英语，不但费力费时，而且毫无用处。另外，学生如果不掌握或不具备足够的语音知识，他们就无法进行词汇的学习，因为许多单词的拼写规则以及与语法有关的词汇变化规则都与语音规则有一定联系。从交际本身来看，标准的语音是一个人语言综合能力的重要体现，语音流畅，悦耳动人，不但有助于与他人的交际，而且能给对方留下深刻且良好的印象。如果一个人发音不标准，语调不通顺，那么他在听别人谈话或别人听他说话时，都会产生障碍。如果一个人对语音、语调的知识不够了解，那么他同样无法展开交际。

学好语音不仅是言语交际活动的需要，也是学好英语的基础。在语言三要素中，词汇和语法都是通过语音这个物质外壳表现出来的。学不好语音，说明语音基本技巧自动化程度不够，它将严重影响以后的教学进度，影响学生的语言能力和学习能力的发展。词汇、语法和听、说、读、写的教学，无不受到阻碍。事实证明英语语音好的学生，他们能利用单词的拼写规律识记单词，听、说、读的能力强。目前英语学习严重分化的现象和入门阶段是否打好语音基础密切相关。因此，英语语音教学是入门阶段英语教学的关键。英语语音是英语的本质，学习英语无不从学其发音开始。英语语音训练要贯穿始终，从一开始就要严格要求，使学生养成良好的发音习惯。

学好英语首先要解决发音问题，如果一个中国人的发音特别糟糕，那么当他对外国人说英语时，人家会以为他在说汉语。当他对中国人说汉语时，别人还以为他在说英语，这就无法起到交际的作用。学不好语音，就没有很好的听音能力，这样不仅学不好口语，读和写也受到影响。实践证明，英语语音能力越好，听英语时，就越容易理解（The better we pronounce a foreigm language, the easier we understand it when we hear it.）。因此，学好英语语音是学好英语的前提，也是重要的一步，良好的开端是成功的一半（Well begun is half done.）。作为英语教学工作者，我们不仅要懂得如何说出英语语音，同时还要注意如何教好英语语音。

# 第二节　英语词汇教学

## 一、英语词汇教学的重要性

英语的词是语句的基本结构单位。词的总和构成语言的词汇。章兼中说，英语全部的词汇估计 100 多万。英语词汇由其母语词和外来词组成。母语词是英语中的核心词汇或基本词汇。这些词汇表示全民族人民活动共同的和基本的概念和情景。它们是语言中使用的最多、生活中最必需的、意义最明确、生命力最强的基本词的总和，如有关自然现象、劳动工具、植物、动物、矿物、颜色和动作的词。除了这些词之外，核心词汇还包括助动词、情态动词、代词、介词和数词等。事实上，英语核心词汇在整个英语语言中所占比例并不大，但在日常生活交际中的使用频率却相当高，所以称它为基本词汇。

词汇学习的重要性不言而喻，它贯穿整个语言学习过程。一定的词汇量是顺利进行听、说、读、写、译等语言交流的基础。词汇教学是贯穿语言教学的重要组成部分，但传统的英语教学强调向学生传授语法知识，在一定程度上把语法作为英语教学的终极目标，这就忽视了学生实际语言应用能力的培养。在传统的英语教学中词汇教学有一段时间是受到特殊重视的，如 Michael West( 1953 ) 专门为英语学习者编写的 A General Service List of English Words. PMmer & Hornby 等也对英语词汇进行了深入的研究，并从教育学的角度编撰了词汇学习的工具书。但传统英语教学中的词汇教学强调词的字面意义，教学的方法主要是对比和翻译，忽视了实际使用中的词汇意义。即使到了 20 世纪 60 年代，很多英语教师仍然将语法结构的教学作为英语教学的重点，70 年代后期开始，人们开始重新重视词汇教学在英语教学过程中的作用。尤其是对词汇研究素有传统的英国，人们充分利用词汇和语义研究的成果，设计了许多旨在帮助学生掌握语言中基本词汇用法的练习和教学活动；同时通过对儿童母语习得过程的观察，研究词汇习得的特点，寻找英语教学中词汇教学的最佳途径。

词汇是英语学习和应用的基础。越来越多的研究表明，学生掌握词汇的数量、运用词汇的能力是影响其英语学习是否成功的重要因素。虽然词汇学习非常重要，但我国学生在词汇学习方面却遇到了不少困难和麻烦。

我们调查发现，学生在学习了一段时间的英语后会出现两极分化。许多研究显示，导致两极分化出现的一个关键原因是学生在英语词汇学习方面没有过关。学生丧失学习英语的兴趣和自信心的关键原因也常常与词汇有关。对于英语词汇学习，学生普遍具有畏难心理，感到学习效果不佳，没有成就感。他们总是背了单词又忘，忘了再背，在这样反反复复的记忆与忘记的"拉锯战"中逐渐丧失了学习英语的兴趣和热情；有时，他们感到好不容易记住单词了，但在使用中又不断犯错误。这一次犯的是拼写错误，下一次犯的是搭配错误，又下一次犯的是时态错误，再下一次又犯了语用错误，总之，错误不断。在这样频繁的出现错误，改正错误，又出现错误，又改正错误的过程中，学生学习英语的热情被一点一点地冷却了，学习英语的耐心被一点一点地消磨了，学好英语的自信心被一点一点地消磨了，刚开始学英语的好奇心以及以好奇心为基础支撑的对学习英语的兴趣也逐渐消失，学好英语的自信心也随之消失，且很有可能荡然无存。导致这种状况的原因很多，也比较复杂，如英语自身的特点、学生自身的原因、教师的教、教材等等。因此，教师要对导致英语词汇学习的困难进行梳理，找到原因，对症下药，帮助学生合理、有效地开展词汇学习。

## 二、合理开展英语词汇教学

### （一）英语词音教学

词音是词的物质外壳。词音教学既是语音教学的内容，也是词汇教学的重要组成部分。学生能否准确无误地读出单词，能否准确无误地说出单词，对他们记忆、拼写单词，以及在听、说、读、写等语言实践活动中运用单词都会产生直接影响。词音教学的内容不应局限在音素的读音方面，还应该包括重音、失去爆破、建立词音与词形之间的关系。

（1）词重音。英语单词若由一个以上的音节构成，其中一个音节往往比其他音节凸显或突出（prominent），这个音节就叫重读音节。重读音节的特点是其中的元音发得长且响亮。一般来讲，重音是通过音高、音响、音长等尤其是音强（intensity）来体现的。单音节词单独朗读时重读，但不用重音符号标示。一些双音节词有两个并列重音（even stress），一些多音节词中除了有主重音（primary stress，用符号"'"表示，在音节前的左上方）外，还有次重音（secondary stress，用符号","表示，在音节前的左下方），例如：university /ˌjuːniˌvəːsəti /。多音节词中主重音发音最响亮，次重音发音次之，其它非重读音节发音较轻。究竟该如何念一个英语单词，这除了掌握读音规则以外，在很大的程度上要看这个词的重音落在哪个音节上。因此，对英语的重音规律有所了解可以帮助我们判断一个单词的发音。英语单词的重音模式头绪纷繁，变幻无常，这确实是一个比较难以掌握的问题。但是，要学好英语发音，词重音又是一个很重要的环节，语音语调离开重音也就无从谈起。要过好英语单词重音这一关，除了弄清楚重音的性质、特点，了解重读音节和非重读音节的一般规律外，还应当在语言实践中，逐个记住单词的重音模式。这样做的确要花大量的时间，下很大的功夫，但只有这样，才能避免词重音方面的错误。

（2）失去爆破。许多学生知道在一个意群中，有时词与词之间存在失去爆破的现象，但他们往往没有意识到一个单词中也存在失去爆破的现象。如在 picture /ˈpiktʃə / 一词中，爆破音 / k / 后出现了破擦音 / tʃ /，/ k / 就失去了爆破；doctor 和 blackboard 等许多常用词也都存在失去爆破现象。在讲解失去爆破现象时，为了引起学生的足够重视，以及学生在课后自己练习方便，教师可在教单词读音时，用括号"（）"标出失去爆破的音，如 /ˈpi( k )t /。

（3）建立词音、词形关系。词音教学不应局限于教师通过"read after me"教会学生当堂读准、记住单词的音，教师从一开始就应该清楚地意识到，学生当堂读准、记住单词的音并不意味着课后他们依然能记住；实际上，学生的行为也证明他们会遗忘。为了防止遗忘，他们不得已采取了用汉语标注英语单词发音的措施。与其让他们记住用"汉语标注的英语发音"，还不如让他们尽早接触、观察、归纳、总结、掌握英语单词的发音规则。因此，笔者认为，教会学生读准、记住单词的音只是词音教学的一部分，词音教学的另一部分应该是引导学生掌握拼读规律，逐步培养他们根据读音规律来拼写单词的能力或以词音推断同形的能力，形成能自主地在词音与词形之间建立关系的能力。

建立词音、词形关系的教学可以结合单词拼写形式的特点进行。教符合读音规律的单音节生词时，教师可引导学生直接建立词音与词形的对应关系；教多音节单词时，引导学生划分音节，养成根据音节拼读单词的能力；教拼法特殊的单词（词中的有些字母不发音，如 write 中的字母 w）时，教师可运用一些能够引起学生注意的方法，如用彩色字母、粗体字母、斜体字母、字母下划线等，让他们特别关注这些不发音的字母。如果时间允许，教师还可以采用动画的方式，先呈现没有字母 w 的词形 rite，然后用彩色气球将字母 w 悬吊至 rite 的前面，呈现出 write；当字母 w 靠近 rite 时，可以设计一些戏剧性的场面。如字母 w 摔倒了，它艰难地从地上爬起来，经过一番努力，终于稳稳地站在了 rite 的旁边……

综上所述，在第一次教词汇时能引起学生对同音的有意注意是学生学好词音的重要一步。当然，学生能否牢固掌握词音还需要后续进行及时、多次的复习和强化。

## （二）英语词形教学

英语单词的拼写也是英语词汇教学的一个重要内容。掌握单词的拼写是记忆单词和读单词的重要条件。教师要指导学生掌握拼写、拼读规则，将词的拼读、拼写同词的读音联系起来，这样才便于记忆单词。英语是拼音文字。单词是由字母组成的，字母代表发音。但是英语经过了漫长的发展过程，由于历史原因和受多种语言的影响，有许多词的拼写与读音有很多不一致的地方。在一些单词中，有的字母不发音，单词 make 和 late 中 e 不发音。然而，有时一个字母却代表几种不同的发音，如元音字母，就有几种不同的 home[həum]，hot[hɔt]，whose[hu：z]，bottom['bɔtəm]。有时两个发音又代表多种不同的字母或字母组合，元音／u／可代表 note 中 o 的发音，boat 中 oa 的发音，glow 中 ow 的发音等。这种音形不一致的情况是学生学习和记忆单词的难点，也是教师进行词汇教学的重点。这并不是说英语单词的拼写与读音是没有规律的，相反，大部分英语单词的拼写和读音是有规律可循的。人们在长期使用和学习英语语言的过程中，总结出了一些读音规则。教师在英语词汇教学中，要注意引导学生将单词与读音规则结合起来学习，运用拼读规则，按照音节读单词，以提高学生记单词的速度。

拼写是英语学习的一大难关，在词形教学方面，除介绍基本拼写规则外，还应注意近形词的教学，如 affect ／ effect，adopt ／ adapt，principle ／ principal，campus ／ compass， ensure / as-sure，refurnished / refurbished，demonstrate / remonstrate，staff / stuff；注意拉丁语名词单、复数词尾的教学，如 datum / data，stra-tum / strata，phenomenon / phenomena，criterion / criteria，for-mula / formulae 等。特别要加强构词法中常用词干、前缀、后缀的教学。讲解构词法知识，可以帮助学生理解和记忆单词，还能使学生学到大量的派生词，增加词汇量。因为一词多义的现象很普遍，讲解词义要结合词组、句子、上下文。

在英语学习的初始阶段，词形教学的问题常常表现为单词拼写是否正确的问题。但随着英语学习的进展，词形教学对学生英语学习的影响越来越大，它会影响学生的语言运用，会影响学生学习英语的兴趣、态度和自信心。因此，词形教学应引起教师的高度关注。

词形教学要引导学生观察同的构造特点，通过对英语同的构词特征分析，掌握词的语法特点，并了解词义。英语中的同汇一般包含词干、前缀和后缀等组成部分，了解这些同的结构，有助于学生理解、记忆和掌握这些词汇。通过对词的灵活用型的分析，可以了解词的变化规则。例如，bookcase 一词是由 book（书）和 case（盒子）组合而成的，学生通过对这两个同意义的掌握推测出 bookcase 一词的含义是"书架"。类似这样的词汇结构以及构词法在英语教学中具有重要的意义。

读音规则是帮助学生掌握词形的有力武器，教师应结合读音规则开展词形教学。我们在听课时发现，教师常常根据词汇表中单词出现的顺序逐一施教。采用的教学方法主要是"带读"。我们不能说这种方法不对，但是，这样的方法对学生学习词形的帮助是有限的。心理学的研究表明，人类是根据类别进行储存和记忆的。因此，教师在开展词汇教学时，可先引导学生根据读音规则对一个 unit 或一个 lesson 中的单词进行分类，然后分类施教；在分类施教时，可采用演绎法或归纳法。如教 shelf 时，教师可采用演绎法，直接告诉学生，字母组合 sh 发 / ʃəu / 音，然后向学生读几个他们学过的符合这个读音规则的单词，让他们拼读，如 she，sheep，ship，fish，shop 和 short 等；教师也可采用归纳法，不直接告诉学生字母组合的发音，而是向学生呈现他们学过的符合同一个读音规则的单词，让他们观察、归纳、总结出读音规则。如学了 shirt，girl 和 first 之后，教师问学生字母组合 ir 在这三个单词中发什么音；当学生经过思考归纳出 ir 的发音后，再呈现单元中需要学习的含有字母组合 ir 的新单词，如 dirty，sir 或 thirty 等，让他们试着读出新单词，教师根据情况进行指导。

毫无疑问，英语知识有难也有易，在教学中，如遇到较难的知识点，学生一下不能接受或掌握时，可采用化难为简、由浅入深多种方法并用的教学法来达到教学目的。例如，在教多音节单词时，学生往往读不准，或者感到拼读很困难，此时可采用先分解来教单个音节再合成的方法，这通常是很见效的。在教多音节单词时，教师先让学生听音整体感知单词，在此基础上引导学生分辨出音节，再按照音节尝试拼写出每个音节的字母或字母组合。例如。学生先听音整体感知单词 teacher / tiːtʃə /，在此基础上分辨出 teacher 有两个音节：/ tiː / 和 / tʃə /，再按照音节尝试拼写出每个音节的字母或字母组合。第一个

音节 / ti：t / 的字母或字母组合可能是 tea；第二个音节 / tʃə / 的字母或字母组合可能是 cher；最后验证他们的拼写是否正确。一些字母在单词中不发音，在教包含这些字母的单词时，如 doubt 和 hour，教师要提醒学生格外注意这些不发音的字母。词形相近的单词，如 house 和 horse，这也常常引起学生的混淆，教师需要在学生理解词义的基础上，采用听音对比的方法，先从声音上加以区别，然后引导学生辨析这两个单词中间的那个音是不同的，这两个音分别对应的应该是哪些字母或字母组合，如 / au / 音对应的字母组合可能是 ou；而 / hɔ：/ 音对应的字母组合可能是 or。对于词音同、词形异的单词。如 two/too，pear/pair，son/sun 和 hour/our 等，教师要引导学生辨清词形，理清词义。

英语中有些单词可借助词缀改变词性，如动词加后缀变为相对应的名词，这常常引起词尾的拼写形式发生变化，如 produce/production。但有些动词在加后缀变为相对应的名词时，发生词形变化的不仅在词尾，而且在词中，如 explain explanation，pronounce pronunciation。学生在书面作业用到 explain 和 pronounce 的名词形式时，我们常常发现拼写错误，即词尾改变而词中却没有任何词形变化的拼写形式：explaination 和 pronounce/pronounciation。

另外，在学生的书面作业中，我们还常常会看到学生把 until 错写成 untill，一个重要原因是学生受到了 till，will，bill 和 hill 等单词的干扰。

综上所述，学生是否能够掌握词音，对他们是否能够准确地记忆单词，正确地拼写单词，在听、说、读、写等语言实践活动中恰当地运用单词都会产生直接的影响。同样，学生能否掌握词形，对他能否准确地记忆单词，正确地拼写和读准单词，在说、写、译等语言输出活动中恰当地运用单词以达到交际目的也会产生直接的影响。

## （三）英语词义教学

词汇学习是代表学习的主要内容。所谓代表学习是指学习单个或一组符号的意义，或者说学习这些符号代表什么。词汇学习即学习单词代表什么。词汇学习的目的是把词汇变成有意义的刺激，使之与一定的概念联系起来。任何语言的词汇都是代表主观世界和客观世界的概念，这种代表关系是约定俗成的。

词汇意义不仅包括它们的概念意义，还应包括词语的内涵及感情色彩。例如，dog（狗）在汉语中是指一种常见的家养的动物，更多的是表示负面意义。而在英语中，dog 往往意味着"友谊和忠诚"，这一点和汉语意义是大不相同的。另外，语义关系也是词汇教学的重要内容。一个单词与其他词汇之间构成的同义、反义、上下义等各种语义关系有助于学生更好地理解意义，更准确地使用这些词汇。

### 1. 汉英词义之间的关系

各种语言中的词汇所代表的概念不完全相同。因此，并不是所有汉语词汇与英语词汇所代表的概念之间都存在一一对应的关系。下面笔者就汉语词汇与英语词汇所代表的概念之间存在的关系进行梳理。

（1）完全对应关系。一般而言，具有完全对应关系的汉英词语大多是一些专业用语，如碳一词 carbon。

（2）不完全对应关系。不完全对应关系又分为几种情况：①一个英语词对应若干个汉语词，如"cousin"一词可对应汉语的"表兄弟""表姐妹""堂兄弟""堂姐妹"。②一个汉语词对应若干个英语词，如汉语的"工厂"一词可对应英语的"factory""plant""mill"和"works"。③汉英词语的部分词义对应，部分词义不对应，而不对应的部分与其它词语又存在对应关系。如汉语词组"开门"中的"开"与英语的"open"一词相对应；汉语词组"开灯"中的"开"与英语词组"turn on"相对应。由此可见，汉英两种语言之间除了一部分词语所代表的概念完全对应之外，其余的词语则代表着不完全对应的概念体系。在词义教学中，教师要注意采用适当的方式指出两种语言词语所代表的相同的概念体系和不同概念体系的区别，掌握两种语言词语的个性与共性。

2. 揭示英语词义的原则

词义是指词所表达的意义，它是对客观世界的反映。教师揭示英语词义要根据单词的特点、学生的英语水平和年龄特征等采用恰当的方法，揭示词义的本质特征，使学生易于感知、理解、记忆和运用。揭示英语词义可遵循以下原则：

（1）直观性原则。所谓"直观性原则"，就是教师通过直观手段进行英语词汇教学，而无须多做讲解。这些直观手段包括实物、图片、视频资料和以体态语为主要特征的非言语行为演示等。

（2）语境原则。教师在教学中可把英语生词放在语境或上下文中，引导学生仔细体会，揣摩词义，这有助于培养学生的推断和猜测词义的能力。英语中有许多词是一词多义的，因此一个词的确切意义只有在上下文中才能体现出来。利用语境揭示英语词义对学生正确理解词义和在表达中正确运用词汇具有重要作用。例如，

① Our English teacher is standing in the front of the classroom. She is explaining the new words to us.

② A black car stopped in front of the classroom building a few minutes ago. A man in blue got off the car.

（3）以旧联新分类讲解的原则。常用的以旧联新分类讲解的方式是运用学生学过的同义词和反义词。教师可以利用学生学过的新词的同义词或反义词来揭示新词的词义，这既能帮助学生复习旧词，又能使学生比较准确地理解新词的词义。如 right/correct 是同义词；right/wrong 和 right/left 是反义词。

（4）尽量运用英语揭示词义的原则。在学生掌握了一定数量的单词和句型之后，教师应尽可能利用学生已经掌握的英语词汇和句型解释新词含义，或引导学生根据上下文推测新词词义。外语释义有助于提高学生积极思维，提高学生的语言猜测能力。

用英语揭示词义时，教师一定要用学生学过的词语。这有助于学生把注意力集中在新词上，准确理解英语词语所代表的概念，以及与汉语所代表的概念的异同。如 behind—

at the back of。运用英语揭示词义可采用以下方法：①定义法：运用学生学过的词语，以旧联新，新旧结合，既有助于在新旧知识之间建立联系，又可提高学生的听力理解能力以及猜测词义的能力，如 "A shop is a place where people can buy things."。②列举法：有些词，如 fruit（水果），很难用直观法精确地解释其词义，但如果教师列举出许多水果的词，它的意义就会比较清楚地揭示出来，如 "fruit—apple，pear，peach…"。③利用转折连词法。转折连词可揭示事物的不同点，形成鲜明的对比。常见的转折连词有 but，howerer，while，on the other hand 等。Eg. Mr. Green is always punctual for everything. But for some reason he was late for an important meeting last week. 根据 but 后面的内容可知 punctual 意思与后半句相反，是"守时的、准时的"的意思。④描述法。可充分利用描述对生词的意义进行判断。Eg. The hot-air balloon took off. It was as buoyant in the air as a roseleaf in water. 通过比较结构，把热气球升在空中比作玫瑰花瓣漂在水中，可猜出 buoyant 是"浮起的、轻快的"的意思。⑤标点符号法。有时用逗号、破折号、括号等标点符号引出词义。

（5）适当运用汉语揭示词义的原则。有时运用汉语揭示词义可以节省时间。但需要注意的是，由于汉语词语和英语词语所代表的概念体系有时不完全相同，因此，用汉语揭示词义时，要指出两种词语的异同。这种方法常常用来解释词义比较抽象的英语单词。

# 第三节　英语语法教学

语法揭示了词形变化的规律和遣词造句的规律。作为语言知识的重要组成部分，语法在培养学生综合语言运用能力方面发挥着重要的作用，是提高学生英语学习效率、培养学生英语运用能力的重要手段。

## 一、语法教学的重要性

近年来，英语教师和相关研究人员对我国中小学是否要"淡化"语法教学的问题非常关注，讨论也非常多，这实际上是对我国中小学生为什么要学习英语语法的讨论。目前，语法教学面临的尴尬状况是，师生在语法教学上花费的时间和精力比较多，但有相当一部分学生在口头和书面表达时，常常出现语法错误，正确、得体地运用英语进行表达对学生而言依然困难重重。这使许多教师和学生对语法学习产生了疑问：到底要不要学语法？笔者认为，我国的学生还是应该学点英语语法。原因如下：

第一，语言是受规则支配的体系，其中语法体现着语言的规律，学习语法有助于学生在遣词造句上有规律可循，举一反三、触类旁通，避免语言学习和运用的机械性和死记硬背。

从语言构成的规律来看，句子成千上万，有千变万化，但归根结底构成这些句子的语法规则是有限的，而且这些语法规则处于相对稳定的状态，变化比较小，即使有变化，也是缓慢的、渐进的。学生对这些有限的规则学习和活用，可以生成无限多的句子。尤其是在缺乏英语学习和运用环境的我国，学生在日常生活和学习中缺乏自然接触英语的机会，缺乏足够的通过自然接触英语语料对英语使用进行规律概括和归纳的机会，因此，要想进行有效的英语学习需要有一定的语法知识来支撑，它可以帮助学生举一反三，减少语言学习和使用的盲目性。

第二，语法规则对人们的言语活动起着规范、指导或约束的作用，学习英语语法实际上是对使用英语的行为起着规范、指导或约束的作用，即对我们的听、说、读、写、译起着规范、指导或约束的作用。语法学习与听、说、读、写、译技能的发展相辅相成。没有语法规则指导的听、说、读、写、译的言语活动具有一定的盲目性；同样，没有听、说、读、写、译言语活动支撑的语法教学也是空洞的。对于缺乏真实英语交际场景的我国学生而言，语法是他们学好英语的工具和拐棍，是帮助他们进行英语理解和表达的重要抓手。如在阅读中，遇到长而结构复杂、理解有困难的英语句子，学生可以借助语法规则对句子结构进行解析，理清句子各组成部分之间的关系。

第三，学生英语学习效果不理想有很多原因，其中一个重要的原因就是他们对学习的认识不够全面。如果学生只是记住单词或词组的拼写和中文意义，而不知道如何在句子中使用，那么，在实际应用中就会不知所措，出现错误。因此，离开语法去谈词汇学习和离开词汇去谈语法学习都是对英语学习没有形成正确、全面的认识，由这样片面地认识和支配自己的英语学习行为，其学习效果不理想也在情理之中。因此，我们需要联系语法学习词汇，也要联系词汇学习语法，而使它们有机结合的就是句子和语篇。如有些学生会花较多的时间和精力记忆单词。但由于他们的词汇学习没有与其他语言知识（语音、语法）相结合，导致学习效果不理想。在学生的书面作业中，我们常会看到搭配不当、句子结构混乱的错句。例如：

There have a lot of people in the park.

The book spent me 20 yuan.

第四，学习语法知识有助于提高英语学习效率，这一点可以从迁移、认知结构的角度去理解。迁移是指一种学习对另一种学习的影响，影响可以是积极的、起促进作用的，这是正迁移；影响也可以是消极的、起阻碍作用的，这是负迁移。学习产生的正迁移量越大，促进作用越显著，就说明学生学习新知识的能力越强，学习效率也越高，教学效果也就越好。

迁移与学生已有的认知结构密切相关。所谓认知结构，是指对新事物进行感知和概括的一般方法，这一理论实际上是建立在旧有理论的基础之上，并在学习过程中不断变化的，是进一步学习和理解新知识的基础和重要的内部要素。

奥苏伯尔认为，认知结构是储存于人们大脑中的知识结构，它有三个特征。第一个特征涉及面对新的学习内容时，学生是否掌握了与新学内容有关的概念或原理，以及对这些概念或原理的概括水平。如果已经掌握的相关概念或原理的概括水平越高，包容范围越大，迁移能力就越强。第二个特征涉及新的学习内容是与学生已经掌握的、可以同化它的相关知识的可分辨程度。两者之间的可分辨程度越高，就越有助于迁移，而且有助于避免因混淆不清可能导致的干扰现象。第三个特征涉及学生已经掌握的能够同化新的学习内容的原有知识的巩固程度。原有知识的巩固程度越高，就越有助于迁移。

由此我们可以看出，概括水平高、包容范围大的概念或原理有助于迁移。语法是由规律性的知识或概念、原理组成的，它们具有强大的迁移能力。因此，如果学生掌握了一定的语法知识，而且他们掌握的语法知识清晰、牢固，就会对学习新的语法知识产生积极的、起促进作用的影响，这有助于他们举一反三、触类旁通，提高学习效率。

## 二、合理开展英语语法教学

### （一）结合其他语言知识开展语法教学

语法是语言知识的重要组成部分。除了语法之外，语言知识还包括语音、词汇和功能。在运用语言进行理解和表达时，语法只是作为语言知识中的一部分与其他的语言知识共同发挥作用，离开了其他的语言知识，语法几乎发挥不了表情达意的功能。因此，开展语法教学必须结合其他语言知识。

（1）结合语调和重音。众所周知，英语一般疑问句的构成常常采用的是句子主语和谓语颠倒的方式或者把助动词放在主语之前的方式。但是，在口语交流中，我们常常会见到有人借助语调的变化，把一个陈述句变成了一般疑问句。另外，在口语交流中，英语重音落在同一个句子中不同的词语上，会导致句义发生一定的变化，会在一定程度上反映出说话人的态度或倾向，帮助听话人辨别歧义句，消除歧义。

英语陈述句在句尾通常使用降调。但是，如果说话人使用升调来说一个陈述句，那它所发挥的是疑问句的作用。例如：She is Mr. Green's wife？

英语句子的重音一般落在实意词上。但有时，说话人为了达到对比的目的，或强调句子的语义重心，会把重音落在结构词或功能词上。在上面这个句子中，介词 in 是结构词，不是实意词，在句中一般不重读。但为了突出兔子是睡在篮子"里"，而不是睡在篮子"外"，说话人把重音落在了介词"in"上，想重点强调篮子"里"。

由此可见，英语语调和重音在表情达意上发挥着非常重要的作用，它们不仅应该是语音教学的内容，而且也应该在语法教学中有所体现。因此，在实施语法教学时，教师对此也应予以重视，在适当的时候，结合语音开展语法教学。

（2）结合词汇。词汇和语法紧密相连，语法提供了把各种词汇组织起来表情达意的规则、规律和框架结构，词汇则借助语法规则按照表情达意的目的和顺序进行排列组合。因此，语法学习不可能脱离词汇而单独进行。

同一个词在同一个句子中的不同位置会使句子的意义发生改变。例如：

The arm chair has already been damaged.

The chair arm has already been damaged.

又如，die 和 lose 是表达一次性的、不能持续一段时间动作的动词，因此，它们的现在完成时态形式不能与表示一段时间的状语连用。例如：

Don't you know that Tom's uncle has died for five years？（错）

I have lost my passport for a long time.（错）

因此，在教现在完成时态时，教师需结合 die 和 lose 这一类的动词开展教学。否则，学生即使把现在完成时态的构成规则掌握得很好，在运用时也可能会出现上述错误。再如：

your mother lacks patience.

但不能说：Patience is lacked by your mother.

Tom resembles his mother.

但不能说：His mother is resembled by Tom.

My shoes don't fit me.

但不能说：I'm not fitted by my shoes.

在上面三个句子中，动词 lack，resemble 和 fit 表示的是人或事物所处的一种状态，而不表示动作。像这样一类表示状态的静态动词，不能用于英语被动语态中。

由此可见，语法教学需要与词汇教学有机结合起来。如果语法教学与词汇教学脱节，所导致的严重后果就是，尽管句子的语法结构是正确的，但它们依然是错句。

（3）结合语言功能。教师要帮助学生认识到英语语法学习不仅包括语法规则和基本句子结构的学习，而且还包括语法结构的功能。目前，我国中小学使用的多数英语教材在语法知识的呈现上，比较突出其结构形式和意义，也尽可能注意到在一定的语境中呈现语法结构，并力求所创设的语境具有一定的真实性；在语法练习方面，比较注重结构形式、意义和在一定的语境中的运用相互结合，这有助于学生了解语法结构的交际功能，培养学生在语境中正确、得体的运用语言的能力。但是，需要引起注意的是，由于种种因素的影响，如教师对语言功能的认识、传统教学的思维定式和惯性作用、英语测试的影响、教学时间的限制等，教师并没有完全贯彻教材的设计理念，使得针对语言功能的教学处于可有可无的状态。如 "If I were you, I'd get up early." 的语法结构是虚拟语气，但它在实际语言运用中所体现出的交际功能是多种多样的。在不同的语境中，它的交际功能可以是劝告对方、向对方提出建议等。如果对这些功能缺乏理解，学生在使用虚拟语气进行交际时，就有可能出现交际问题，如表达不得体。因此，在开展语法教学时，教师要适当地融入一定的语言功能知识，培养学生形成不但要正确而且要得体地运用语言的意识和能力。只有这样，学生的综合语言运用能力才能得到提高。

（4）结合语篇。长期以来，在讲解语法规则时，教师常常运用单句；在语法练习和考试时，形式往往也比较单一，以多项选择题为主。这样的讲解、练习和评价方式都容易误导学生，使他们对语法的学习和运用产生片面认识，如在运用英语进行表达时，他们较少考虑连贯性、前后句之间和上下文之间的联系等。英语代词起替代作用，而在学生的作文中我们会看到有些学生从头到尾都使用名词，而不使用代词替代前面已经出现过的名词。从准确性上讲，这似乎没有什么问题，但从语篇的角度考虑，这样的作文因连贯性的缺失而质量不高。

"Have you seen the red pen？"这句话本身没有什么问题，但如果把它与"I put it here just now。but it's gone."这句话联系起来分析，就有些不妥。因为根据语境，第一句话中 red pen 前应该使用不定冠词"a"，而不是定冠词"the"。导致这样的问题出现的一个重要原因就是前后句缺乏相互照应。而联系语篇开展语法教学就可引起学生对这一方面的关注。因为这样的教学有助于学生理解语法结构的运用并且受制于语篇，也有助于学生感悟作文中的连贯性和语句的相互照应的重要性。

因此，语法教学不仅要关注单句中的语法形式的讲解、练习与运用，而且要有意识地引导学生关注语法形式在语篇层面的运用，使学生感悟并理解语法规则是运用于一定的语境中的，一个句子在没有上下文或语境的情况下，单独使用是正确的，但这并不意味着它在语篇层面上是合适的、恰当的。

## （二）结合文化知识开展语法教学

语言是文化的组成部分，是文化的载体。语言和文化之间关系密切，它们相互影响、相互制约、相互依存。

从国外研究来看，对文化与英语教学的关系的研究分为两大阶段：20 世纪初至 20 世纪 40 年代是第一阶段。在这一阶段，人们意识到学习第二语言意味着学习另外一种文化。如果要比较系统地理解目标语及其文化，人们需要掌握系统的有关目标语国家和人民的知识。因此，有关目标语国家的历史、地理和制度等被视作学习和理解语言和文学的有价值的背景知识。教师为了帮助学生更好地理解，就需要补充一定的历史、地理等方面的背景知识，其中包括目标语国家在各个方面所取得的成就，如在文学、艺术、科学、体育领域等。

第二次世界大战后，随着社会科学的发展，尤其是人类学和社会学研究的进步，外语学科的文化教学出现了一些变化。人类学和社会学的研究成果使外语教学界的注意力转向了目标语国家人民的生活方式（life style）。生活方式主要是指人们在日常情景中的一些典型的行为，如人们的社会交往、家庭生活、价值观体系等。人类语言学把文化分成了"大写 C 文化"和"小写 c 文化"，前者指目标语国家的政治、历史、地理、成就等方面的内容；后者指目标语国家人民的生活方式，也称为行为文化。

按照英语语法规则，由 and 连接的两个名词在句子中做主语时，谓语动词一般采用复数形式。但在"My knife and fork is made of silver."中，and 连接了 knife 和 fork 两个名词做主语，而谓语动词却使用单数 is，这是为什么呢？

实际上，这与英语国家的就餐文化有关。英语国家的人在吃饭时，一般是左手拿叉，右手拿刀，刀叉同时使用。在他们看来，刀和叉组成了一个不分彼此的整体，因此，在上面这句话中，谓语动词用的是单数。了解了这样的文化背景知识，学生在学习、记忆和运用语言时，就附加一个加工和提取语法知识的线索。

英语教师在教学中应根据学生的年龄特点和认知能力，逐步丰富和扩展文化知识的内容和范围。在起始阶段，应使学生对中外文化的异同有粗略的了解；教学中涉及的外国文化知识应与学生的学习和生活密切相关，并能激发学生学习英语的兴趣；而在英语学习的高级阶段，要通过扩大学生接触外国文化的范围，帮助学生拓展视野，提高他们对中外文化异同的敏感性和鉴赏力，进而提高他们的跨文化交际能力。

语言储存和运用表达了一个民族的生活经验和生活方式，反映了该民族历史文化发展和变化的特征，蕴含了其特有的思维方式和风俗习惯。因此，了解目标语文化知识有助于学生理解语法形式，而这样的理解又有助于学生的准确记忆和正确、得体的运用。鉴于此，教师在开展语法教学时，不妨适当地添加一些目标语文化知识，帮助学生更好地理解和运用语法知识。

## （三）结合意义和语用开展语法教学

Larsen-Freeman（1991）指出，语法教学应该从形式（form）、意义（meaning）和语用（pragmatics）三方面进行。因此，语法教学首先应该解决的是语法形式的问题，即"How is it formed？"，以此来帮助学生感知、理解语法结构，通过模仿、重复、操练进行掌握。其次，语法教学应该解决的是意义的问题，即"What does it mean？"，以此引导学生了解其意义。最后，语法教学应该解决的是语用方面的问题，即"When / Why is it used？"，以此引导学生学会在恰当的语境中得体地运用语言形式进行表达。形式、意义、语用是相互联系的。学习语法的目的是更好地实现交际目的。如果不从这三个方面着手，学生对语法知识的学习可能只是一知半解。

受传统语法教学的影响，许多教师无论在讲解语法知识时，还是在引导学生进行语法操练时，都对语法形式进行了全面的关注，有时甚至是过分的关注，而对语法所传递出的意义关注却不够，对语法的语用功能关注的就更少了。

在我们听的许多英语课中，发现尽管许多教师的上课形式和教学活动比较灵活、多样，但究其实质，不管是教学形式还是教学活动，它们都在语言形式的辨别和操练的范围内打转，并没有突破这个范围引导学生在运用语言形式进行有意义的理解和表达上下功夫。这就导致了学生掌握的语法知识不全面，他们可能对语法形式具有一定的辨别、理解和运用能力，但对该语法形式究竟应该在什么情况下使用才比较恰当，以及为什么要使用却知之甚少。长此以往，学生运用语言知识进行理解和表达的交际能力就比较薄弱。

在语法教学中加强意义和语用教学可采用直观手段。语法规则是抽象的。为了让学生更好、更快地理解语法规则，掌握语法知识，或为了增添趣味性，或加深学生对新学语法知识的印象，教师可采用直观教学手段辅助语法教学。

另外，教师可以利用语境加强意义和语用教学。语境可以指语篇内部的环境，即"上下文"（linguistic context）；也可以指语篇产生时的周围情况、事件的性质、参与者的关系、时间、地点、方式等，可称为"情景语境"（situational context）；还可以指说话人所在的言语社团的历史文化和风俗人情，属该言语社团的人一般都能理解其在语篇中的意义，可称为"文化语境"（cultural context）。这三者都有利于理解语篇的意义和交际意图，从而使语篇保持连贯性。

传统意义的语境包括范围很广，涉及语言的上下文、话题、说话方式、人际关系、人对世界的知识、人际间的互相了解和文化社会等。最早对语境做进一步论述的是英国语言学家、伦敦学派的奠基人 Firth，他认为语境不仅包括一句话的上下文，而且包括语言的社会语境。而 Halliday 等人认为，语境可以大致分为文化语境和情景语境，文化语境主要指人类在特定的文化背景中的行为模式，这种模式对制约语篇的语类结构等带有宏观意义的语义结构；情景语境指的是与语言交际行为直接相关的话语范围、话语基调和话语方式三种因素，但从总体上看它们的语境观是静态的。

在学习英语虚拟语气时，由于汉语没有这种语法现象，加之教师讲解时常常采用的是用语言解释规则，然后呈现例句进行说明的方式。因此，学生在理解虚拟语气时有一定的困难。如果教师为例句设计一定的语境，并在呈现例句之前先把语境提供给学生，对学生的理解就会起到重要的推动作用。传统语法教学之所以枯燥、难懂，原因之一是教师在讲解的过程中，提供的例句多是孤立的，没有语境的支持。因此，在学习、理解和运用上，都会给学生带来一定的困难。如果教师在讲解英语语法知识时，提供一定的语境支持，为学生的感知和理解做一定的铺垫，会有助于他们更好地理解。

# 第五章　英语语言技能教学

## 第一节　英语听力教学

### 一、英语听力教学的现状

虽然当前我国的英语教学改革取得了一定的进展，但我国的大学英语听力技能教学中仍然存在很多问题，这些问题使教师很难顺利、有效地开展英语听力技能教学。下面将对我国大学英语听力技能教学中存在的问题进行分析。

#### （一）教师方面的问题

目前，大学英语听力技能教学中，教师方面存在的问题主要包括教学观念相对落后、教师对教学目标定位不准、教学形式单一、课前缺乏适度引导。

（1）教学观念相对落后。虽然我国当前各阶段的英语教学对于听力技能教学做出了明确的规定，但大多数英语教师过多地关注教学目标所规定的词汇量的要求，这就导致很多教师在教学中只对英语阅读教学给予极大的关注，而忽视了英语听力技能教学。加之有些地区院校条件有限，开展听力技能教学有一定的局限性，因此教师很容易在教学中出现阅读、听力技能教学活动安排不合理的行为。

（2）教学形式单一。现代化教学技术在大学英语听力教学中得到了广泛运用，使教学环境也大有改观，但传统的教学模式目前依然是大学英语听力教学的主流。其教学模式具体如下：教师进行单词的解释和背景知识的介绍，给学生播放录音，向学生提出问题，核对答案，最后回放录音，让学生寻找正确答案及原因。这样的听力教学完全忽视了学生的主体地位，教师成了课堂的中心，学生只是被动地接受信息，学生的积极性也根本没有被调动起来，而且在这样的课堂上师生、学生之间的互动性很差，学习氛围也不浓厚，学生在情感受到压抑的情况下，必会对教学表现出冷淡的态度，进而难以达到理想的教学效果。

（3）课前缺乏适度引导。课前缺乏适度引导也是当前大学英语听力技能教学存在的问题之一。目前，一些教师习惯性地在听前解释和说明所要听材料的生词、句型和前后逻辑关系，这种过度的引导使学生根本不需要认真听材料就可以选择正确的答案，这样听力训练就变成了摆设或是走过场，也就失去了听力技能教学的意义。

与之相反，有些教师在听前不做任何相关引导，就直接播放听力材料，要求学生完成听力任务。由于教师事先没有介绍和说明听力材料中的生词以及相关的背景知识，学生本身对话题也不熟悉、不了解，在这种情况下学生很难顺利完成听力任务，从而产生挫败感，并丧失听力学习的积极性。

可见，在英语听力技能教学中，教师适度的听前引导是非常重要的一个环节。适度引导要求教师把握好一个度，不能不引导，也不能引导过度。

## （二）教材方面的问题

在英语听力教学中，教材的现状也不容乐观。教材是教师和学生课堂活动的依据，对教学大纲以及练习的设计和安排有着直接的影响，在教学活动中起到非常重要的作用。优秀的听力教材不仅可以开阔学生的视野，提高学生的文化素质，还可以为培养学生语言综合运用能力提供最佳的语料和实践活动。但是现行的教材使用周期较长，很难反映快速变化的时代，缺乏多样性和层次性，有些教材内容比较陈旧，无法很好地体现最新的教学方法和教育思想。

另外，教材的选用方面也存在一些问题。不少教师在选用教材时没有注意到听力材料的真实性、交际性和实效性，忽略了不同内容、不同题材、不同体裁的听力材料的选择，这就严重制约了听力技能教学方法的选择和优化。从当前我国大学英语听力技能教学所使用的教材来看，不少听力材料是由阅读材料简化或改写而成的，书面语色彩浓厚，口语痕迹较少，这就导致学生不能接触到真实的交际语言，从而制约了学生听力应用能力的发展与提高。

## （三）学生方面的问题

学生方面存在的问题主要包括心理负担重、听力习惯不良、基础知识积累不足。

（1）心理负担重。在英语听力课堂上，有的学生一听说教师要播放听力，心里就会焦虑紧张，大脑一片空白；有的学生由于成绩不好，缺乏自信，甚至产生自卑心理；还有的学生存在羞怯心理，害怕老师或同学知道自己的不足而不敢开口说。长此以往，这种压抑的心理状态必然导致学生的学习情绪不佳，因此英语听力水平也自然得不到提高。

（2）听力习惯不良。听力理解过程就是学生对听力材料的内容进行联想、判断、记忆、分析、综合的过程。学生这种逻辑思维能力的运用程度决定了他们对所听材料做出的反应程度以及准确度。然而，在实际的学习过程中，学生往往因为缺乏这种逻辑思维能力而养成一些不良的听力习惯。例如，有些考生先阅读录音文字材料，然后再听，这种听力方法很容易使考生对文字材料产生很强的依赖性；有的考生干脆只对照文字练习听力，在听力训练过程中首先就把文字材料翻开摆在面前，总以为这样会有意识地强制自己集中注意力于听力材料，却不知这样接受的信息多数来自视觉器官，而非听觉器官，久而久之形成"假听"的顽疾，更难摆脱对文字材料的依赖；部分考生为了强制自己专心于听力，有意识地借助各种手段，如闭眼、将目光集中于地板或天花板或低头等。一些考生喜欢在茶余饭后的片刻时间练习听力，认为这样既可以节省时间，又能在"不断的努力"中提高听力理解的能力，这实际上是进入了误区。以上种种都是不好的听力习惯的表现，它们很大程度上阻碍了考生听力水平的提高，降低了听力理解的效果。

（3）基础知识积累不足。学生英语基础知识积累不足是目前我国大学英语听力技能教学中存在的显著问题之一。学生基础知识的缺乏主要表现在以下两个方面：

其一，学生缺乏必要的语音知识，对意群、连读、失去爆破等语音规律掌握不牢，这就导致学生在听力的过程中一旦遇到连读、弱读、吞音等现象就会产生误听，从而不能准确地把握和理解所听句子的意思。再加上有些学校语言环境和教学设施的缺乏，学生基本不能受到专门的英语发音和听力技能训练，这就必然导致学生的语感差、无法掌握英语发音的特点和规律。此外，受方言的影响，学生的发音也不准确，必然对听音的准确性造成影响。

其二，学生词汇量小，对语法知识和句法结构不熟悉也严重地阻碍了学生的听力理解。另外，由于受应试教育的影响，学生对英语单词的掌握只停留在识记上，往往不注意单词的拼写和读音之间的联系，加之听说训练的缺乏，因而学生单词掌握并不牢固，拼写也不准确。

## （四）听力环境方面的问题

听力环境问题主要表现在两个方面：一是听力的客观环境不良；二是缺少自然语言运用的环境。

（1）客观环境不良。听力环境也是影响学生听力水平提高的一个重要因素。陈旧的听力设备、室外的噪声、与音源距离的不适度等，这些因素都会影响学生听力的效果、学生的心情，以及学生的积极性。所以，为了提高学生学习听力的兴趣和英语听力教学的水平，学校应尽可能地创造条件，如运用多媒体、去语音室等，安排一个良好的听力环境。

（2）自然语言运用的环境缺乏。在我国，英语是作为第二语言进行学习的，因而教材是学生进行英语学习的主要语言材料来源，课堂则是英语学习的主要场所。大学英语听力技能教学也不例外。缺少自然语言运用的环境，听力技能教学也会受到一定的阻碍。

学生从课本上学到的英语都是规范英语，教学过程中教师也没有注重发展学生在不同语境中运用语言的能力。在课堂上，虽然教师基本上使用英语教学，但在讲授过程中为了让学生听懂或跟着朗读，教师总是放慢语速，尽可能地把每个单词甚至每个音节都读得十分清楚，从而使语流失去了正常的节奏。然而在日常生活交际中出现的更多的是"口语化"的语言现象，人们习惯用常用词、短语、简单句或省去主语、助动词等的省略句来传递信息。学生也时常会遇到各种不规范的语言现象，如出现语言变异，同一个意思会因地区、说话者种族、年龄、社会地位等的差异而产生不同的表达方法，有些情况下甚至还会出现一些错误的发音。这些语言现象都会对只接触到规范英语的学生造成听力理解方面的障碍。

## 二、大学英语听力教学特点

大学英语听力教学具有综合性强、自由度高的特点。中学英语教师多采取传统的听力教学，即学生机械地跟着录音机或者多媒体重复，然后教师公布答案，这样的方式对于提高学生听力能力并不能起到很好的作用，并且枯燥的课堂也不能使学生对听力课产生兴趣。长期以来，英语教学以语法为主要内容，忽略了语言的实践性，其突出表现在运用目标语进行听和说能力的缺乏。根据《大学英语课程教学要求（试行）》，大学英语是以英语语言知识与应用技能，学习策略和跨文化交际为主要内容，以外语教学理论为指导，并集多种教学模式和教学手段为一体的教学体系。大学英语的教学目标是培养学生的英语综合应用能力，特别是听说能力，使他们在今后工作和社会交往中能用英语有效地进行口头和书面的信息交流，同时增强其自主学习能力，提高综合文化素养，以适应我国社会发展和国际交流的需要。

### （一）听力教学对象的特点

通常一个班级的大学生来自全国各个地方，学生的听力水平参差不齐。有些学生听力基础差，没有掌握正确的学习方法；有些学生的语音语调存在很大问题，因而很难听懂正常语速的听力材料甚至已经学过的常用词；有些学生英语水平很高，比较容易听懂听力材料。在听力水平的不同的情况下，使用相同的教材和教学方法，使得听力水平低的学生不想学，教师难授课，也就达不到提高大学英语听力水平的教学目的。目前，一些学校尝试打破原有的以院系为单位的班级，将学生听力水平分成提高、普通和预备三个层次，针对性地选择授课内容和授课方法，使其更好地贯彻因材施教的原则。

### （二）听力教学内容的特点

大学英语听力教学内容较为广泛，不仅包括语言知识、文化知识，还包括培养学生对听力策略的掌握和运用目前学生主要的听力问题，可以概括为三种。第一种是"听不清"，即对单词的发音、英语的语调特征、说话速度不熟悉，以致不能有效地获取信息；第二种是"听得清却听不懂"，这是由于对英语的句法结构、文体特征、篇章逻辑不了解和缺乏听力技巧而造成的障碍；第三种是"听懂了却无法理解"，这是由于学生个人的知识结构、文化背景与听力材料的差距过大造成的。因此，词汇障碍、语音障碍、语义障碍、听力障碍、心理障碍以及文化障碍等成为大学英语听力教学的主要问题。

### 二、大学英语听力教学的重要性

语言是有声的交际工具。人们要进行语言交际活动，首先必须能够听懂对方讲的话，否则，交际就无法进行。我们时常所说的外语的五大基本技能"听、说、读、写、译"，也是把"听"放在首位的。听力在整个英语学习过程中起着重要作用，听力水平的高低直接影响着整体外语水平的提高与发展。在我国的英语教学中，早在吕叔湘、李庭芳、马俊明、李勤、曹宝健等语言学家那里，就倡导在英语教学中以"听说"领先的原则。而到了20世纪80年代后，对这个问题的认识得到了前所未有的重视。

## 三、大学英语听力教学的重要性

"听"是人类语言交际的组成之一，良好的听力是语言交际的基本能力之一。听力对于语调、语音、词汇等基础知识的要求很高，若是学习者的基础较差，而且对英美文化了解太浅，就不能从语言中提取自己需要的信息，在听力上出现障碍。信息的获取不仅仅是从语言结构中提取出来的，很大一部分也来自大脑中原有的信息和预警。所以想要学好英语，提高听力水平，就必须对英美国家的历史文化、生活习惯和风土人情有一定的了解，避免理解障碍的出现。因此在大学英语教育中，应当加入一部分文化因素，帮助学生从单纯的声音依赖中走出来，增强理解能力和表达能力。

所有的语言都是在文化的基础上产生的，没有一种语言能凭空生成。语言与文化之间的关系密切，语言是文化的载体。所以，语言不仅能够反映一个国家、区域的文化，而且对文化的影响也会很大。在当今的英语教学中，文化因素已经成为一种对教学质量具有重大影响的因素。普及英语教育是我国走向世界的基础，在英语学习中，听力的问题是其中的难点。

中西方社会是在不同的历史背景下形成并发展起来的，因此汉语和英语之间就存在着巨大的差距。在这种巨大的差异背景下，让以汉语为母语的中国人去学习英语，并要很好地应用英语，那是极其困难的事情。因为我们与以英语为母语的西方人在价值观、人生观、世界观乃至生活习惯、社会习俗上都存在着很大的差异，难以接受。这种差异就直接体现在了语言上，语言的不同导致文化交流的障碍。所以在英语语言学习的过程中一定要以文化的导入为前提。英语听力教学作为语言教学的一个组成部分，不仅要讲授基本的语言知识，更应该通过讲授西方文化来帮助学生理解语言更深层次内容，以提高学生的英语综合运用能力。

## 四、英语听力教学的内容

英语听力教学的内容主要包括三个方面。

### （一）基础知识

听力基础知识是学生英语听力技能培养与提高的基础，主要包括语音知识、语用知识、策略知识、文化知识等。语音教学是听力教学的重要内容。在实际的交际过程中，同一个句子会在发音、重读、语调等的变化中产生不同的语用含义，表现出交际者不同的交际意图与情感。在听力教学过程中，使学生掌握英语的发音、重读、连读、意群和语调等语音知识对学生语音的识别能力和反应能力的提高有积极的促进作用。同时在教学过程中，教师还应对学生进行听音、意群、重读等方面的训练，训练内容既要包括词、句，也要包括段落、文章，使学生熟悉英语的表达习惯、节奏，适应英语语流，从而为学生听力理解能力打下坚实的基础。这种训练还能在无形中培养学生的英语思维能力，促进其二语习得能力的提高。

听力知识还包括语用知识、策略知识、文化知识，这些知识的科学教学也是提高学习者英语听力能力的重要手段。其中语用知识的学习能够帮助学生理解话语内涵，增加其对话语的理解程度。策略知识的学习能够帮助学生依据不同的听力材料和听力任务进行策略选择，从而提高听力的针对性。文化知识的学习对于学生日后英语的跨文化交际有着积极的促进作用，有利于不同文化背景下交际的顺利进行。

## （二）听力技巧

英语听力技巧指的是英语听力的技能，主要包括学生对读音的识别和辨认，即对句子重音、音位辨别，意群的辨别以及语调的辨别等；对于段落以及文章中的重点指示语的敏感度，即对例证指示语、话题终止提示语以及话题转换提示语等的识别；对阅读材料中的大意以及细节问题的捕捉和理解；根据各种手段猜测词义；对说话者的内在情绪、态度以及意图的把握等。

英语听力技巧是帮助学生听力顺利进行的重要方面，在听力教学中应加强对学生听力技巧的培养。

## （三）听力理解

教授听力知识和听力技能的目的在于帮助学生理解听到的内容。因此，现代英语听力教学除了知识和技能的教学之外，更多地应该通过各种活动训练学生对句子和语篇的理解能力，使学生的理解由"字面"到"隐含"再到"应用"，理解步步加深。

听力理解包括以下几个阶段：

（1）辨认。辨认主要包括语音辨认、信息辨认、符号辨认等方面。尽管辨认处于第一个阶段，属于第一层次，却是后面几个阶段开展的重要基础。一旦学生无法辨认听到的内容，那么理解也就无从谈起。辨认可分为不同的等级，最初级的辨认是语音辨认，最高级的辨认则是说话者意图的辨认。教师可以通过正误辨认、匹配、勾画等具体方式训练和检验学生的辨别能力，如根据听到的内容给听力材料的句子排序。

（2）分析。分析要求学生能将听到的内容转化到图表中去。这个阶段要求学生可以在语流中辨别出短语或句型，以此对日常生活中的谈话内容有大致的理解。

（3）重组。重组要求学生用自己的语言将听到的内容以口头或书面的方式表达出来。

（4）评价与应用。这是听力理解的最后两个阶段，要求学生在前面三个阶段中获得信息、理解信息、转述信息的基础上，能够运用自己的语言对所获得的信息进行评价和应用。在实际教学中，可以通过讨论、辩论、问题解决等活动方式进行。

以上这几个阶段是一个循序渐进的过程。任何级别的听力学习都必须经历辨认到分析再到应用的一系列过程，然后才能逐步提高。

## （四）逻辑推理

除听力知识、听力技能和听力理解以外，语法和逻辑推理知识也是正确判断和理解语言材料的必要条件。因此，现代英语听力教学必须重视对学生语法知识的巩固和逻辑推理的训练。此外，学习语言是需要语感的，具备好的语感听力理解的效果就会提高很多。因此，在听力教学中，教师还应注意对学生语感的培养，这有利于增强学生的逻辑推理能力。

例如，以下四句话是关于 Marshall 的，学生可以利用自己的语法知识和一定推理能力对 Marshall 的职业进行推断。

① Marshall was in the bus on his way to school.

② He was worried about controlling the math class.

③ The teacher should not have asked him to do it.

④ It was not a proper part of the janitor's job.

听到①句时，学生可能认为 Marshall 是个学生。而从②句判断，Marshall 可能是教师。但是③句又推翻了这一判断。直到看到④句学生才知道 Marshall 原来是学校的勤杂工。在推断 Marshall 职业的这个过程中，没有一定的语法基础和逻辑推理能力是无法顺利得出正确结论的。语感在语言教学过程中发挥着重要的作用，同时也是影响听力效果的关键因素。在英语听力教学过程中，教师应该有意识地培养学生的语感，提高其英语思维能力。

能基本听懂题材熟悉篇幅较长的英语广播和电视节目，语速为每分钟 150～180 词，能掌握其中心大意，抓住要点和相关细节。

更高要求：

（1）能听懂英语国家人士正常语速的谈话。

（2）能听懂用英语讲授的专业课程和英语讲座。

# 第二节　英语口语教学

口语是人与人之间面对面地进行口头表达的语言，是人类社会使用最频繁的交际工具，也是书面语的基础。学好一门外语必须要学好它的口语，如果口语没有学好，那么这门外语就没有学好。如今英语教学不断受到重视，口语教学也开始受到广泛关注。

## 一、英语口语教学现状

随着社会生活信息和经济活动的全球化发展，学生通过语言进行交流的机会越来越多，英语交际作为重要的交际手段之一，在英语学习中也变得越来越重要。但是，目前很多学生英语口语交际水平与实际的需要还相差很远，"哑巴"英语依然是英语教学中普遍存在的问题，口语成了制约学生英语综合能力提高的瓶颈。究其原因，是英语口语教学中还存在着许多问题，其主要问题包含以下几个方面：

### （一）口语教材和教学方法相对滞后

我国的英语口语教学是作为英语整体教学的一部分出现的，并未被独立出来进行专门教授，因此英语整体教学中存在的问题也直接体现在口语教学上，其中教学模式滞后就是一个重要的问题。在口语教学中，教师也习惯性地采用传统的"讲解—练习—运用"的教学模式。这看似体现了教学的规律，实际上却制约了学生说的主动性和积极性。在此教学模式下，学生只能被动地接受教师所讲授的词汇和语法知识，在缺乏语境的情况下，做大量机械的替换、造句练习，而不能独立思考、独立发表见解，最终导致有的学生甚至到毕业也不怎么会说英语。究其原因，教学模式的单一、滞后是其"罪魁祸首"。此外，在传统模式下教师占据主导地位，但教师并未过多教授学生口语技能和口语策略，而是着重于灌输语言知识；有些学校完全放弃教材或者教材的内容陈旧，教师也并没有对这些教材进行创新，这一系列的问题最终导致口语教学和学生的口语技能培养格格不入。

### （二）语音不够标准，词汇匮乏

在大学阶段，学生大都来自全国各地，每个人的生活环境也各不相同，所以每个学生都带有一定的乡音，这就直接影响到他们英语口语语音语调的标准性。再加上中学时期灌输式的教学方式，学生大多听得多、说得少，使得许多学生在中学时就没有打下良好的口语基础。这就使大多数学生的英语口语不够标准，个别学生对于有些音标不能准确发音，句子语调缺乏高低起伏，说英语时含糊不清，很难使人理解。

### （三）缺少语言环境

"语境"对英语学习至关重要，英语口语的言语环境会对英语口语水平的提高产生很大影响。在我国，英语口语环境除了课堂之外，其他使用英语口语的环境较少。这种环境不利于学生的英语口语学习。鉴于课时、授课场地等条件限制，我国目前不少学校口语课时少，且口语课堂多为大班。在这种氛围下，学生口语训练机会少，训练效果不佳。虽然现在也有不少学校组织学生开展第二课堂，以弥补课内教学的局限，但是，多数学生学习自主性不够，只有少数学生会积极参加"英语角"等课外活动。课堂内外环境脱节，学生的学习热情不能得到有效地激发。

## 二、大学英语口语教学的特点

### （一）大学英语口语教学内容的特点

英语口语教学的内容是广泛的，不仅包括在口语课上教学生如何说，而且要从教学内容、教学安排等方面保证学生在课下都有大量的口语实践机会。因此，教学内容的广泛和可延展性是英语口语教学的一大特点。教师可以有计划地组织安排各种训练活动，把训练学生听、说、读、写、译等各项能力有机地结合起来，根据不同阶段、不同的练习目的和主题采取诸如朗诵、辩论、演戏、配音、口头作文等多种形式，把握适当的难易度，巩固学生的基本功，使教学内容成为一个可伸缩的、知识性、趣味性并重的系统。

另外，英语口语教学也是拓宽知识和了解世界文化的素质教育过程，兼有工具性和人文性。因此，设计英语口语课程时应充分考虑学生的文化素质和国际文化知识的传授以及听说能力培养的要求，给予足够的学时，鼓励使用先进的信息技术，开发建设网络课程，为学生提供良好的语言听说环境与条件。根据学校的实际情况，按照教学大纲的要求和本校的教学目标和教学特色将课堂教学与第二英语课堂相结合，确保不同层次的学生在英语应用能力方面得到充分的训练和提高。无论是第二英语课堂，还是主要基于课堂教学的课程，其设置都要考虑不同起点的学生，从提高学习兴趣的角度出发，激发学习热情，从而能大胆开口说英语。

### （二）大学英语口语教学模式的特点

英语口语教学不同于一般的知识传授过程，它的教学模式需要更多地体现英语教学的实用性、知识性和趣味性，有利于调动教师和学生双方的积极性，尤其要体现学生在教学过程中的主体地位和教师在教学过程中的辅导作用。教师可以根据不同活动内容的需要，灵活多样地选择最恰当的教具和最直观有效的教学手段，激发学生的学习兴趣，提高学习的积极性和主动性。根据学校的条件和学生的口语水平，还可以充分利用网络环境，直接在网上进行听说教学和训练。网络教学系统能随时记录、了解、检测学生的学习情况以及教师的教学与辅导情况，充分体现英语教学的互动性。与其他教学模式相比，口语教学的教学手段和教学方法的选择是否成功，极大地影响着口语教学活动中学生互动性的实现程度，进而影响英语教学效果的好坏。

### （三）大学英语口语教学评估的特点

教学评估是英语口语教学的一个重要环节。全面、客观、科学、准确的评估体系对于实现教学目标至关重要——既是教师获取教学反馈信息、改进教学管理、保证教学质量的重要依据，又是学生调整学习策略、改进学习方法、提高学习效率和取得良好学习效果的有效手段。对学生学习的评估可分为两种，一种是形成性评估，另一种是总结性评估。无论采用哪种形式，英语口语教学的评估都是考核学生实际使用英语语言进行交际的能力。其中，学生口语表达的准确性和流利程度是衡量口语教学效果的重要指标之一。口语教学的主要内容是语音教学，自然规范的语音语调将为有效而流利的口语交际打下良好的基础。尤其是在中学口语教学过程中，教师重视发音的准确性，而不过分强调流利程度有助于学生培养良好的语言习惯。英语口语教学是通过对学生语音、语调、语速的准确性和流利程度来进行的。

### （四）大学英语口语教学管理的特点

英语口语教学的管理贯穿于英语口语教学的全过程，要确保英语口语教学达到既定的教学目标，必须加强教学过程的指导、监督和检查。因此，口语教学的管理要做到以下几点：①必须有完善的教学文件和管理系统。教学文件包括学校的英语教学大纲和口语教学的教学目标、课程设计、教学安排、教学内容、教学进度、考核方式等。管理系统包括学生口语成绩、学习记录、口语考试分析总结，口语教师授课基本要求以及教研活动记录等。②口语教学推行小班课，每班不超过 30 人，若班级人数过多，可将大班分成约 30 人的小班，分开上口语课。③有健全的教学管理和培训制度。英语教师的口语水平是提高口语教学质量的关键，学校应建设年龄、学历和职称结构合理的师资队伍，加强对教师的培训培养工作，鼓励教师围绕教学质量的提高积极开展教学研究，创造条件因地制宜开展多种形式的教研活动，除课堂教学之外，对第二课堂指导的课时应计入教师的教学工作量。

## 三、大学英语口语教学的重要性

21 世纪是一个经济全球化的世纪，经济的发展促使更多的商业活动跨出国门走向世界，在此过程中，人才的作用，尤其是具有综合能力高素质人才的作用十分关键，语言交际是人与人、地区与地区、国家与国家之间交流的媒介，这也就是说，经济活动的成败、得失与英语人才素质的高低息息相关。

随着经济的迅猛发展，中国承办的国际活动日益增多，与其他国家的科技文化交流日渐频繁，社会对高水平口语人才的需求量也随之增大。然而，传统的教学模式已远远滞后于社会的需求，口语课程没有受到充分的重视。因此，改进传统的教学模式，提高学生的英语口语能力势在必行。掌握实用的口语知识，对于提高我们的交际素质，增强自己的竞争力十分有用，口语学习将会成为未来的一种学习趋势。

2007 年 7 月，教育部颁布《大学英语课程教学要求》，明确要求大学英语的教学目标是培养学生的英语综合应用能力，特别是听说能力，使他们在今后学习、工作和社会交往中能用英语有效地进行交际，同时增强其自主学习能力，提高综合文化素养，以适应我国社会发展和国际交流的需要。社会对高水平英语人才的迫切需求以及教育部文件对英语口语的重视，都说明了口语教学的重要性。

大量准确的口语能够促进听力和口语能力的提高。口语更有助于提高阅读写作水平。准确地识读单词—通过视觉神经传到大脑神经中枢—大脑神经中枢指挥发音系统准确地发出语音。在连贯地、系统地、成篇地、不间断地识记和朗读中，视觉准确捕捉单词的能力，视觉神经准确迅速的传导能力，脑神经系统对发音系统的指挥调控能力等，均能得到扎扎实实的培养和提高。同样的道理，英语口语能够体现出英语教学的内化真谛，大量准确的口语能够促进听力和口语的进一步完善；有益的口语更能够有效提高阅读和写作水平。

### （一）口语能够帮助学生丰富词汇量

孤立的单词不容易记，而语句、文章是有情节的，词放在句子里，联系上下更便于识记。学生经常练习口语，接触到的生词、句式日益增多。这对学生灵活运用常用词以及短语十分有益。实践证明，英语表达能力强的学生都善于运用口语，通过口语积累词汇。

### （二）口语可以促进学生听力和思维能力的发展

教师范读或播放课文录音，能使学生保持高度的注意力，唤起他们的感知和想象。这些具体的形象既能帮助学生增强对词汇和语言结构的记忆，又能增强学生的语感。学生示范口语可以用于新课之始，也可在熟悉新词语之后进行。

### （三）口语能提高口语表达能力

学英语只有开始时就注意语音语调，大胆效仿，及时纠正口型和舌位，才能讲出标准的英语，对于学生的英语口语表达能力的培养，口语训练显得十分重要。其作用有二：其一，如前所述，口语训练有助于学生冲破心理障碍。学生敢于大声朗读英语课文，就敢于开口说英语。经过学习和练习，学生将不再是学会英语的"哑巴"。其二，反复大声朗读英语课文，特别是长期坚持以后，能够使学生形成一定的语感，并初步养成用英语思维的习惯。

### （四）口语训练有助于培养学生的语感

学习语言就必须培养语感，语感对学好一门语言起到了很重要的作用。语感强调通过对语言文字的直觉感受，最终达到语言文字快速领悟的境界，是构成一个人英语素质的核心因素。而语感是由后天的培养产生起来的，在言语实践中，听觉、视觉等各种感官通过与语言材料的接触中，不断积累语言知识，体会出其语音、语义、语调及语气，日积月累，便逐渐培养了对语言的感知。

## 四、英语口语教学的内容

英语口语教学是以培养学生口头交际能力为目的的课堂教学，其教学内容包含了语音、词汇、语法、会话技巧、文化知识等。下面我们就口语教学内容做如下具体阐述。

### （一）语音训练

语音是学习英语口语的基础。语音训练的目标就是掌握正确的语音和语调，包括重读、弱读、连读、音节、意群、停顿等。错误的发音或不同的语调会造成对方理解困难，甚至产生误解。

例如：

A：This movie is meaningless.

B1：It ↘ is.（非常肯定）

B2：It ↗ is.（可以是漫不经心的附和，也可以表示不耐烦）

B3：It ↘↗ is?（稍带责备口吻，意思是"你怎么会这样认为"）

根据上述例子可知，语调不同，句子表达的意义也不同。

## （二）词汇

语言能力的培养是交际能力培养中至关重要的一环，而词汇则是使交际得以进行的语言能力的核心。口头的表达能力是一种创造性技能，在合乎交际礼仪的交流框架构建起来后，整个交流的空间就有赖于词语作为文化和思想的载体来填充。在英语教学中，不难发现，许多学生对单词的所谓"掌握"只是一般性的识记中文释义和拼写，而能够脱口而出造出相关句子的人寥寥无几。也就是说，语言交际框架的最基础阶段和层次的问题没有得到解决，在这种情况下，学生的口语能力很难得到提升。

可见，学生口语能力差的最根本原因之一是词汇掌握程度差。从这一意义来讲，口语教学的内容也应包含词汇教学。要强调词汇教学的交际化，口语教学必须从语音，从单词的音、形、义的练习以及词的搭配造句入手，不断扩大学生的掌握式词汇或积极词汇，这是口语教学的一个十分重要的切入点，更是提高学生口语能力的前提和关键。

## （三）语法

语法是单词构成句子的基本法则，要想实现沟通的目的必须要构建出符合语法规的句子。只有句子符合语法规则才可以被听者理解。词汇是句子含义的载体，语法是句子结构的基础，二者必须有机结合才能实现口语表达的实用性和高效性。

语法在我国传统的英语教学中一直处于中心位置，但是问题依然存在：学生能够较熟练地解答语法选择题，但在口头或笔头交际中却不能熟练地应用。因此，语法教学也是口语教学的一个部分，或者说语法教学也应交际化。语法教学交际化需要完成以下几方面的任务：①训练学生听懂特定的口语句型；②训练学生熟练地使用句型表达自己的思想；③向学生讲授英语口语句型的特点并掌握使用；④有的教师和学生把词汇和语法教学与口语教学对立起来，这是口语教学中一个严重的认识误区。

## （四）会话技巧

不同的社会文化都各自具有一系列制约人们在实际生活中进行会话交际的规范。说话人如何在会谈时自始至终吸引对方的注意力；听话人如何表示自己在听取对方的发言或是恰到好处地插话；交谈双方怎样得体地阐述各自的观点等，在英语中有不同的表达方法。因此，恰当地使用英语表达法可以使会话得以自然顺利地进行，否则双方话不投机，便不能成功地进行交际。

技巧对口语的顺利进行以及交际的有效进行有着十分重要的促进作用。会话技巧主要包括以下几个方面：

1. 请求。例如：

A：Are you going out tomorrow?

B：No，not really.

A：Are you using your bike then?

B：No，you want to borrow it?

A：Yes，if you're not using it.

2．邀请。例如：

A：What are you doing tonight?

B：Nothing important．Why?

A：Come to my place for dinner，then.

3．宣布。例如：

A：Did you listen to the news last night?

B：No，anything important?

A：Well，an earthouake was reported in.

4．失误补救。例如：

"I'm awfully sorry，I really have been rambling on…"

"I meant to ask the other day…"

"That reminds me that…"

"Just a second，I'm trying to think…"

5．解释。解释指的是当听者不明白说话者想要表达的意思时，或说话者找不到合适的与之相对应的表达方式时，能够及时变换表达方式，运用同义词或其他解释性语言进行补充说明。

6．回避。回避是指当说话者遇到一句话感觉困难而不知如何表达时，说话者回避了自己生疏的词汇和表达方式，选择自己熟悉的表述方式，以免口语交流的中断。

7．转码。转码是指当说话者遇到无法解释的话语，又无法回避时，适当地用其他语言代替表达。

8．析疑。在交际过程中，当听者没有听清楚对方的意思时，可以通过不同的方式询问对方的意思，以确保会话继续进行。析疑技巧是要求对方解释已经说过的话，或用升调重复对方说过的话，可以有效防止会话中断。例如，在交际中，当不能明白个别单词短语的意思时，听者可以这样询问："What does…mean?" 或 "Could you tell me what…mean?"

## （五）文化知识

在口语教学中，文化知识也是必不可少的组成部分。交际的得体性决定了学生必须掌握一定的文化知识，包括普通的文化规则和不同文化之间的交际规则。这就是说，学生除了要具有良好的语言能力外，还要具备一定的文化知识，以使自己的语言与所处的语言环境文化氛围相符合。

在口语交际中不仅要求语言的准确性，还要求语言要具有得体性等特点。交际的得体性要求学生应掌握一定的文化背景知识，只有了解各个国家不同的风俗习惯禁忌以及相关的背景知识，才能实现得体的交流。要实现沟通交流就要了解不同国家的文化，在表达时要尽量回避一些当地语言的禁忌。如果不了解文化背景差异，在交流时就会经常出现歧义。

例如在中国，人们习惯在打招呼的时候说"吃了吗？"或"去哪儿啊？"这并不是真的在问听话者要去哪里，它只是两人见面之后的一种寒暄语，这在我国很常见。但是如果对西方人说这些，他们则会认为你触犯了他的个人隐私。西方人与我们之间的价值观存在较大差异，他们崇尚个人自由，个人意识较强，因此在一般性打招呼中西方人习惯于谈论天气等内容，因为他们认为这些内容不会触及别人的个人隐私。这就是文化差异在口语交际中的具体体现，这样的例子有很多，这些差异性都强调了文化对语言表达的重要影响，因此在口语教学中应该增强学生的文化意识，使学生对英语国家的文化有一定的了解。

# 第三节　英语阅读教学

## 一、英语阅读与教学的现状

在当今社会，文字仍是大量信息跨越时空的最好载体和人类传递科学文化信息、远距离交流经验、沟通思想感情、传播文明的重要工具。我国同世界各国的科学文化交流日趋频繁，浩如烟海的外文资料亟待我们去阅读。要想在这样一个信息革命和知识爆炸的时代跟上时代的脉搏，赶上信息的浪潮，不断用人类研究的最新成果来武装自己，就必须学会阅读，讲究阅读方法，养成良好的阅读习惯，具备高效的阅读能力，才能够在浩如烟海的文献资料中快速地索读到所需的东西，而且能够在有限的时间内尽可能多地阅读所索读到的文献，摄取尽可能多的重要信息。

听、说、读、写、译是学习英语的五大技能，其中阅读是极为重要的。随着当今社会对英语的要求越来越高，英语阅读教学也越来越受到重视。英语教学中的阅读教学在"听、说、读、写、译"五大英语技能中占有相当重要的地位。英语学科课程标准将培养学生的阅读能力作为主要的教学目标之一，英语教师要有效地引导学生进行阅读。然而，现在的英语阅读教学的现状并不尽如人意，问题不断，分析英语阅读教学中存在的问题，探索培养和提高学生阅读能力的有效途径应引起英语教师的重视。

阅读是个体获取信息的重要手段，是个体成长的必要手段，也是个体社会化的基本途径，更是个体学习英语的主要任务之一。阅读是个体英语语言的一种能力，也是一种心智技能。阅读作为语言学习的基本技能之一，不仅能使学生获得信息和乐趣，还是巩固和扩大目的语知识的重要途径。随着英语这门国际通用语言的地位越来越高，阅读技能的研究和教学自然也就成了人们关注的焦点。在此背景下，阅读教学方法的研究也就显得越发重要。

所谓英语阅读就是读者利用相关的英语知识和非英语知识去解读包含一定英语知识和非英语知识的阅读材料。近年来，英语阅读题目在各种大型英语考试试卷中都占有很大比例，表现在阅读量的加大、难度的增加，以及综合性的试题逐渐增多等方面。对于考生阅读能力的要求也就越来越高。因此我们要明确英语阅读能力的重要性，加强对学生阅读能力的培养。提高阅读能力不是一朝一夕的事情，需要遵照一定的规律，循序渐进，不能急于求成，否则容易挫伤学生的积极性。培养和提高学生的阅读理解能力，第一步就是要认真分析和总结目前大学生在处理阅读理解时所面对的困难和挑战。第二步就是找到制约学生阅读能力提高的症结所在，找到提高学生阅读能力的切入口是我们阅读教学的重中之重。

### （一）英语阅读存在的困难和障碍

（1）阅读技巧缺乏、阅读习惯不良。由于教师在阅读教学过程中缺乏对学生阅读策略和技巧的指导和训练，大多数学生不了解阅读策略和技巧，就不懂得在学习过程中去关注和积累。而且许多学生存在着大量不良的阅读习惯。有些学生甚至把不良的阅读习惯当作好习惯，这就严重阻碍了学生阅读能力的提高。

（2）词汇量的制约。根据《大学英语教学大纲》的要求，大学英语词汇的学习大致可以分为三个重要阶段：四级，六级，六级后。四级词汇是 4200 个，六级词汇在此基础上增加 1300 个，六级后再增加 1000 个。这样整个大学英语阶段学生应掌握的词汇量为 6500 个。但实际上，学生所掌握的词汇却远远不够这个范围，导致部分大学生在阅读中出现了"卡壳"的现象。众所周知，学生的词汇量会极大地影响学生的阅读速度和对语篇的把握和理解。词汇量不足会导致学生在阅读时出现无法正确理解和把握整篇阅读，误解和曲解阅读理解的内容，甚至会导致学生失去继续阅读的兴趣和信心，进而放弃阅读，给学生的阅读理解造成了很大的障碍。

（3）语法的影响。虽然目前的英语教学和高考中在逐渐淡化语法，强调学生听、说、读、写等英语语言的综合运用能力和运用英语语言进行有效交际的能力，但理解和掌握大学阶段的 24 项语法内容对于学生在阅读时把握各种常用结构和篇章结构很有用处，尤其是一些复杂句式、长句子和句群的理解。反之，如果没有很好的语法基础为后盾，那么学生在阅读中可能无法理解复杂句式，甚至会误解阅读理解的内容。

（4）语言文化背景的缺乏。语言是文化的载体，语言和文化密不可分。美国著名语言学家萨丕尔指出："文化可以解释为社会所做的和所想的，而语言则是思想的具体表达方式。"[①] 由于语言是一种民族文化的表现与承载形式，不了解这个民族的文化，也就无法真正学好该民族的语言。外语教学不仅要介绍语言知识并进行"四会"技能训练，更应该把这种学习与训练放到文化教学的大背景中进行，最终使学生具有语用能力。在英语学习中，部分学生可能会过多地强调了词汇的学习，而忽视了英语语言文化背景的学习，在阅读英语语篇时，可能就会对整篇阅读的理解产生偏差。根据心理学家皮提出的图式理论："人们对于大量熟悉的事件都有自己的图表。"（DarleneV. Howard）这些图表就是个人在适应或组织环境所依靠的存在于脑中的一些认知结构。在阅读过程中，人们也会利用这些图表

---

① 钟晓红.新世纪大学英语教学探索 [M].四川大学出版社，2015.

正确地理解文章，这些图表的形式同自己的文化有关。因此不同文化背景的人对同一事件会有不同的图式。中国学生阅读英语文章用已有的图式去理解往往会造成误解或不解。因此教师在帮助学生进行英语阅读过程中要意识到文化背景不同可能会造成的障碍。要培养学生自觉地意识到两种文化的不同，有意识地进行这方面知识的补充。

（5）英语学习缺乏兴趣和动力。一般情况下，学生学习英语并不是把英语语言当成是一种乐趣和享受，而仅仅是因为英语是各种考试必考科目之一。很多学生学习英语，更多的是关注考试分数，分数考得不理想，或者经过努力，成绩却没有起色，就会使学生丧失学习的兴趣和动力及学好英语的信心。这样，英语阅读理解的学习就更无从谈起了。

（6）阅读的储备和积累不足。大学阶段学生的学习负担比较重，而且还要参加各种社团类的活动。这就导致大学生的阅读时间较少，阅读面狭窄，一般仅限于教材和课堂中所学的材料，而很少有时间去涉猎课外的优秀读物，更没有时间进行大量的课外阅读。这往往会使学生无法获得丰富的阅读经验和阅读技巧，同时学生的阅读速度也无法得到有效提升。

### （二）英语阅读教学中存在的问题

目前大学生实际阅读能力不尽如人意，这与传统的阅读教学模式有很大关系。此种模式是围绕一本选定的教材进行教学的，学生课前预习一下要求阅读的文章，上课时教师解释生词，分析语法难点，翻译一些结构复杂的句子，再做一些理解性问题。这种教学程式没有充分考虑阅读课自身的特点和教学要求，把阅读课变成类似基础英语的纯粹的语言练习，因此不能充分发挥阅读课在整个英语学习活动过程中所应有的作用。

阅读是辨认和理解书面语言并领会其内容的心理言语活动过程，它是人脑中各种知识共同作用的结果。因而阅读是一项非常复杂的且需调动各生理器官及知识结构的综合性活动。英语教学中的阅读教学不仅是方法和知识的传授，更是一项集教育学、心理学、语言学等多种学科于一体的综合性的智力开发工程。如何改进大学英语阅读的教学模式和有效提高学生的阅读理解能力，长期以来一直是广大英语教师和教学理论工作者十分关心的问题。

要有效地培养和提高学生的阅读理解能力，需在阅读教学中针对具体的教学对象及教学阶段，采用与学生学习状况相适应的教学方法。但是，从目前大学英语阅读教学的状况来看，传统的阅读教学方法仍占有绝对的统治地位，它所存在的问题不容忽视，现从以下几个方面加以分析：

（1）教学观念陈旧。在现代英语教学中，许多教师将教学的重点放在了知识的传授上，特别是语法知识的讲解上，而忽视了培养学生的英语阅读理解能力。很大一部分教师将阅读教学等同于语法教学，阅读教学仅是学生做完阅读之后对答案，学生无法通过阅读教学提高自己的英语阅读水平。英语语言技能包括听、说、读和写四个方面，综合英语水平的提高必须依赖于这四个方面能力的同步提高。阅读是语言技能的一部分，阅读不仅可以开阔学生的视野，还可以提高他们的分析、思考以及判断能力，且有助于激发学生的学习兴趣。因此在现代英语教学中应该注重对学生英语阅读能力的培养。

（2）阅读材料少，范围窄。大学阅读教学中所采用的材料往往只有英语课本，所谓的英语阅读教学就是课文教学。有的教师认为，教材是专家智慧的结晶，抓住教材也就抓住了各种英语考试的重点。事实上，除教材外，阅读一些适合大学生的英语报纸、杂志等能根据需要从网络等资源中获取信息英语信息也是大学提高阅读能力的重要途径。有些教师的教学活动就是讲解生词，补充词组，罗列搭配，逐句逐段分析课文结构，不厌其烦地分析语法等。只重视词汇和语法教学，却忽略了阅读训练。有些学校，在教师与学生中出现一种很奇怪现象：学生只做语法和词汇练习，综合填空和语篇理解全空着；教师详细讲解语法和词汇，然而综合填空和语篇理解部分，只报答案，没有详细的分析。本来阅读材料就少，阅读范围又不广，再加上不详细的讲解，学生的阅读兴趣能有多大呢？

（3）阅读教学过度关注语言点的分析，多采用翻译法来讲解。在英语阅读教学中，部分教师为了应付考试，过度重视语言点的教学，对阅读材料逐词逐句地翻译，生怕学生没有弄懂任何一个词或句子。这样的阅读教学，教师自认为很扎实，学生可以得到全面的讲解，他们的阅读障碍完全被教师扫除，其阅读探究过程完全被教师包办代替。这样的课堂，教师耗时过多，从头讲到尾，学生被动学习，失去了学习探究的动力，时间一长，自然也就觉得枯燥乏味，没有激情了。在有限的教学时间里，学生的阅读量、阅读速度、阅读技能和理解能力都受到了较大制约，又哪来阅读能力的提高呢？

（4）与详细地讲解语言点相反，有的教师完全淡化了语言点。他们认为，新课标教材应该淡化语言点和语法，只要能对阅读材料有个大致了解就行了。因此，他们给学生指定了阅读材料、提出了阅读问题后，仅仅让学生在限定的时间内找出与问题相关的句子便认为大功告成，阅读的目的也就达到了。这种做法，与第一种做法相背而行，让学生丧失了对整个语篇理解能力进行培养的机会，学生词汇储备少得可怜，对包含有重要语法语言点的单句或复合句失去了剖析、理解和内化的重要过程。这样的阅读教学也不可能培养和提高学生的阅读能力。

（5）教学方法单一。在英语阅读教学方法中忽视了学生的主体作用。学生没有真正参与到英语阅读教学中来，因此很难使学生形成良好的阅读习惯。教师在教学中普遍以"阅读—做题—讲解"的模式来讲授阅读课。教学方法单一、陈旧，无法吸引学生的注意力，还会影响学生的学习积极性，枯燥的教学活动很难激发学生的阅读兴趣，导致学生英语阅读水平普遍较低。

（6）学生没有得到足够的阅读技巧与方法的指导。在阅读理解教学中，由于新标准英语教材容量大、课时紧，有的教师对学生的阅读技巧与方法指导甚少。即使有也只是做一些简单的要求，如读多少、读什么、先浏览文章后看问题或先看问题后浏览文章。在实际教学中，存在只图阅读数量，不图质量和耗时太多，效率极低的情况，难以应对考试的要求。为了赶教学进度，有的教师忽略了指导学生利用各种信息，有效地培养学生的阅读理解技能。得不到足够的阅读技巧与方法的指导，又怎能有效地提高效果呢？

## 二、大学英语阅读教学的特点

大学英语阅读教学是改革前后较少受到质疑的语言技能之一，不仅对于其重要性，而且对于其教学效果方面都是如此。

### （一）大学英语阅读内容的特点

从对大学英语教材的把握上看，大学英语教材中几乎包括了各种文体，具有多样性和现代性。其多样性表现为以下几点：一是文章涉及多个领域，如语言、文学政治、经济、科技等；二是体裁有说明文、记叙文、议论文；三是语域的多样性，所选文章既有书面体文章，也有语体口语化乃至偶语化的文章。因此可以说，大学英语的阅读内容具有篇幅长、生词多、句法多样化、思想深等特点。

### （二）大学英语阅读方式的特点

大学英语阅读一般分为精读、泛读和略读，具体如下：①精读。要求学生毫无遗漏地仔细阅读全部语言材料，并获得对整篇文章深刻而全面的理解，在精读课本中，每篇课文后的词汇、语法、句型及注释都应仔细领会。②泛读。泛读也可称为普通阅读，要求学生读懂全文，对全文的主旨大意、主要思想和次要信息及作者的观点有明确的了解。对全文只做一般性的推理、归纳和总结，无须研究细节问题和探讨语法问题。但要求阅读速度高于精读速度一倍。③略读。略读是一种浏览性的阅读，指学生以他能力达到的最快速度浏览阅读材料。略读不需通读全文，只跳跃式地读主要部分，主要部分一般指第一段、最后一段及中间衔接段，因为第一段一般为全文概述，最后一段为归纳总结，中间衔接段一般为上下文关系段落或者有递进关系、转折关系、因果关系等。目的是为了获取全文的中心思想和主要内容。一般来说，略读的速度应快于泛读速度的一倍。

## 三、大学英语阅读教学的重要性

大学英语阅读教学是改革前后较少受到质疑的语言技能之一，不仅对于其重要性，而且对于其教学效果方面都是如此。阅读在中国改革开放以来历次英语教学大纲中，都是重点培养的语言技能，而且从学生大学毕业后的英语水平可见，其在阅读上的能力要明显优于其他语言技能。

英语教学作为一门语言的教学，其主要是培养学生的言语技能，即运用语言的能力。而阅读是一种交际行为，是人的语言能力和交际能力的融合，是语言学习者需要把握的五项基本技能之一。学习任何一种语言的目的都是为了交际，对学习者而言，应试是手段，而交际才是目的。在大学英语四、六级考试试题中，阅读占的分数比例很大，因此阅读在英语学习中占很重要的位置。从另一方面讲，提高阅读能力是提高听、说、写、译能力的关键。一般认为学外语在起始阶段要从听、说入手，起始阶段过后就应听、说、读、写全面发展。到了高级阶段，在听、说、读、写全面发展的同时，要着重发展阅读能力。一个人学外语，其阅读能力的高低标志着他的外语水平的高低。阅读能力是听、说、写的基础，只有阅读能力提高了，一个人听、说、写的能力才会是有源之水、有本之木。大学英语的一项重要教学目标就是：培养学生具有较强的阅读能力，使学生能以英语为工具，获取专业所需要的信息，提高其综合文化素养，适应我国经济发展和国际交流的需要。因此阅读能力的培养是大学英语教学的核心内容之一。

英语阅读是大学英语教学的重点教学环节，对英语考试成绩的提升及学生英语整体素质和技能的培养具有非常重要的意义。因此应注重阅读教学在大学英语教学中所呈现出的不可忽视的重要地位，巩固大学英语阅读教学的基础目标，并在此基础上实现理想的大学英语教学的目标。现阶段看来，大学英语教学中阅读教学的重要性主要体现在以下几个方面：

第一，阅读在教学大纲中的目标制定也体现了其重要性。目前，大学英语教学大纲规定：培养学生具有较强的阅读能力，使学生能以英语为工具，获取专业所需的信息。这充分体现了对阅读教学的具体化规定和要求，以及对阅读教学重要性意义的关注。可以看出，学生阅读能力的培养是大学英语教学中的重点，通过阅读教学来培养提升学生阅读能力是大学英语教学的必要手段和方法。所以，在明确大学英语教学大纲时，要对阅读教学在大学英语教学中的重要地位有强化性的认识和理解，全面开展大学英语阅读教学实践活动，努力保证大学英语教学通过有效的阅读方法达到积极效果。依据大学英语教学大纲的规定，制定并细化出具体的英语教学目标，突出强调阅读教学的重要作用，并给予阅读教学更多的关注。目前阅读教学在大学英语教学中的重要性地位得到了应有的肯定，在此前提下才有了阅读教学的顺利开展的保证，所以阅读教学的实效性的具体实现和提升是对阅读教学的重视和有效开展的保证并重的终极结果。

第二，阅读教学也是大学英语教学能力提升的关键环节。阅读作为交际行为的特殊形式，融合了语言能力和交际能力。语言知识的运用是获取所需直接知识的必要方法，运用各种阅读技能进行判断、分析、推论并延伸信息，最后对这些内容所承载的观点给出评价，这样的过程同时非常具体地呈现出了读者和作者之间的交流方式，达到了交际活动的本质目标。所以阅读能力的提升顺应了英语教学的发展趋势，对英语教学原则有了客观的把握认知，突出了大学英语教学的重点和对阅读教学的重要地位的认可，为阅读教学的顺利开展提供了有利的条件保障。

## 四、大学英语阅读教学的内容和目标

### （一）大学英语阅读教学的内容

传统意义上，阅读被描述为需要掌握的一系列能力或技巧，这些能力是通过将阅读行为划分为不同的组成部分来确定的。阅读的最小组成单位是字母及其发音，阅读是从字母及其发音开始，然后过渡到音节，再到单词，再到词组，再到句子，依此类推。这种观点认为理解阅读的最有效方法就是将阅读的各个组成部分分割开来研究。阅读教学被认为是教授这些独立的部分，学生若掌握了这些部分，则被认为是成功的读者。这似乎意味着当学习者习得了所有这些独立的部分就一定会进行真正的阅读。这种观点解释了为什么很多英语老师在教授阅读时仅仅强调孤立的阅读技巧。然而阅读并不是一系列孤立的技能的组合，而是一种复杂的心理和生理过程。它要求学习者凭借自己的阅读能力，领会作者通过语言符号所表达的意图，使这些符号意义化，从而达到与作者思想沟通。阅读不是始于字母通向意义的，而是一开始就在寻找意义，这期间会用到各种各样的手段来创造意义，包括字母。

另外，阅读也不是为了找出所读材料中的某种所谓"唯一正确"的意义，而是读者对材料中蕴含的信息的一种解码，是把新信息和自己已有经验和知识联系起来，进行理解的过程。

无论哪种教学，教学内容都必须以教学目的为出发点。英语阅读教学的目的在于培养学生的阅读能力，使学生能够通过阅读英语材料获取所需信息。基于这一目的，大学英语阅读教学应包括以下内容：

（1）辨识单词。

（2）猜测陌生词语的含义。

（3）理解句子与句子的关系。

（4）理解句子言语的交际意义。

（5）辨识衔接词，并能据此理解文章各部分之间的关系。

（6）辨认语篇指示词语。

（7）把握语篇的主要观点或主要信息。

（8）总结语篇的主要信息。

（9）从细节中理解主题。

（10）将信息图表化。

（11）培养学生基本的推理技巧。

（12）培养学生的跳读技巧。

### （二）大学英语阅读教学的目标

《大学英语课程教学要求》对阅读教学目标做出了明确的规定：

初级要求：

（1）能读懂一般性题材的文章，阅读速度达到每分钟 70 个词。

（2）能在阅读篇幅较长、难度较低的材料时，速度达到每分钟 100 个词。

（3）能根据阅读材料的类型和阅读目的选择合适的阅读策略，如略读、寻读等。

（4）能借助词典阅读本专业的英语教材以及题材熟悉的英文报刊文章，并能掌握文章主题，理解主要事实和细节。

（5）能读懂日常生活、工作中常见的英语应用文。

中级要求：

（1）能基本读懂英语国家大众性报纸杂志上一般性题材的文章，阅读速度为每分钟 70 ~ 90 词。

（2）在快速阅读篇幅较长、难度适中的材料时，阅读速度达到每分钟 120 词。

（3）能阅读所学专业的综述性文献，并能正确理解中心大意，抓住主要事实和有关细节。

高级要求：

（1）能读懂有一定难度的文章，理解其主旨大意及细节。

（2）能阅读国外英语报纸杂志上的文章。

（3）能比较顺利地阅读所学专业的英语文献和资料。

以上目标和要求为我国的英语阅读教学提供了权威指导。但教师不能死板地按照以上要求开展教学，而应根据实际情况把握教学内容和教学进度，突出重点、详略得当、当快则快、当慢则慢，使教学活动始终围绕着学生的实际状况开展，以保证最终的教学效果。

# 第四节　英语写作教学

写作可以反映一个人的语言修养，英语写作是英语教学的一个重要部分。不考虑其他因素，仅从大学英语写作教学的现状来看，就亟须改革。

与阅读一样，写作也是语言输出的主要途径，二者形成天然的一对。写作是对学习者已有的语言知识储备的综合检验及表现。同理，与阅读教学一样，写作教学作为综合体系，也因此得到了广大教学人员和教学研究人员的极大重视。在世界外语教育史上，写作一直是外语教学的重点，也是难点，因为很多外语学习者即使在学习了很多年的外语之后，其外语写作仍然受母语的干扰，而且基本上是母语的思维和思路。在外语教育研究史上，为了能够使外语写作教学更加高效，广大研究人员也进行了大量的研究，提出了很多的教学理念、教学模式，成果颇为丰富。

# 一、英语写作教学的现状

写作教学在英语教学中的重要性不言而喻，它对学生写作能力的提高、综合素养的培养具有重要意义。但是英语写作教学的现状却不佳，教学中存在诸多的问题，这些问题严重影响着学生写作能力以及教学质量的提高。

## （一）课程设置不合理

在英语教学中，因课时有限，在单元的课文讲解、听力理解、阅读理解等方面耗时过多，留给写作教学的时间就少之又少，导致写作变成了可有可无的教学内容。另外，由于一些学校并没有设置专门的写作课程，所以写作教学的效果自然得不到保障。

尽管当前的英语教材均有对应的"听""说""读"等配套练习，却少有"写"的材料。虽然每一个单元均有专项写作练习，但它们多是被动性的，配套教材的短缺使写作技能训练非常零碎，不够连贯。加之课时得不到保证，学生的写作水平显然是难以得到提升的。

## （二）教学方法陈旧

在传统的教学模式中，英语教学过分注重词汇、语法等知识点的讲解，却很少涉及语篇的结构以及语篇的内容分析等。这就导致学生虽然知道很多的词汇和语法知识，但在语言表达时却不尽如人意。学生在写作中经常出现无话可说，或者语言空泛没有内容的问题，这都是因为教学方法过于陈旧，无法适应现在社会对英语人才的需求。当学生完成一篇写作后，教师一般只对学生写作内容中的语法知识进行讲解，并不会针对其构思和语篇结构等进行评价，这也是导致学生写作能力差的一个重要原因。教师在写作教学中与学生的互动较少，对学生的有效性指导很少，久而久之，学生就对写作失去了兴趣，写作能力的提高也无从谈起。

## （三）学生写作基础差

除了课程设置和教学方法的问题外，学生本身也存在着诸多问题。首先，由于缺乏词汇、语法等语言知识，再加上生活知识的欠缺，很多学生的写作都有拼写错误、词语误用、词不达意、语法不规范、句子结构混乱、表达肤浅、细节不足等问题。而这些问题严重影响着文章的整体质量和效果。

其次，因受汉语思维的影响，很多学生在写作中都表现出汉语思维痕迹。在英语写作中表达方式不遵守英语的思维习惯，而是按照汉语的思维方式强行组词成句，导致出现大量的"中式英语"。

另外，由于学生很少有足够的时间练习写作，因此在考试前常将希望投向各种作文模板。不可否认，作文模板对学生的写作在某些方面确实具有积极作用，它可以帮助学生了解各类文章的结构框架。但它同时也存在很大的弊端，许多学生由于写作基础薄弱，只是机械地套用格式，对段落的组织安排以及连接词的恰当使用都没有真正理解，而这很容易使学生的写作出现连接词误用、段落衔接不自然等问题。

## （四）应试倾向明显

学生写作能力较差，这不仅是教师的教学方法不够科学、系统造成的，还受到我国应试教育制度的影响，当前我国的考试制度对写作的考核很少，写作考核的分值在总体分值中所占比重较小。写作考核的试题通常都是命题式作文，这就使很多学生的作文构思千篇一律，文章结构也类似，普遍采用"三段式"结构，这样不利于学生创新思维的形成，也不利于学生克服母语对英语写作的影响。

# 二、大学英语写作教学的特点

大学阶段的英语学习主要包括听、说、读、写四项技能的训练。其中，写作教学与其他技能的学习又有差异。这主要体现在以下几个方面：

## （一）写作课是一个输出和检验的过程

学生要有一定的信息输入——对体裁、内容都要有一定的了解，同时不论是课后还是课中，学生都应有一定的阅读量，积累了丰富的词汇、句型和语法，才能在写作课上游刃有余。换句话说，写作课检验了学生平时的知识积累程度，检验了学生对语法的掌握和词汇的运用等。学生如果没有日常的积累，就没有写作课上的灵活自如。

## （二）写作课对教师的要求高

写作课是输出和检验的过程。它不仅检验了学生的知识积累，同时也在检验着教师的积累和准备工作。一名好教师，绝不会在写作课上让学生写一篇作文了事。首先，写作课教学要求教师充分准备素材，要让学生有所想、有所写，教师要启发学生思考。如针对题材的思考、针对体裁的思考，以及针对范文和遣词用句的思考等，都需要教师的启发和教导。所谓"授之以鱼，不如授之以渔"。其次写作课要求教师具有比较广博的知识。因为写作的内容涉及多个方面，教师除了要有较高的外语水平外，还要对相关内容有所了解。这样才能言之有物，不会离题万里。最后，教师课后要有耐心和责任心。学生写作的水平需要教师的指正才能有所提高，因此课后教师的任务更重。阅读每一个学生的作文，然后给出适当的评语，没有充分的耐心和责任心是做不到或做不好的。所以说写作课的成功与否，一方面需要学生自身的努力，另一方面也离不开教师的引导。

## （三）写作课是循序渐进的过程

写作是一个复杂、循环、创造的过程，是一个不断发掘的过程。它要求写作者进行丰富的联想，发现题材并将之组织成文。提高写作水平并不是短时间能够做到的。许多学生平时能够阅读很复杂的文章，却写不出完整的句子；有些学生错误地认为临考前背几篇范文就能在写作方面得高分。要解决根本问题，切实提高自身的写作水平，还需要多阅读、多分析，反复练笔。因为写作的过程并不是简单地记录所看到或所读到的内容，而是用另一种语言表达自己的思想的过程，其中涉及遣词造句、文章架构以及段落的衔接等方面的问题。因此写作水平的提高需要较长时间的训练，非一两天或一两周所能促成。

## 三、大学英语写作教学的重要性

美国结构语言学家布龙菲尔德（Leonard Bloomfield）在 1933 年发表的权威著作《语言论》中说：写作不是语言，它不过是一种看得见的符号来记录语言的方式而已。他的言外之意是，书面语言是口头语言的符号，而不是一个独立的语言模式。虽然这种学术观点有失偏颇，但书面语与口头语的确是关系密切不可分割的。难以想象，一个写作中错误百出的学生能在阅读和听说方面达到较高的水平。英语学习成功的标准不仅仅在于学生记住了多少知识，而且在于他们是否能用所学的语言创造性地进行口、笔语表达，也就是说，他们应该不仅能认知，而且能内化他们学的语言，并在此基础上进行分析、综合、判断和再创造。此外写作应看作是学习外语的途径和手段。写作作为教学手段有助于学生学习更多的语言知识，更好地掌握书面表达能力以便在交际中使用。

随着我国对外开放的深入和国际交往的日益频繁，现代社会对人才外语交际能力有了更高的要求，而写作能力无疑是交际能力的重要体现之一。英语作文也是衡量大学生英语综合水平和应用能力的一个重要指标，因为它不仅考核考生对词汇的掌握，对语法的应用，同时也考查了学生的表达能力、思维的逻辑性和条理性。写作在整个四、六级卷面中占 15%，如果学生作文得零分，那么即使其他部分不失分，其总成绩仍将视为不及格，因此写好英语作文对大学生来说至关重要。长期以来，如何有效地进行英语写作教学一直困扰着广大英语教师。初步的说写能力已经正式被拟入大学英语教学大纲，培养学生英语写作技能已成为教学的一个重要目标。

英语教学的基本目的是帮助学生获得英语语言的知识，并最终用这门语言进行有效的交际。作为书面交流的方式，写作有着非即时性的特点，对于语言的准确和逻辑的严密有着更高的要求，因此比"听""说""读"更能够全面体现语言学习者的真实语言水平及思维能力，是大学英语教学中应该重点训练的一项技能。

写作水平的提高可以促进"听""读""说"等语言技能的发展。长期以来，大学英语的教学主要是以"输入"为主，即以阅读和听力为主要教学内容，大量的阅读当然是写作的基础，但正如语言教育家黄源深教授所言，长期只读不写，会造成对语言现象的麻木，影响语言吸收能力。有的学生学习英语的积极性较高，掌握的词汇量较一般同学的词汇量要多，可是当需要实际用语言来描述一个场景或者表达一个观点时，他们脑海中储备的那些词汇却很难被"激活"，就算勉强想起来某个词，却往往词不达意，可能是词义的理解出现了偏差，又或者是词的文体风格与场景不合等等。大量的"输入"并没有让学生的真实语言水平得到提高，实际上学生只有经过实实在在的语言使用过程，即语言的"输出"过程，用英语进行写作时才会发现自己对哪些意思相近的词分辨不清，对哪些表达还没有把握，在努力寻找最贴切的词、最恰当的表达方式的过程中，才能增强对语言的敏感性，从而准确地掌握英语知识并最终实现熟练运用目的。

写作更是培养思辨能力的一种重要手段。大学英语的教学不应该仅仅停留在教授语言知识，提高语言技能这一层面教育作为一项系统任务，目的应该是培养一个全面的人。各个学科的教学应该协同合作，共同培养出既具有某一领域知识的深度，同时具备人文精神、独立思考能力，不仅关心自己，更能关怀他人，有社会责任感的人才。大学英语写作能够引导学生进行批判性的思考，学会分析问题，考虑问题的各种解决之道，这对学习者的一生都会是受益匪浅的能力。当前，以计算机应用为标志的"信息革命"的浪潮，正在全世界范围内涌起。这个浪潮的涌起和发展，要求文化科学技术以前所未有的广度和速度传播。那么，人们是通过什么途径来传播科学知识和最新信息的呢？首先是写作，尤其是英语写作。虽然现代化的广播和电视等视听工具已普遍使用，但是专家、学者、教授、新闻记者，一般都不是直接使用现代传媒工具，而是事先写成讲稿、新闻稿，然后再借助传媒进行传播的；此外各类文献资料、报纸杂志，甚至电子网络都是以书面形式呈现的。由此可见，现代视听工具的使用，不仅没有降低写作的地位，而且对写作提出了更高的要求。

## 四、大学英语写作教学的内容

### （一）结构

（1）谋篇布局。谋篇布局对于写作来说是非常重要的，因为结构是写作的基础。学生有必要了解不同体裁、题材文章的谋篇布局，根据写作目的选择适当的扩展模式，但谋篇布局并不是一成不变的，而是根据题材和体裁的不同而不同。在不同的文章中，主题句、扩展句及结论句的作用是不尽相同的。例如，在说明性文章中，主题句的作用是介绍主题，扩展句的作用是以时间、重要性等顺序扩展细节说明主题，而结论句的作用则是概述细节、重述主题。在议论性文章中，主题句的作用主要是陈述读者认为正确的观点，扩展句是以说明的顺序扩展细节阐述原因，而结论句主要用于总结和重述论点。

（2）完整统一。完整统一指的是文章中所有的细节如事实、原因、例子等都要围绕主题陈述和展开，所有的信息都要与主题相关，而所有脱离主题的信息都要删除，以保持文章段落的完整性。完整统一是评价文章优劣的重要标准之一，如果一篇文章缺乏完整性，那么该文章也不能算是好的文章，所以在教学过程中，教师有必要对学生进行这方面的训练。教师可以为学生设计专项练习，如设计含有不相关的段落，组织学生修改等，以增强学生这方面的能力。

（3）和谐连贯。是否连贯和谐是判断一篇文章好坏的标准之一，因此在写作的过程中必须注重文章的连贯性和逻辑性，保证句子与句子之间紧密相连，内容之间衔接流畅，段落与段落之间环环相扣，使整篇文章流畅自然、和谐统一。

保证文章流畅、段落紧密、句子严谨的一种有效方法就是使用恰当的起连接作用的词或词组，这些词和词组的使用可以使行文流畅，并引导读者跟随作者的思路去思考问题。此外，过渡语的使用也可以起到增强文章连贯性的作用，但在写作的过程中要注意，过渡语既不能不用，也不能滥用。下面是一些常见的过渡语：

用于表示并列：and，also，or，likewise，etc。

用于表示转折：but，however，nevertheless，while，yet，etc。

用于表示让步：although，in spite of，despite，etc。

用于表示相反：on the contrary，conversely，etc。

用于表示比较：similarly，equally，important，in the same way，etc。

用于表示举例或解释：for example，for instance，such as，in other words，that is，in fact，etc。

用于表示进一步关系：furthermore，moreover，what is more，besides，in addition，etc。

用于表示因果：accordingly，as a result，consequently，as，since，so，thus，because，for，for this reason，ete。

用于表示结果或总结：therefore，as a result，and so，finally，to sum up，in conclusion，in short，in a word，etc。

用于表示空间和方向：here，there，next to，beside，near，near by，along，as far as，to the left( right )，in front of，at the back，in the middle，under，above，etc。

用于表示时间或步骤：after，often，next afterwards，before，finally，first，last，now，second，third，firstly，secondly，thirdly，later，later on，still，then，at that time，meanwhile，when，etc。

（4）各种写作技巧。能否运用一定的写作技巧，对学生文章的好与坏有直接影响。因此，掌握一定的写作技巧将对学生写出高质量的文章起重要作用。英语写作教学中，教师应注意写作各阶段技巧传授，如在准备阶段能明确话题，确定中心思想，根据写作目的收集与主题相关的信息并整理信息，规整素材和规划文章结构；在拟稿阶段能列提纲，起草文章，突出新观点；在修改阶段能仔细地检查文章中是否存在错误，对文章进行加工润色等。写作技巧的传授往往能够使写作教学事半功倍，节省时间以供学生写作练习。

## （二）句式

英语中句式的种类繁多，常见的句式有强调、倒装、省略等，并且每一种句式的变形又是多种多样的。在写作教学中，教师可采用"示范"和"讨论"的方式，让学生进行练习，增强学生对句式的认知，使学生掌握正确的表达方式。

## （三）选词

选词也是大学英语写作教学的重要内容。选词体现着个人的风格，也是作者与读者之间交流的方式之一，因此在此期间的选择要考虑语域的因素，如褒义词与贬义词的选择、具体词与概括词的选择、正式词与非正式词的选择、形象词的选择以及拟声词的选择等。

### （四）拼写和符号

拼写和符号也是英语写作教学不可忽视的方面。如果没有了拼写与符号，文章的逻辑结构就不能体现出来，文章就会呈现出杂乱无章的情形。拼写和符号均属于学生的基础知识范畴，具体体现在单词的拼写和标点符号的使用是否正确，尽管是一些细节上的问题，但对英语文章的整体水平有着重要影响。

# 第六章 语用学在外语教学中的交际能力培养

## 第一节 语用学与交际能力的培养

无论是传统语言学、结构语言学还是转换生成语言学，都认为语言学研究的对象只是语言本身。被公认为现代语言学奠基人的瑞士语言学家索绪尔（F. deSaussure）（1857—1913）在 20 世纪初版的《普通语言学教程》一书通常被看作是现代语言学的开端的一个标志。在索绪尔提出的语言研究的几对基本概念中，有一对是语言（langue）和言语（parole）。语言指的是语言体系本身，言语则指语言体系在实际使用中的体现。索绪尔认为语言学研究的是语言，而不是言语，因为语言是一个受到一定规则制约的体系，言语则不是，所以，只有语言才能经得起严谨的、科学的分析，而言语则不能。现代语言学的任务就是对语言进行分析，寻求它的构成规则。索绪尔给语言学的研究方向定下的这个基调统治了语言学界几十年。20 世纪 50 年代后期乔姆斯基（Chomsky）提出了语言能力（competence）和语言行为（performance）之间的不同，认为语言学研究的对象应该是语言能力，而不是语言行为；语法则是对语言能力的描写，对语言行为则不加研究，所以乔姆斯基的贡献始终局限于句法学。他对语言能力和语言行为区分与索绪尔的语言和言语的区分仍是一脉相承，尽管二人对语言本质的理解不尽相同。

在他们的影响下，在相当长的一段时间里，语言学家都致力于对语言本身的研究，把语言的使用侧面排除在语言研究的范围之外。美国结构主义语言学的先驱布卢姆菲尔德（Bloomfield）（1887—1949）以及其后的一代语言学家着重对语言的音系和形态进行了分析，他们把音位（phoneme）和词素（morpheme）作为语言分析单位，在他们看来，语言的句法结构十分抽象，语言学研究难以揭示它的奥秘。

20 世纪 50 年代后期，乔姆斯基的语言理论使语言学研究大为改观。他认为语言学研究的对象是揭示人类的语言能力，而这种能力是完全独立于语言的使用之外的。他的语言理论的中心是语言的语法性，即如何生成合乎句法规则的句子。这种以句法为中心的语言理论把语言的意义排除在语言研究之外。不管怎么说，乔氏的语言理论盛行一时，影响极大，对于解释语言的句法结构方面是颇有说服力的一个学派。所以，至今社会上仍有大声疾呼"句子中心论"的学者。但语言是人们在交际中用以表达意义的工具，单单研究语言的句法结构只能从一个侧面去描绘、解释语言，却无法解释复杂的语言现象。于是，20世纪 70 年代初期，不少语言学家，包括乔姆斯基的一部分学生都把研究的重点转移到了语义学上。他们试图把语义研究作为语言学研究的基础，来取代句法的中心地位，或在两种研究途中寻找两全道路。不管怎样，对语言意义的研究在语言学研究中开始占有一席之地，语义学——这门对语言的意义进行专门研究的学科也就迅速地发展起来。

随着语义学研究的深入，许多语言学家注意到，很多语言现象既不能为句法学所解释，也不能为语义学所解释。例如："A bottle of pineapple juice, please!"到底是请人家把一瓶菠萝汁递过来呢？还是想买一瓶菠萝汁呢？对此，句法学和语义学都不能解释，可是说话人和听话人却都很清楚。因为他们可从具体的语境中得出这句话的正确含义。所以只有根据这瓶菠萝汁这个客体的位置，以及交际的双方对客体位置的共识，才能理解"A pineapple juice, please!"真正的意义，这就是语用学（pragmatics）的分析方法。随着研究的深入发展，越来越多的语言学家意识到了语境（context）在语义研究中的重要性，这是因为对被实际使用的语言来说，意义不是抽象的，而是和一定的语境密切联系的，离开了使用语言的时间、地点、场合、使用语言的人及使用语言的目的等语境因素，便不能确定语言的具体意义，对语义的研究也算不上全面。于是，在语义研究中，人们开始考虑语境因素。语境因素一旦进入了语义研究的范围，便为语用研究开辟了新的道路。语用研究迅速发展成一门相对独立的新兴学科。

我们可以把对上述 20 世纪语言学发展的回顾归纳为形态—句法—语义—语用这几个发展阶段。"语用研究的崛起可以说是对 Chomsky 句法中心论的一种反动，它标志着语言学研究进入了一个新阶段。"（何兆熊，1995：5）语言学从 20 世纪初的一门只对人类语言的声音形态资料进行研究的、比较狭窄的学科，逐渐发展成一门纵贯语言的形式、意义和语言使用的语境的学科。

语用学是近 20 年来才发展起来的一门新兴学科。Levinson 在 1983 年出版的 *Pragmatics* 一书中声称他自己的这本书是第一本语用教科书并不是自我吹嘘。以"语用学"为题的专著，国外已出版的确实为数不多。大量的语用学文献以论文形式分散在各种论文集中，还分散在语义学、社会语言学等方面的专著中，以及在语言研究、哲学研究、心理学研究等方面的学术刊物中。

语用学是对语言运用进行整体研究，反映话语和语境的关系，因为许多句子只有具备语境条件时才能呈现出杂乱无章的情形理解。语言行为涉及说话者、听话者、话题、交际方式、说话时间、说话地点六个因素。英国哲学家奥斯汀（J. 1Austin）的语言行为理论认为，说任何一句话时，说话人同时要完成三种行为：

（1）言内行为：一切用声音表达的有意义的话语以及按句法规则连接的词所表达的概念及意义；

（2）言外行为：考虑说者与听者之间存在的某种关系而进行的某种活动；

（3）言后行为：其功能并非直接在话语中体现出来，而完全取决于言语的情境。

例如，邻居甲的录音机正播放英语录音，邻居乙进来说："我父亲昨晚上夜班，现在正睡觉呢"这是言内行为。而言外行为则是"你们的录音机能否开得小声一点"。于是邻居甲就把录音机关了，这就是言后行为。

美国加州大学哲学家塞尔（J. R. Searle）的间接言语行为理论探讨的是婉转表达法。在日常生活中，人们出于礼貌，想要求做事的时候，往往不用命令句，而用问句来表达请求的意图，此时交际意图不一定与字面意义相吻合。例如：Could you tell me where the nearest post office is? It's too hot here. Would you mind opening the windows? 实际的交际意图是 Tell me where the nearest postoffice is. Open the windows. It's too hot here.

美国加州伯克莱大学教授格赖斯（H. P. Grice）的会话合作原理的基本论点是：为了使会话顺利进行，双方必须遵循一定的基本原则。例如，他们应把自己所说的话限制在一定范围之内。假如答非所问，互无关联，漫无边际地东拉西扯，交际就无法进行。这条交际双方必须互相配合、共同信守的原则称为合作原则。格赖斯提出了四项具体要求：量、质、关联和方式。（Grice，1975）

（1）"量"指应包括当前交谈需要的信息量。假如有人问你这本书是在哪里买的，你应当回答"郑州市经四路外文书店"，不能只说新华书店或外文书店，否则会因信息太少而没达到问话人的目的。

（2）"质"这里指交际时要说真话，不说假话，也不说毫无证据的话。假如有人问你某教师的教学效果，你不应该明知道他的教学效果很好，却说不好。

（3）"关联"这里指的是交际时说的话要与题有关，不能说与题无关的话。假如有人问你"你明天的课备了没有？"你不应该回答"我买了一双新鞋，穿上很合适"，这就是答非所问，驴唇不对马嘴，离交际题目相距太远。如果有人问"你今天的作业做完了吗？"你回答"我刚从街上回来"（意思是还没来得及做），这个问答并未离题。

（4）"方式"指说话的方式。交际双方说的话都要清楚明白，如避免晦涩难懂、有歧义的语句，话要说得简明扼要。

语用包括奥斯汀的言语行为理论、塞尔的间接行为理论和格赖斯的会话合作原则理论。这三方面的理论与美国的海姆斯（n lf. Hymes）、德国的哈贝马斯（J. Habermas）和冯德里希（D. Wunderlich）有关"交际能力"的理论有异曲同工之处。

海姆斯认为，交际能力是指说话人和听话人所具有的运用语言的全部基础知识，其中包括远远超出语法的能力。他还指出，儿童在学习语言时，不仅学到语法—语言能力，而且逐步习得区别"什么时候，什么场合讲什么话，以及对谁讲与怎样讲"等能力。（Hymes，1973：124—125）哈贝马斯则认为，交际能力是使语言的基本结构在语境中复现，使语言在情景中得以运用。（Haber-mas，1971）他把交际分为交际行为——相互交谈与专题讨论两类：前者表明有关的谈话意图，以便交换信息；后者则有针对性地进行讨论，而不交换信息。冯德里则强调交际能力是每个人在集体内具体进行的言语行为，交际能力必须体现普遍性，表示这个集体内实际上从属于社会文化的交际可能性。（Wunderlich，1972）以上三位学者关于语言的哲学思想对交际能力的理解有重要的影响。交际能力是语用学研究的一部分内容。

综合以上各派意见，交际能力包括以下五个方面的内容：①语言——指掌握语法知识；②功能——指运用听、说、读、写四方面的能力；③语境——选择与所处语境、说话场所相适应的话语；④交际者之间的关系——根据对方的社会地位和身份，说出合乎自己身份的话语；⑤社会文化知识——语言首先是一种社会实践，语言的得体性离不开社会文化知识。

# 第二节　外语课堂教学与交际能力的培养

每种外语教学法都有它自己的理论依据，例如，传统法的注入式教学靠教师灌注，教师一堂言论，学生被视为消极的客体，它的理论基础是机械语言学或历史比较语言学。启发式比注入式前进了一步，它离不开孔子的"不启不发"的观点，把掌握知识、发展智力归于外因——教师和课本，而作为主体的学生也是被动地等待教师的"启"。20世纪40年代末创于美国、60年代传入中国的听说法的语言学理论基础是美国布卢姆菲尔德的结构主义语言学。结构主义语言学不注意语言的意义，只对语言形式进行描写。把复杂的语言描写成有限的因素，把千变万化的语言分析归纳成有限的句型结构。他们认为扩展、替换和掌握有限的句型结构就能培养学生掌握运用外语的能力。行为主义心理学是听说法的心理基础。华生（J. B. Watson）认为人和动物行为有共同点：刺激—反应。斯金纳把它发展成新行为主义：刺激—反应—强化。他们认为，刺激、反应，再加上强化手段进行操练巩固，可以形成应激化习惯。实践证明，这种教学法同样把学生看成知觉的客体，使其处于被动状态。

20世纪40年代末美国首创的听说法，到60年代暴露了它的致命弱点：鹦鹉学舌地、机械地，脱离上下文孤立地进行句型操练，阻碍学生有效地掌握外语。视听法专家全面分析了直接法和听说法的优缺点，取其精华，并进一步发展了自己的体系——视听法。视听法于20世纪50年代首创于法国。它是法国人对外国成年人进行短期速成教学的一种方法。视听法来源于直接法和听说法，在此基础上发展了情景视觉感知要素，形成了独特的幻灯图像和情景画面，视觉与同步录音听觉相结合的方法体系。

行为主义心理学是视听法的心理学理论基础。视听法也把外语教学过程归结为刺激—反应—强化过程，归结成幻灯图像、情景画面和录音的声音信息结合刺激视听感官，学生做出模仿反应，并进行反复强化操练，形成自动化习惯。语言和情景结合，能创造类似不用本族语做中介的学习外语过程，学生在情景中先学会口语，在此基础上再学会书面语。（吴进业，2001：15）

描写语言学是视听法的语言学理论基础。语言是有声语言，书面语是文字记录，在语言发展的过程中，口语始终处于首位。口语历来是最完美的语言形式。对话最能体现口头语言的特性。这是视听法重视完整口头对话教学的重要依据。

## 一、外语课堂教学"相互作用论"是培养交际能力的基础

自 20 世纪 70 年代以来，瑞士心理学家皮亚杰（J. Piaget）在"发生认识论"的基础上，提出了"教学相互作用论"。他认为："认识发生和发展的动力和基础是主客体的相互作用，一切经验发源于动作。"这个理论的核心是"在教学过程中，学生始终是主体，而教师、学习环境和教学手段都是客体；教学目标能否达到，最终取决于主体内在的相互作用，因此必须把工作的重点放在学生身上。教师是实现教学目标的组织者和引导者，在教学过程中起引导作用，这种作用应表现在设法创造各种情景，发挥学生的主体作用，帮助他们掌握正确的学习技能，促进他们的积极思考，主动学习的热情"（顾芸英，1998：451）。

汉堡大学教学法专家克鲁姆（H. J. Krumm）教授认为"教学相互作用论"不仅客观存在，而且可以从主观上进行创造，从而为开展外语交际教学奠定了基础。克鲁姆认为：成功的外语课堂教学应在课内创造更多的情景，让学员有机会运用自己学到的语言材料。课堂上的交际活动基本上都是虚构的，不需要有真实性，低年级可以根据教学需要来虚构、创造情景。他提出了在外语课堂上开展交际活动的若干做法：

（1）假设交际——语言作为媒体用于操练；没有交际对象，不考虑语句相互关系；在外语教学中采用"结构—行为主义"的极端形式。

（2）教学交际——语言具有教学法的含义；主要的标准是教学要求和教学成绩，无针对性；构思严密的外语情景教学。

（3）针对性交际——语言交际涉及个人的经历与经验，逐步消除无针对性的现象，语言行为带有真实性；在外语课堂教学中有意识地开展交际活动。

（4）谈论型真实交际——语言具有真实性和社会性；要求言语有针对性、规范化，可不受约束地自由交谈；交际内容涉及正常的人们共同生活、公开的活动等（Krumm，1982）。

可见，不论是假设交际、教学交际、针对性交际或谈论型真实交际，语言的一切操练都属于交际范畴。"假设交际"是指在课堂内围绕教学内容展开的各种操练，包括机械（句型）操练和教师讲解等；"教学交际"是指课堂内进行的再表达练习，学生掌握语言材料后，根据教师所给情景开展模仿性的小对话，叙述几句话，或者做书面作业等；"针对性交际"是指学生根据情景，基于自己的理解，做出反应，类似看图说话或看图作文；而最后一种交际则属于根据语言学会话合作原则进行自由交谈（freetalk），可不受任何情景约束。

## 二、外语课堂教学"二主体性"是培养交际能力的保证

我们同意皮亚杰"教学相互作用论"的观点，但不同意"教师是客体"的说法。因为

主体作为一种认识论的概念是相对于客体而言的。马克思说，主体是人，而不是物。这里的人指的是从事实践活动、认识活动、交际活动的人，或是实践活动、认识活动、交际活动的组织者、参与者和承担者。这就是说，并非任何人都是主体，而是具有认识和实践能力的人才是主体。因此，初生的婴儿和失去知觉的人都不是主体。"这就是说主体是指有主体性的人。人的主体性表现为人的对象性活动，即主体在自觉意识下进行的、有目的的，而且总是把自己与自己活动的对象变为主体与客体的关系，变成认识和被认识的关系的活动。主体的存在是客体的存在所规定的，反之亦然。"（王才仁，1996：74）由此看来，主体与客体是相互依存，共处同一体中。

那么外语教学作为一种认识活动，是一个多面体的统一体：既是主、客体的统一，又是主体之间的统一，还是客体不同层次的统一。在外语教学这个统一体中，有两个主体——教师和学生；有两种活动方式——教和学；有一个共同的认知对象——外语。（吴进业，2000：95）根据吴进业教授的观点，在外语教学中师生都是主体，而且是平等合作的关系。教师的教是为了学生的学，学生的学是为了继承和发展前人积累起来的精神财富和物质财富。教和学的结合则构成了交际活动，此项活动是教师和学生——主体相互联系的纽带，也是人的本质力量得以外化的方式。在外语教学中，教师和学生的主体地位和作用是事关教学全局的大问题，是现代外语教学的出发点和立足点。

## 三、外语教学的实质是交际

什么是教学？这是一个关系到如何认识教学过程本质的问题。当代教育理论认为，教学一方面包括教师的活动（教），同时也包括学生的活动（学）（伊·阿·凯洛夫，1957：98），是教师的教和学生的学所组成的教育活动（华师教育系，1982：112），是专门组织起来的认识活动（巴拉诺夫，1980：102）。尽管各家表述不一，但毫无疑问都是正确的，而且对各科教学都有指导意义。就外语教学而言，我们认为教学的实质是交际。这是体现外语教学特点的答案，也是对教学过程更深层次认识的答案，对各科教学同样也适用。

说外语教学的实质是交际有以下三个原因：其一，教学是师生之间的交际。交际的主体是人，教学就是主体之间，即人与人之间进行思想、信息交流的过程。教学不单是教师教学生学，而是双方的交流；教学效果不单取决于教，也不单取决于学，而是教与学双方互动的结果。其英语表达方式是：Teaching is of communication。其二，教学是活动，是交际活动。活动是各种技能的交替使用。外语教学就是通过师生之间、学生之间的交际活动，在物质操作和思维操作结合上认识外语、掌握外语，具备运用外语的能力。其英语表达方式是 Teaching is by communication。其三，师生双方的认识活动是相互依存、相互作用的。师生两主体各有自己的认识客体：学生认识的客体是外语，教师认识的客体是（外语）教学规律。学生对外语认识的程度与发展离不开教师对教学规律的认识与掌握的程度；教师对教学规律的认识也离不开学生在教师指导下学习的客观效应。教学双方都为对方提供信息，教学就是为促进信息的交流。其英语表达方式是：Teaching is for communication。

## 四、交际过程中的二主体性

交际是人与人之间交流思想、情感和信息的过程，交际的双方都是人，都是主体。交际是一种社会行为。儿童的"自我中心性"的话语不是交际，因为他不是以交流思想、情感和信息为出发点而说话的，不考虑说话的时间、场合和说话人，他可能会对公公说："我是公公，你是孙孙。"只有当他学会了讲究说话的时间、场合、方式，在与他人交谈时时，注意对方的身份、性别、年龄、职业、地位，在意对方的看法，用心吸收信息、交换意见，这时的说话才具有社会性，才能称为交际。这充分说明了交际是人的有意识、有目的的行为，是人的主体性的外化。

交际的功能是交换意见、思想、情感和信息。把具体的交际分解开来，交际的双方，一方为交，另一方为际。"交"乃"传者"也，"际"乃"受者"也。传者将信息传递出去，以达到受者；受者接受信息后又将自己的认识、意见、看法反馈给原传者，这时的原传者就成为新受者，原受者就成了新传者。可见，传者和受者的角色是相互转换的。正是这种传者和受者的反复转换，便构成了交际。所以，在交际过程中，双方是平等交流的关系，而且交际双方都是人，都是主体。

既然交际活动中的两主体都是人，那么他们认识的客体就是有关外界事物的信息。在外语教学过程中，当教与学结合起来时，表面上看是"上所施、下所效"，实际上是交流信息，是交流客观外界的信息。因此，我们所说的教学，是交际的社会功能的典型表现。教师教学生主要是传授人类已有的知识经验，这在外语教学中表现得十分明显。学生学习外语，是教师把前人总结出来的经验，通过教材、教具和一定的教学活动传授给学生，并将学生组织起来共同参与活动。这时，教师所起的作用实际上是中介或指导作用，他所做的不仅是传授知识内容，更重要的是传授的过程、方式和方法；学生是认识的主体，他们所注意的是外界的信息。这种师生相互之间的传授、接受的方法相互交替则构成了师生之间的交际行为，培养了学生的交际能力。

# 第三节　语法知识的传授与交际能力的培养

语言是人类最重要的交际工具。它之所以能够成为一种方便的交际工具，是因为它的系统性。语言的系统性反映在它有极强的规则性。语法规则是语言的主要组成部分，是语言得以成为语言的根本条件之一。学习语言不学语法不行，问题是如何学语法。因此，语法教学是外语教学中一个重要组成部分。无论是从语言的本质、外语教学的实际特点等方面，还是从外语学习者认知能力培养的角度都说明了这个问题。

当然，语法翻译法过分强调语言结构、规则在外语教学中的作用有些不妥，而交际法把口头交际能力的培养作为外语教学的主要目标，强调意义，忽视语言结构的准确性和语法规则的规律性，也是不当的。在传统法教学中，过分重视语法的作用而忽视交际能力的培养；在交际法教学中，语法的地位受到严重的削弱，甚至有些语法项目被忽视，这都是不应该的。"我们认为，语法教学效果的好坏会直接影响到整个外语教学。语法教学的目的是为培养语言技能服务的，主要是帮助学生提高使用语言的能力，也就是交际能力，而不是单纯地向他们灌输语法知识。因此，在外语教学中，既要避免过多地讲解语法知识，而削弱学生的言语实践能力，也要防止盲目的实践，而忽视语法知识的传授。"（吴进业，2001：428）

语言基本功（包括语音、语汇、语法知识）、语言能力和技能（包括使用语法能力和听、说、读、写的技能）是交际能力的基础，基本功不扎实是不可能掌握交际能力的。语法教学的目的不单单是传授知识，更重要的是培养学生运用这些知识的能力。因此，我们不能只讲语言的形式和意义，还需要讲语言的用途。实际上，应结合语言的社会文化因素，讲清楚语言的使用场合，把语言的"形式、意义、用途"三者结合起来讲，才是语法的全部内容。

语法的教学内容已定，其教学方法是什么呢？

传统外语教学法采用的是演绎法教学语法。它首先由教师讲授语法规则，然后再在规则指导下举出脱离实际生活，甚至脱离课文的例句，最后让学生根据规则做练习，即先理论后实践的方法。其具体步骤分五个方面：

第一步：教师简明扼要地讲述语法规则；

第二步：教师联系规则举例，让学生观察、分析、对比，进一步理解语法规则；

第三步：让学生结合例句，根据自己对语法规则的理解复述规则；

第四步：教师对学生的复述给予评价和补充；

第五步：让学生根据规则做练习，以检查学生对语法规则的掌握情况。

例如，用演绎法教 There be 句型，教师先向学生讲解概念："There be+ 某人（物）+ 某地（时）是一个固定句型，相当于汉语"在某地（时）有某人（物）的意思。句型中 be 的形式要与其后面所跟名词在数上保持一致。单数名词用 is，复数名词 are，例如：

There is a desk in front of the classroom.

There is a book on the desk.

There are four students around the desk.

There are two classes in the afternoon.

教师把这些例句写在黑板上，让学生仔细观察，并根据教师刚讲过的语法概念、规则进行分析、对照，找出并了解这些规则在例句中的运用。教师对学生的讲述给予评价、修正、补充，然后让学生根据规则做练习。这就是用演绎法教语法的全部过程。

用这种方法讲语法，概念比较清楚，准确度比较高。但最大的缺点是缺乏活动的语言环境，缺乏具体使用场合，学生只能机械模仿，不能用于实际交际，培养不出学生的交际能力。结果导致哑巴英语。

当代外语教学法主张用归纳法教语法。

用归纳法教语法是先让学生接触含有要学语法项目的生动形象的语言材料，在学习语言材料的基础上，教师启发诱导学生观察分析这些材料的语法特点，让学生自己归纳出语法概念和规则，再让学生运用自己总结出来的语法规则进行语言实践，即"实践—理论—实践"的原则。这显然符合毛泽东主席"实践论"的观点，无疑是一种正确的学习方法。

在外语语法教学中，采用归纳法也有五个步骤：

第一步：创造实际的语言交际情景，在情景中提出包含所学语法项目的例句；

第二步：让学生首先熟悉语言交际情景，在情景中接触、观察、体会、理解这些例句；

第三步：在教师的启发诱导下，让学生分析这些例句，总结出语法规则；

第四步：教师对学生的总结给予评价和补充；

第五步：让学生用师生共同总结出来的语法规则指导做练习、游戏、活动、扮演角色、自由表达，以检查学生对该语法项目的掌握情况。

例如用归纳法教形容词比较级，教师可利用实物或图画向学生举例展示，让学生重复教师所给例句三遍。具体操作方法是：教师叫一名个子高和个子低的学生到黑板前边的讲台上来，个子高的为学生 A，个子矮的为学生 B。然后教师指着他们说："Look at the two students. They are boy students. This is student A and this is student B. Student A is taller than student B。"教师将该句连说三遍，并让学生跟着模仿说。然后教师再反过来说："Student B is shorter than student A。"教师连说三遍，并让学生跟着说。教师重复三遍的目的有二：一是让学生做口头练习；二是引起学生对新句型的注意。此时，教师再把含有比较级的句型写到黑板上。

接着教师继续利用情景举例展示，教师手拿两支钢笔说："Look here. I have two pens. One is black and the other blue. The black pen is longer than the blue pen。"教师将含比较级的句子重复三遍，学生跟说。然后教师又说："The blue pen is shorter than the black pen。"教师连说三遍，学生跟说。此时，教师把含有比较级的句子写到黑板上。

教师再向学生出示一张图片，上边画有两头猪，右边那头猪大，左边那头猪小，教师指着图片说："Look at the picture. There are two pigs in the picture. The pig on the right hand is bigger than the pig on the left hand。"教师将含有比较级的句子重复三遍，学生模仿着说。然后教师又说："The pig on the left hand is smaller than the pig on the right hand."教师将该句重复三遍，学生模仿着说。经过口头重复后，教师再把含有比较级的句子写在黑板上。然后，教师就以上三个例子中比较级的句子，启发诱导学生做进一步观察、对比、分析，发现英语形容词比较级的构成及句型，并给予总结归纳：

（1）形容词比较级只能用于两个人或事物之间的对比；

（2）形容词比较级的构成是原级形容词后加 -er，形容词加 -er 后发音多了一个音节 / ə /；

（3）形容词比较级的句型是用连词 than 连接两个相比的人或物。

最后教师对学生的总结归纳给予评价和补充。让学生根据归纳的规则做练习、做游戏、自由交谈、进行对话或讲述活动，以检查学生对这些规则的掌握情况。

可见，讲授语法的目的不只是让学生掌握一定的语法形式、表达一定的内容、含义，也应当让学生学会在什么情况下使用何种形式来表达不同的内容，也就是具体交际情景、场合的运用。因此在语法课堂教学中，要着重贯彻"用途→意义→形式"这个模式。

以时态教学为例，传统习惯于先讲时态的形式，然后再讲意义，例如讲一般现在时，先告诉学生一般现在时的基本概念：表示包括"现在"在内的一段时间内经常发生的动作或存在的状态。然后举一些脱离实际的例句：

I work at a middle school.

You work at a middle school.

He ／ she works at a middle school.

We ／ You ／ They work at a middle school.

最后讲使用也不过是给学生一些机械句子练习：

He gets up at six every morning.

I go to classroom in the morning.

We take a walk after supper.

She washes her hair every other day.

讲一般过去时或现在完成时等也是从形式到意义，最后给学生举一些机械句子练习的例子。这种做法忽视了语言的使用场合，学生学完语法后，仍然不清楚在什么时候、什么场合使用什么时态，以致在实际应用中屡屡出错。

现代语法教"时态"这一语法现象时是从"用途和意义—形式"来进行的：首先从交谈入手，先问学生每天都干些什么，然后再告诉学生你自己每天都干些什么、你和哪些学生一起干了些什么等等。例如：

A：When do you get up every morning?

B：I get up at six every morning.

A：What do you usually do after you get up?

B：I do morning exercises on the playground.

A：What else do you do after morning exercises?

B：I read English in the classroom.

A：Then?

B：I go to the dining-hall for breakfast.

A：After breakfast?

B：I go to class.　Do you have any classes in the morning?

A：Yes.　I have.

B：How many?

A：I have four.

在多次交谈后，教师可让学生自己归纳一般现在时的用途、概念和形式，然后教师评价和补充。最后让学生做练习和自由交谈，以提高他们的言语交际能力。

# 第四节　教学方法多源论与交际能力的培养

培养学生外语交际能力的教学方法是多种多样的，凡对培养语言能力行之有效的训练方法，包括传统的直接法、听说法、视听法、认知法和当代的交际法都可以运用，值得一提的是：词汇、语法的传授应该服从交际能力的培养。不言而喻，培养言语交际能力是外语教学的目的，教学方法是手段，而手段是可以选择的。

直接法是排除母语做中介而用外语与客观事物直接联系的教授外语的方法。它是通过外语本身通过交谈和阅读来教外语，不用学生的母语做翻译中介，也不用形式语法做指导，第一批出现的外语单词是通过指示实物、图画或演示动作来讲授的。显然，直接法是对翻译法的反动，它提出了与翻译法完全对立的主张。翻译法是中世纪教希腊语、拉丁语的方法。它是用母语翻译课文的词、句、语段、语篇以进行外语书面语教学的一种方法。它的特点是在外语教学过程中母语与目的语经常并用，即说出一个外语单词，立即翻译成相应的母语词；说出一个外语句子，马上译成本族语；逐句分段阅读连贯的课文，然后再逐词逐句地翻译成母语。这样，在整个外语教学过程中，学生始终和两种语言（母语和外语）打交道。用此法教学导致学生学了十几年外语，见了外国人却患了"聋哑症"。

到了 19 世纪 90 年代，西欧资本主义社会获得进一步发展，国际交往日益频繁。培养与外国人在政治、经济、科学文化方面洽谈、交流的口语能力占据重要地位。很明显，偏重阅读能力培养的语法翻译法不能承担此重任，因为它已不适应资本主义社会发展的需要。为了培养口语能力强的人才，改革翻译法势在必行，因此直接法就应运而生，成了抨击语法翻译法的产物。

直接法主张，外语教学应使外语与客观事物直接联系并以有声音的口语为基础，以模仿为主的心理学为理论基础。19 世纪德国语言学家保尔（H. Paul）的语言学中的类推原则成了直接法模仿操练的语言学理论基础，以法国心理学家、外语教学法专家古恩的幼儿学语论为基础，认为学生学外语的过程像幼儿学习母语的过程一样，学习外语要在自然环境中按思维动作的先后顺序模仿操练学得。

直接法的教学原则：

（1）根据幼儿学语论的原则，主张用外语与客观事物建立直接联系（类似幼儿的看图识字）。像幼儿学习母语一样，利用实物、图画、手势、动作使学生用外语与客观事物建立直接联系，培养学生用外语进行思考的能力。

（2）句本位原则。把句子作为教学的基本单位。像幼儿学习母语那样，不是从学习字母、单音、孤立的单词、语法规则开始，而是整句整句地学。他们认为，句子是表达思想、进行口头交际的基本单位，也是外语教学的基本单位；学生多学一些现成句子，交际起来可以脱口而出，少出差错，并能赶上正常交际的语速；同时，由于学生记住了一些句子，所以能利用替换、类推方式构造新句子，举一反三。

（3）不学形式语法，靠对句子的模仿操练形成自然习惯。用此法教外语，像幼儿学习母语的过程一样，靠直觉感知，不是从学习形式语法开始。幼儿学习母语的过程是先学说话，后学书面语言，学习语法规则是上学识字以后的事。用此法教外语，主要通过模仿操练、记忆背诵，积累语言材料，以形成个人习惯。语法规则在开始阶段不予重视，在以后阶段用归纳途径教学语法规则。

（4）先听说，后读写。幼儿学语都是从说话开始的，学识字和书写是入学以后的事。先口头掌握实际语言，然后再学习文字符号的识记和书写，是学习语言的自然途径。因此，直接法主张有声语言是第一性的，书面语是第二性的，重视语音语调和口语教学，主张先耳听口说，后眼看手写，在口语的基础上培养读与写的能力。

听说法（audion-lingualapproach）是以句型结构为主线编写教材、进行听说训练的教学方法。用此法进行外语教学是以句型操练为纲，着重听说能力训练及培养，所以也称为听说法或口语法（oral approach）、结构法（structural approach）或句型法（pattern method）。听说法诞生于 20 世纪 40 年代的美国，以美国布卢姆菲尔德为代表的结构主义语言学是听说法的语言学基础。结构主义语言学不注意语言的意义，只对语言形式进行描写。该学派把复杂语言描写成有限的因素，把千变万化的语言分析归纳出有限的句型结构，认为扩展、替换和掌握有限的句型结构就能培养学生掌握运用外语的能力，行为主义心理学是听说法的心理基础。华生（J. B. Watson）认为人和动物行为有共同的因素：刺激—反应。斯金纳（B. F. Skinner）把它发展成新行为主义：刺激—反应—强化。听说派认为，刺激、反应，再加上强化手段操练巩固，形成自动化的习惯，是学习外语的好方法。听说法的教学原则是听说领先，在口语的基础上培养书面语；以句型操练为中心，反复模仿，形成自动化习惯；减少母语进课堂。

视听法是视觉感受和听觉感受相结合的一种教学法。视是指看幻灯、电视、电影、图画、手势或动作，利用视觉感知幻灯图像、画面、手势、动作；听是指听录音放出的外语。视听结合容易理解和掌握所学外语的内容。由于视听法是利用幻灯图像及情景画面创造语言情景的，所以又叫情景法（the situational approach）。它首创于 20 世纪 50 年代的法国。这时的听说法已逐渐露出鹦鹉学舌式地、机械地、脱离上下文孤立地进行句型操练等致命弱点，妨碍学生有效地掌握外语。视听法专家全面分析了直接法和听说法的优缺点，扬长避短，取其精华，进一步发展和形成了自己的体系。视听法起源于直接法和听说法，在此基础上发展出了情景视觉感知要素，形成了独特的幻灯图像和情景画面、视觉与同步录音听觉相结合的方法体系。

描写语言学是视听法的语言理论基础。语言是有声语言，书面语是文字记录，在语言发展史的过程中，口语始终处于首位。口语历来是最完美的语言形式，对话最能体现口头语言的特性。这是视听法重视完整的口头对话教学的重要依据。

行为主义心理学是视听法的心理学理论基础。视听法也把外语教学过程归纳为刺激—反应—强化过程，归纳为幻灯图像或情景画面和录音的声音信息结合刺激视听感官，学生做出模仿反应，并进行反复强化操练，形成语言自动化习惯。语言和情景相结合，能创造类似不用本族语做中介的学习外语的过程。学生在情景中先学会口语，在此基础上再学会书面语。

视听法的教学原则：

（1）充分利用情景、幻灯、录音等视听教具，使语言与情景相结合，新的语言特点通过情景进行教学和操练。语言与情景的密切结合创造了良好的视听环境，能使学生更接近于日常生活交谈的自然形式。学生通过生动的图像情景和外语录音相结合，禁止母语为中介，建立外语与客观事物的直接联系，提高用外语理解和表达的能力。

（2）感知整体结构的对话形式。情景视觉感知和外语对话录音听觉感知，是以整体结构形式实现的，即眼看一组幻灯或情景画面，耳听一段意思完整的对话，从而使语音、语调、词汇、语法在对话中被整体地感知。音素、句子的训练，是在掌握语音、词汇、语法等要素组成的综合对话基础上进行的。

用视听法教学，语音教学不是从学习单个的音素开始，而是首先要听一段意思完整的对话，从而掌握语言的语音、语调、节奏和旋律等整体结构，在此基础上再进行个别因素训练。词汇也用整体结构的方法教，即通过图像呈现情景，根据一定的题材在句中教词汇。换句话说，语音、词汇的教学过程，不是采取单音→单词→句子→成段对话（语篇）的教学顺序，而是采用成段对话（语篇）→句子→单词→单音的教学顺序。语法教学也不例外，要求学生先通过图像呈现的情景和简短的对话，掌握句子结构的整体大意，再反复用于实例中，最后训练学生不假思索地使用这些语法项目与别人交谈，达到运用自如的程度。单独讲解语法规则，分析语法结构，不仅无助于掌握外语，而且不利于掌握整体结构。因为没有足够的语言感性知识是难以理解和掌握语法规则的。语音、词汇和语法完全通过情景及与情景相结合的对话方法进行教学，因此完整的对话（语篇）是视听法外语教学的基本单位。

（3）集中强化口语教学，在口语的基础上进行书面语教学。用视听法教学，外语教学要集中进行口语强化教学，以掌握基本口语的能力。在此基础上，才开始书面语教学。其教学顺序是听→说→读→写。

认知法也叫认知符号法（cognitive-codea approach）。这种教学法重视在外语教学中发挥学生的智力作用，强调熟记语法规则，着眼于培养实际和全面地运用语言能力。由于该法强调对语法规则的理解和掌握，因此也叫现代的语法翻译法，其创始人是美国心理学家卡鲁尔（J'B. Carroll）。

20 世纪 60 年代，世界科技飞速发展，资本主义国家的竞争除了军事、政治、经济领域外，已深入科技领域。发展本国科学技术，开展文化交流需要高水平的外语人才。由于知识信息量的激增，为适应信息社会的发展，外语教学不仅要记忆知识、培养口语能力，更重要的是培养智力人才。当时外语教学中风靡一时的听说法已暴露出它的致命缺点：重实践，轻理论；重口语，轻笔语；重机械训练，轻灵活运用等等。显然，听说法已不适应科技飞速发展的形势。时代要求探索新的外语教学法，认知法就应运而生了。认知法是针对听说法的缺陷提出来的，它企图用认知—符号学习理论代替听说法的刺激—反应—强化学习理论。

认知心理学是认知法的心理学理论基础。认知心理学认为，学习外语是一个感知、记忆、思维、想象的过程，是大脑积极思维的结果。认知心理学家皮亚杰（J. Piaget）强调思维创造能力在学习中的作用。布鲁纳（J. S. Bruner）提出教学要以"学习者为中心"的理论，要求学生在教学中充分发挥积极性和主动性。在课堂教学中主要是学生的活动，教师处于在旁指导的地位。另一个心理学家奥苏贝尔（D. P. Ausubel）倡导意义学习，重视基本概念和理解规则。他认为学习有两种：一种是机械性的学习（mechanical learning）；另一种是有意义的学习（meaningful learning）。机械性学习特点是学生对所学知识缺乏理解，单靠死记硬背记忆知识。有意义的学习是认知学习，其特点是指对所学学科的基本概念和规则的理解，了解它们的内在联系。因此，认知法主要强调外语教学中要充分开发学生的观察、记忆、思维、想象等智力因素，强调认知原则，指导学生掌握外语交际能力。（吴进业，2001：18—19）

乔姆斯基（N. Chomsky）的转移生成语法是认知法的语言学理论基础。

认知法的教学原则：

（1）发展学生智力，在理解、掌握语法规则的基础上进行有意义的训练。心理学的认知概念是"知道"的意思，而"知道"则有感觉、知觉、记忆、想象，构成概念、判断、推理等意义。认知心理学家重视感知、理解、逻辑思维等智力活动在获得知识中的积极作用，试图把认知心理学的理论用于外语教学，因而称为认知法。这种教学法强调在外语教学中发挥学生的智力作用，重视对语言规则的理解，重视培养学生实际运用语言的能力。因此，外语教学要充分发挥学生的智力，调动学生的智力发展，提高学生的观察力、记忆力、思维能力和想象能力，同时，外语教学要求首先理解语法规则，在规则指导下进行有意义的操练，创造出成千上万个句子来进行交际活动，以掌握听、说、读、写的言语交际能力。

（2）外语教学以学生为中心。以前的外语教学法的通病是忽视对教学对象——学生的研究，只重视对教学内容的传授方法的研究：虽名为"教学法"，实际上只讲"教"的方法，忽视了学生"学"的方法。与此相反，认知法注意研究学生，主张在研究学生"学"的基础上研究"教"的问题，使教和学有机地结合起来。以学生为中心，充分激发学生的学习热情，调动学生的学习积极性和主动性，引导他们掌握科学的学习方法，养成良好的学习习惯和独立的自学能力。

（3）广泛运用电化教具，口语与书面语并举，听、说、读、写齐头并进。广泛运用电化教具创设视听情景，促进外语教学过程意义化、情景化和交际化。口语、书面语、听、说、读、写相互配合、相辅相成。因此，认知法主张口语、书面语同步发展，听、说、读、写齐头并进。

交际法是以语言功能—意念项目为纲培养学生交际能力的一种比较新型的外语教学法体系。语言在社会中的功能是指语言行为，即用语言做事情或表达思想，如表示询问、请求、邀请、介绍、陈述、同意、拒绝、感谢、道歉、希望、害怕等。意念是功能作用的对象，是指从特定的交际需要和交际目的出发，规定所要表达的思想内容，即提问谁（who）或什么（what），所以交际法又叫功能—意念法（functional-notionalapproach）或叫功能法。

交际法创建于 20 世纪 70 年代初期的欧洲共同体国家，核心是英国。社会语言学是功能法的语言学基础，社会心理学和心理语言学是功能法的心理学理论基础。

交际法的教学原则：

（1）交际、情景性原则。培养学生的言语交际能力是外语教学的目的。交际是在语境中用话语进行的，因此语义连贯的句子所构成的话语是外语教学的基本单位。外语教学要在成段、成篇的话语中进行。言语交际是外语教学活动的依据和出发点。要使学生掌握言语交际能力，必须用外语上课，在课堂上进行师生之间的言语交际活动，实现课堂教学过程交际化。言语交际活动又总是在特定的情景中进行，并受情景制约，所以外语教学要在学生日常生活、学习和未来工作最迫切需要的情景中进行。

（2）话语是外语教学的基本单位。交际法反对以语音、单词、句子、课文的顺序教学，也反对以句子为教学的基本单位的机械式的句型训练，主张以话语为教学的基本单位。话语是言语交际的重要形式，是交际法的支撑点。因此，无论是句子，还是语音、词汇、语法、句型结构等，都应综合地运用在表述情景的整篇话语中去学习。

笔者认为，直接法的"主张用外语与客观事物建立直接联系"的原则是摆脱外语课堂以母语为中介的主要手段。像幼儿学习母语一样，利用实物、图画、手势、动作使学生用所学外语与客观事物建立直接联系，培养学生用外语进行思考的能力。

听说法的"以句型操练为中心，反复模仿，形成自动化习惯"的原则是可以批判吸收的。句型不仅有结构意义，还有词汇意义和社会文化意义。句型教学主要通过外语与母语句子结构的对比，根据由易到难的顺序进行安排，以突出句型的重点和难点。外语的习得同母语的习得一样，要靠大量的模仿练习和反复实践。语言的习得不是学习大量的语言知识，而是通过实践掌握运用语言的能力。因此，外语教学要让学生把大部分时间用在模仿、重复、记忆、自由交谈等实践上。反之，把大部分时间花费在教师的讲解、学生的理解记忆外语知识上，是对时间的极大浪费，而且也只能获得事倍功半的效果。句型操练主要是通过刺激—反应—强化等反复模仿，强化操练，以形成自动化习惯。但是，外语教学不能以句型操练为中心，应该以语篇为中心，而且时间顺序应安排在语篇操练之后，从语篇中挑选句型进行反复操练，以形成自动化习惯。然后再用该句型构成语篇，进行自由交谈。

传统法提倡对语音、词汇、语法等知识的学习仍然是需要的，只是不用"语音＋词汇＋语法＋课文"的顺序学习，而是用视听法的"成段对话（语篇）＋句子＋单词＋单音"的顺序进行教学，即让学生先从语篇（对话）开始，学会对话后，再挑出句型讲语法，结合日常生活进行实际操练；接着学习句型中单词的读音和意义，再教单词中的音素的发音，最后让学生做练习和进行自由交际训练。这就是视听法的"感知整体结构的对话形式"的教学原则。采用此种教学原则，要充分利用情景画面、幻灯、录音等电化教具，将语言与情景相结合，新的语言点通过情景进行教学和操练。也就是说，眼看一组幻灯图像或情景画面，耳听一段意思完整的对话录音，从而使语音、语调、词汇、语法在对话中被整体地感知。音素、句子的训练是在学生掌握语音、词汇、语法等要素组成的综合对话基础上进行的。

交际法中的"外语教学过程交际化"原则和"话语是外语课堂教学的基本单位"的原则是值得我们学习的。言语活动是一种交际活动。外语教学的目的是把所学外语作为一种交际工具来使用，培养学生的外语交际能力。而言语交际活动是培养交际能力的主要途径。因此要求外语课堂教学过程交际化，要使学生掌握言语交际能力，必须用外语上课，在课堂上进行师生之间的言语交际活动，实现课堂教学过程交际化。话语是言语交际的重要形式，交际是在语境中用话语进行的。所以，语义连贯的句子所构成的话语是外语教学的基本单位。无论是句子还是语音、词汇、语法、句型结构，都应在表述情景或语境的语篇中学习，才能够培养学生的言语交际能力。

# 第五节　阅读与培养交际能力的辩证关系

外语学习者一般都认为阅读在听、说、读、写中是最容易掌握的一种技能。由于受20世纪40年代起源的"听说法"的影响，许多外语教师认为阅读似乎是应在高年级培养的一种书面语的能力，与初学者无关。现在看来，这种观点是片面的。多数外语师生误认为阅读理解就是"逐词逐句理解""英译汉""遇到生词语查字典"或"问老师"等，而这种看法与赴英美的留学生在阅读中所遇到的实际情况大相径庭。事实证明，我们应该在学习外语的初级阶段就培养学生查找和检索阅读（跳读）的能力，尤其是培养他们阅读语篇、句子和单词的能力：能从语篇中找到自己所需要的主要信息，能从句子中发现理解此句大意的关键词，能通过上下文猜出生词的意义。（顾芸英，1998：456）这些能力不可能自然拥有，也不是讲解一下就能奏效的，而必须从学习外语开始就有意识地通过各种练习手段来逐步培养。

阅读也是一种积极的交际活动。人们不仅进行口头交际，而且进行书面交际。阅读是对书面信息的理解与吸收，是有目的地获取书面信息的单项交际行为。阅读虽然是单项交际，但并非是被动地接受信息。它是一种生理、心理活动过程，是通过视角感知来识别和理解语言材料的推理过程。它包括识别、分析、判断、猜测、推理、概括、领悟与评价等阅读能力。（吴进业，2001：304）阅读实际上是读者与作者之间进行的一种交际活动。读者为了获取所需要的信息，必须运用各种阅读技能，进行识别、猜测、分析、判断、推理、概括，找出作者所表达的观点和信息，并对它们做出评价。因此，在外语教学中，在注意培养学生口头交际能力的同时，必须重视他们书面交际能力的培养。

认识阅读的交际本质和目的性，从教学法的角度讲有三种含义：①阅读教学的目的在于培养交际性阅读能力，即有效地获取书面信息，实现单项交际的能力；②阅读训练应力求交际化，即带着目的读，以改善理解效果；③不同的交际目的决定着不同的阅读方式，这些阅读方式应分别加以训练。这样一来，传统的外语阅读教学方式就大为改观：不再是那种讲、读、做练习的机械教学方式，而把阅读变成了获取书面信息的单项交际行为。

# 一、阅读的三个阶段（或种类）

按照阅读的目的要求和阅读能力发展的过程，将外语阅读划分为三个阶段：

## （一）适应性阅读（reading to familiarize）

适应性阅读是认读—朗读—默读的过程。这个过程从学习外语的第一堂课开始，一般到对话教学的中期为止，相当于初中一年级到二年级这一段时间。此段时间的阅读训练主要是配合听说训练进行的，开展了听说活动后，教师要把学生的注意力引导到课本上来，重视认读、朗读练习，然后逐步过渡到默读。

## （二）学习性阅读（learning to read）

学习性阅读是学习怎样阅读的阶段。因此阅读材料的内容要以短篇对话、趣味性强的小故事开始。材料的文字要浅显、信息量要大，因为这个阶段阅读的目的是要领会材料的主要内容，强调阅读速度，培养阅读兴趣，树立阅读信心，养成阅读习惯。这个阶段的阅读包括我们常说的"分级阅读"（graded reading）、"泛读"（extensive reading）和"快速阅读"（fast reading）。

## （三）理解性阅读（reading for comprehension）

理解性阅读实际是为了学到知识信息而进行的阅读（read-lngtolearn），即通过阅读获取材料所传达的思想、情感和知识信息，包括语言自身的信息，这就是所谓的交际性阅读训练。在此阶段应当特别注意材料的真实性（authentic）、题材的广泛性、体裁的多样性，而且文字的难度一般略高于学生的现有水平。在此阶段的阅读材料总是包含着新信息，阅读目的重在要求学生理解材料的内容并从中获取新信息。这种重在理解的阅读往往开始于基础阶段的中期，贯穿于整个外语教学阶段。这种阅读理解不同于课文教学，不像精读那样要求理解得精、深、透，只要求理解主要内容，适可而止，不断地实现重点转移。

## 二、阅读的方式（或方法）

具有一定外语阅读技能的读者，总是根据不同的交际目的或采用不同的阅读方式或方法，采用不同的速度进行阅读。外语的阅读方式分为三种：

### （一）面式读法

"面式读法"就是我们常说的"粗读"或叫"略读"（skimming）。粗读或略读就是粗略地阅读全篇材料的内容，目的在于了解全文梗概，掌握全文大意或中心思想，或者是为了判断一篇材料有无阅读价值，是否需要进一步阅读所采用的方法。例如翻阅报刊、浏览新书目录、粗读一篇文章了解其中心大意等。

### （二）点式读法

"点式读法"又叫跳读（skipping）。它是一种为了寻找特定细节或情节而放弃大部分无关紧要的材料内容，只注意材料中某一点或某几点的阅读方式。例如从辞典的众多条目中查找某一个词，在一篇刻画人物的材料中寻找对主人公的相貌描写或心理刻画的细节，在一则足球赛消息中查找谁是射门得分者，在某年某月某日电视报中查找中央一套节目的内容，在一篇记叙文中查找故事发生的时间、地点，等等，都是使用跳读的方法。

### （三）线式读法

"线式读法"又叫细读（scanning），即详细、逐行地阅读，以掌握全部材料内容，甚至包括分析语言难点。例如学习每一篇精读课文或分析一篇学术论文等，都需要线式读法。

为了培养学生有效的阅读能力，必须对不同的阅读方式分别加以训练，能够根据交际目的需要，灵活地采用恰当的阅读方式和阅读速度。

## 三、阅读技巧与策略

外语阅读是由几种技巧组成的活动。Barret 认为，阅读技巧主要有五种：①理解字面意义；②能对材料要旨重新进行组织；③推理能力；④评价；⑤欣赏。David 提出四种阅读技巧：①识别词义；②推理；③识别作者写作技巧、意图和风格；④寻找有关答案。

我们认为两人对阅读技巧的理解并不矛盾。所谓阅读技巧，就是在理解和鉴赏某一阅读材料过程中所需要的一系列手段和方法。关于各种阅读技巧之间的关系问题，从上述两人的分类来看，它们明显处在一种相互联系、相互影响之中。推理是达到其他几种目的的重要手段之一，识别词义无疑又是推理和理解要旨的基础。理解与推理也是评价和欣赏的基础。对阅读材料不理解就无法对它进行评价和鉴赏。

现在人们一般认为技巧是习得的，是每个读者在阅读实践过程中无意识地使用的各种方法；而策略则是读者为解决某一具体问题所采用的某种阅读手段或方法。例如 skimming（粗读）、skipping（跳读）或 scanning（细读），按其定义该属于"阅读策略"；inferring（推理）、appraising（评价）或 appreciating（鉴赏）则该属于技巧。我们认为，技巧和策略都可以通过有意识的训练而获得。近些年来，许多阅读教材已将阅读技巧和阅读能力的培养作为主要目标，在教材内容和练习的设计上，作者明确要求学生运用 skimming、skipping、scanning 等策略，运用判断、推理等技巧，准确理解材料的写作技巧、意图、风格及材料中的词汇意义。这一点，我们也可以从近几年的 TOEFL 和 GRE 试题中的阅读部分试题的设计上看出来。因此，外语阅读教学重点在于培养学生的阅读技巧、阅读速度和阅读理解能力已是一个方向性的问题。

## 四、快读与研读的辩证关系

如果我们将外语阅读按其目的和速度分成快读（fast reading）和研读（intensive reading）两种，则会发现，快读只是阅读方式中的面式读法（粗读或略读），研读则是线式读法（细读或精读）。强调任何材料都快读，显然是片面的；然而强调任何材料都要研读也是不妥当的。但是，快速阅读中需要的方法和技巧在研读中同样也是需要的。

20 世纪 60 年代，快速阅读十分流行。当时有人认为，对学生进行阅读速度的培养是外语阅读课的主要教学目的。甚至他们还以每分钟阅读多少单词作为检验阅读速度的手段，他们把阅读者分为快、中、慢三个档次。这种一味追求速度的做法不仅缺乏足够的理论依据，而且对实际提高学生的阅读技巧和阅读理解能力是没有多大帮助的。另外，为了提高阅读速度，有些人还一味反对出声读、指读、回读的做法。实践证明，出声读、指读、回读均是读者遇到阅读困难的表现，而非引起阅读困难的原因。实际上，这也是读者克服困难的一种表现形式，说明他正在试图运用某种技巧或方法达到理解的目的。

当然，这些阅读方式会影响阅读速度，但有时为了准确理解某些难度大的材料的含义，使用这些方式也是可以的，甚至有时是不可避免的。此外，在深入研究、评价、鉴赏某种阅读材料时，这些阅读方式还是不可少的。

我们认为，一味强调阅读速度而忽视理解程度和准确性的做法是不全面的，但是只顾及理解程度和准确性而不考虑速度的做法也是片面的，因为这都是不符合阅读目的和需要的。阅读的目的是迅速、广泛、准确、有效地获取书面信息。因此，阅读方式和阅读速度的选择是由阅读目的和需要来决定的。具体来说，一篇外文阅读材料是否完全需要或者在某处需要出声读、指读、回读，需视材料的难易程度和具体的阅读目的与需要而定。例如，为获取准确的科技、医学、情报信息，或鉴赏、评价某种文学作品，而且阅读材料的难度较大，这就需要研读并且加上出声读、指读、回读的方式。如果阅读是为了消遣，材料的文字又比较浅显，再用出声读、指读、回读的方式，则是时间上的极大浪费，而且也提高不了阅读速度，培养不了交际性的阅读能力。

## 五、交际性阅读能力的培养

交际性阅读能力的培养包括阅读速度、技巧的训练和理解能力的培养。当然，这些训练和培养需要一个过程，它必须经历前面讲过的适应性阅读、学习性阅读和理解性阅读三个阶段，但它是以达到大纲规定的技能方面的要求为目标的。外语阅读速度、技巧方面的训练和理解能力的培养并非一朝一夕之功，而是要从头抓起，持之以恒，不能有丝毫的忽视。只有如此，才能培养出学生的交际性阅读能力。

### （一）培养交际性阅读能力的基础在听说

交际性阅读能力的培养依赖于外语综合能力的培养。听说能力训练扎实，语言结构意识强，基本词汇掌握牢固，这些都是阅读理解能力的先决条件。阅读的最小单位是句子，如果基本句子结构通过听说熟练掌握了，当你读到 "The film star you mentioned just now has Never appeared." 和 "It's very hard to prepare dishes children like." 时，马上就知道它们都是含有定语从句的复合句，那就无须再在句子层次上停留了。如果基本词汇通过听说掌握牢固了，当你读到一些复合词或衍生词 traffic light，landowner，handwoven，wholeness，bilingual 时，就无须查字典便能猜出词义。口语熟练的学生由于许多基本句型能够脱口而出，在阅读中会因语感强、视域宽阔而"一扫而过"。因此，训练听说能力是培养交际性阅读能力的基础。

### （二）重视阅读技能三要素的培养

外语阅读技能的三个基本要素指词汇、理解和速度。

1. 词汇

阅读的关键在词汇。阅读理解的主要问题在于词汇量及其意义：词汇量大就能扩大阅读；对词汇意义的认识宽阔，就能领会作者的真意，反之，则达不到这些目的。因此，词汇对提高阅读速度和理解能力有着重要的影响。掌握词汇越多，阅读速度就越快，理解的程度就越深。例如，你对一篇文章的绝大多数词汇都熟悉，即使你对它的语言结构方面存有障碍，也基本上能达到通过阅读交际的目的。因此要求学生要多记单词，不要怕记忆单词。尤其是在听、说、读的上下文中记单词，在交际的过程中记单词，绝不可脱离语境去孤立地记单词。中国学生学外语，除了掌握最基本常用的词汇外，在阅读中还要特别注意负重词（heavily loadedwords）、文化负载词（culturally loaded words）和行业术语（buzz words）。负重词既指词的外延多义性，又指词的内涵的含糊性（vague o rambiguous words），如 "blue" 一词，除具有 "蓝色的" 意思之外，还含有 "发灰色的" "青灰色的" "沮丧的" "以蓝色为标记的" "英国保守党的" 等意思，例如 turn blue with fear 指人 "吓得脸发青" 而不是 "发蓝"；His face was blue with cold 是指 "他的脸冻得发紫" 而不是 "发蓝"；Simlooks blue 指 "她看上去情绪低落" 而不是 "她看上去是蓝色的"。类似的还有 retire（退下，退却，撤退，退隐，退职，退役，退休），例如：The captain retired to his cabin.（船长回到了自己的舱房）Theladies retired into the drawing-room.（女士们离开了餐室到客厅去）The football player retired hurt.（那个足球运动员受伤退场了）He retired from the world.（他隐退或隐居了）retire from office（退职），retire from service（退役），retire from thesea（不过海上生活），retire on a pension（领养老退休金），retire back stage（退居幕后），retire to bed（or to rest）（就寝），等等。英语文化负载词负载着英美文化。有些是生词，学生不知其义，如 dyslexia or reading disorder（阅读障碍——美国小学生到了四年级仍有 30% ~ 40% 的学生患阅读障碍症，即不会阅读）；有些熟词，但另有他意，容易引起误会，如 public school（美国指公立中学或小学，英国指公学），public servant（公仆，官员，公务员，即 stateofficial），watergate（水闸，闸口），a baker's dozen 等。行业术语，在基础阶段当然不要求学生去记很多专业术语，但已经进入生活的专业术语和一些行业术语，包括一些通行的缩略词都在阅读中出现，似曾相识，但意义不同，学生容易误解。例如 wind 通常意思是"风"，但在固定词组中另有别义，如 eat the wind out of（占……的上风）是海上用语，即占他船的上风；the winds's eye（海）逆风。还有一些词拼写一样，但发音不同，其义亦异，如 wind（waind）（吹号角，缠绕）。

2. 理解

"理解"在阅读技能中是最具有决定意义的要素，因为阅读的目的在于理解。要提高阅读理解能力，除了掌握丰富的语言知识（词汇、语法）外，还要有一定的社会、文化、科技、地理、历史等方面的知识。为什么 eastwind 在英国的含义与中国的含义大相径庭呢？显然这与中英的地理文化的差异有关。阅读者对世界各国的人文、科技、地理、历史、体育、卫生、生活习俗和风土人情等方面的知识多寡，直接影响着他们的阅读理解能力。我们平常说的提高阅读理解能力，其中就包括扩大词汇量和扩大这方面的知识范围。因此，外语教师在教学中要善于扩大并激活学生学习网络中有关这方面的知识。同时在外语阅读课中对以下阅读技能给予适当指导：

（1）善于对一篇文章的体裁和结构进行分析，找出并且说明文或者议论文的引题段（introductory paragraph）、正文段（body paragraphs）、结尾段（concluding paragraph）；在哪里点题？主题（思想）是什么？如何发展？以什么样的结构形式（时间顺序、空间顺序、逻辑顺序）进行谋篇？然后找出各主体段的主题句（topic sentences），以帮助理解其段落大意。

（2）要善于分析、判断和推导出各辅助之间的逻辑关系。除了借助于语言结构（各类从句与连词和关系词的关系）外，还要从意义上进行合乎逻辑的推理，如 It's cloudy today. Ever one is cheerful. 这两个句子在意义上就无任何逻辑关系，因此意义上是讲不通的；而 It's cloudy today It looks as if it were raining. 这两个句子从意义上就有明显的因果关系，因此是讲得通的。

（3）善于抓住实意词、关键词语、转折词语，把握文章的前后呼应关系及情节关系，以综观全文。

（4）几乎每篇文章都有代词的出现，所以要善于判断和推理其代词的关联。

（5）任何一种语言都有一词多义现象，英语则更为突出。因此不能简单地望文生义，要通过上下文和词的搭配关系及不同的交际情景来判断和推测词汇意义，例如 spell 一词常作"拼写"解，这是绝大多数学英语的人都知道的，但在下面句子中它就不是"拼写"的意思了：

There are many involved and abstruse expressions in this novel. I took one week to spell it out. 这本小说中有许多艰涩难懂的词句，我花了一星期的时间才费力把它读懂。（吃力地读懂）

My request seems simple enough——do you want me to spell it out for you? 我的要求很简单——你要不要我为你详细解释一下？（详细解释）

Don't be lazy Laziness always spells failure.

不要怠惰，怠惰经常招致失败。（招致、带来）

（6）对于生词的处理，不能一见到生词就马上查字典，可以通过上下文或构词法来猜测词义。

3. 速度

阅读的目的是为获取材料信息，阅读速度是衡量阅读能力的标准之一。在理解的基础上提高阅读速度是阅读技能训练的一项重要内容。在阅读训练中，教师要帮助学生尽量避免那些影响阅读速度的做法，例如指读、出声读、心读、心译、复视、逐词读、查字典等习惯。当然，有时为了准确理解内容，偶尔使用一下也是可以的，但不能字字句句都如此，或遇到每一个生词都查字典。教师要帮助学生培养"跳读式"的阅读方法，逐步扩大"识别间距"，以提高阅读速度。

同时，帮助学生养成良好的阅读心理素质，如信心十足、不怕困难、心平气和、主动积极地与作者沟通思想，不带任何心理负担，不急躁、不自负、不抱怨。让学生清楚地意识到，提高外语阅读效率需要一个过程，不能一口吃成个胖子。只有这样，才能最大限度地发挥读者的现有水平。

## （三）重视阅读过程中的技巧训练

阅读理解是让学生通过阅读技巧的实践活动达到理解材料内容。阅读技巧的实践活动主要靠学生自己进行，教师只起指导作用。教师的任务是组织实践活动以吸引学生积极参加，指导学生有计划、有步骤地进行阅读技巧训练，逐步培养他们的独立阅读能力。学生课堂阅读技巧活动的主要内容有以下方面：

1. 预测（prediction）

阅读一篇文章之前，教师应该先引导学生根据标题对内容进行预测，即利用学生的知识结构接收新信息的方法。外语文章的标题一般有三种情况：一是预测度高，如"Women's Liberation"，"Environmental Pollution"，一看标题便知内容。对这类文章，可先让学生用英语谈自己的情况和看法，这便可以引导学生把注意力集中到新信息上来。二是预测度低，如 "Too Many Cats"，"Chipsin Everything"，对于这类标题，教师应给予适当的点拨，比如先讨论一下 Cats 和 Chips，或让学生读一下文章的第一句（通常为引出主题的句子），以便把学生的注意力引入文章的主题。三是有一定的可预测度，但容易误导，例如 "They Never Give Methe Present"，对于这类标题可先让学生大胆预测，预测正确与否都会对学生的阅读有推动作用。

2. 抓中心思想（getting the main idea）

在规定时间内让学生将全文阅读一遍后，再让他们对自己根据标题所做的预测进行检验，然后通过师生共同讨论交流，明确主题思想（议论文、说明文）或故事大意（记叙文）。

3. 摄取特殊信息（extracting specific information）

摄取特殊信息是教师先就课文提出几个问题或几点要求，让学生带着问题或者要求有目的地进行阅读。例如阅读记叙文，教师先提出故事发生的时间、地点、主人公、主要事件及事件发生的因果，然后让学生带着这些问题去阅读，在阅读中发现问题，阅读完成后回答问题。

4. 推断作者的态度和语气（inferring the author's attitude and tone）

教师要求学生读完文章后，根据作者所使用的语言推断出他对文中论点的态度与语气：是赞成还是反对，是欣赏还是批评，是扬还是弃，是爱还是恨，是严肃还是儿戏，是激进还是中庸。

5. 推测词义（deducing meanings of words）

教师根据阅读的阶段性，到理解性阅读阶段，在阅读开始前可先挑出几个关键词，在阅读中要求学生根据上下文推知词义。

6. 确认语篇（recognizing discourse pattern）

确认语篇是要求学生读完全文后说明文章的体裁：记叙文、说明文、议论文等，并说明理由，进而说明各段落的中心意思。如果是说明文或议论文，要求学生指出各段的主题句（topic sentence）。

上述阅读技巧的实施可一时一事地进行，并且根据不同阅读阶段，酌情选用一些或者全部，而且不一定按上述顺序机械进行，教师可以根据阅读材料的体裁和学生的外语水平灵活确定。

## （四）培养学生的导读习惯

导读是中、高级阶段阅读教学的重头戏，是在教师指导下由学生自己对材料进行多层的阅读训练活动。它可以确保学生有充分时间进行独立的阅读活动：由于教师的层层指导，它可以训练学生的种种阅读技能和技巧。导读不主张学生课前预习，不主张堂上先听教师口述大意（口头呈现材料内容），然后再由教师详细讲解的做法。理由是，课前预习意味着学生的阅读活动在课外，不能保证教师对学生做必要的阅读指导和时间控制，不利于培养学生的阅读速度和交际性阅读能力；而课内教师的详细讲解又是以听为主，难以落实学生自己的阅读理解训练。

导读的一般过程是：

1. 热身活动

做好阅读前的热身活动即教师帮助学生做好阅读前的准备工作，以便让学生轻松愉快地进行有目的阅读。阅读前的准备工作如下：①设置情景，提出问题，使学生产生急欲阅读的欲望，进而愉快地带着目的去读。例如讲授 Better Known as Mark twain 一课的时候，教师对 Mark twain 的生平可做简单介绍，然后提问学生 Do you know Mark twain's childhood?（学生问答 No）Do you know how he became a famous writer in the world?（学生回答 No）再问 Do you know how he lived in his old age?（学生回答 No）教师又问学生 Do you want to know the answers to these questions?（学生回答 Yes）教师可以说 Please read the text if you wish to get the answers. ②谈论与阅读材料有关的话题或出示有关画面、实物、动作等，以唤起学生的阅读兴趣，使其放松阅读前的紧张心理。例如讲授 Washington, D.C. 一课时，可出示波托马克河的画面、美国白宫的画面和五角大楼的画面等，以引起学生的兴趣，使其产生对 WashingtonD．C．急欲了解的心理。③帮助学生排除可能影响理解课文内容的新词语障碍。以上这些热身活动的意义在于使学生处于开始阅读的积极准备状态，以便带着明确的目的和强烈的愿望去读，满怀信心地去读；同时也有利于培养学生的阅读技巧，提高学生的阅读交际能力。热身活动不仅适用于泛读课，也适用于精读课。

2. 第一层阅读

第一层阅读的步骤：布置任务（理解大意）叫粗读—检查。学生开始阅读前，教师先布置任务：要求学生快速略读全文后，用英语讲述课文大意（generalidea），根据阅读材料的体裁不同，要求有别：对于议论文和说明文，要求学生读后讲出主题思想、中心思想或中心意思。对于记叙文体裁，要求学生讲述故事大意或故事梗概。布置任务后，学生开始粗读，为了督促学生在理解的基础上提高阅读速度，规定一个完成阅读的时间参数为好，一般为每分钟 110~120 个单词为妥。然后教师根据布置的任务向学生提出问题，学生回答，以检查学生对任务的完成情况。

3. 第二层阅读

第二层阅读的步骤：布置任务（找特殊细节、找主题句、猜词义等）—按任务具体要求进行跳读。在第二遍开始阅读前，教师布置任务：提出有关特定细节，主题句或者猜测其义的几个词语，要求学生带着任务进行跳读。学生跳读后，教师提出问题，学生回答，以检查学生对任务的完成情况。

4. 第三层阅读

第三层阅读的步骤：布置任务（详细全面理解课文—细读并画出难点和疑点—检查）。在第三遍阅读开始前，教师布置任务：要求学生细读并详细理解全文，画出不懂的难点和疑点。学生开始细读并且画出了不懂之处。然后教师检查，提问学生不懂的问题，教师对问题做出标记。

5. 小结

教师带着学生提出的难点和疑点对课文进行讲读（适用于精读课），如果是泛读课，教师只需讲解学生提出的难点和疑点，不对全文讲读。

# 第七章　大学英语教学评价

## 第一节　多元化教学评价观

有这么一则值得我们在实施教学评价时借鉴的故事：有个人买了栋带着大院的房子，他一搬进去，就将那院子全面整顿，杂草树木一律清除，改种自己新买的花卉，某日原先的屋主到访屋主，一进门就大吃一惊地问："那最名贵的牡丹哪儿去了？"这人才发现，他竟然把牡丹当草给铲了。后来他又买了一栋房子，虽然院子更是杂乱，他选择按兵不动，果然冬天以为是杂树的植物，春天里开了繁花；春天以为是野草的，夏天里成了锦簇；半年都没有动静的小树，秋天居然红了叶。直到暮秋，他才真正认清哪些是无用的植物，而大力铲除，并且使所有珍贵的草木得以保存。

学生就如同院子里的花草树木，各形各色，大不相同，在学习成果的呈现上无法同一时间绽放。所以，不应该为了所谓的公平性和方便性就以单一的评价方式判断学生的学习成效，教师应如上述故事的主人翁一样耐心观察，伺机而动，避免因为评价而扼杀学生学习的潜能。简而言之，"尺有所短，寸有所长"，学生亦然。

学生都不会希望自己在被评价时得到负向的结果，对于积极正向的评价，绝大多数的学生都是愿意接受的，是会因此受到鼓舞的，有些学生可能因此而自信心倍增，拥有更多的满足感，创造了更高的学习成就。为此，在建构多元化教学评价理念时，应以"人"作为主要的思考点，思考如何在进行教学评价的同时，协助学生认识自己、定位自己、实现自我增值。而对人的发展、赏识教育和理解教育等三个方面的探究则可以为我们提供更多有关评价价值取向的思考和依据。

### 一、为促进发展而评价

著名教育家怀特海曾经说过这么一句发人深省的话：当一个人把在学校学到的知识忘掉，剩下的就是教育。教育提供给学习者的不仅仅是知识，更重要的是知识以外的种种或无形或有形的精神激励、情感陶冶和价值观的升华，如面对困难的勇气和坚毅、解决问题的能力、良好的情绪智商、有取之社会用之社会的回馈之心等。也就是说教育的重点不仅仅是智力培养和知识的灌输，更重要的是重视人的自我成长，要发掘和培养学生的道德、自信、创造力和意志力等与考试无关的潜能。一言以蔽之，就是教育与人的发展是息息相关的，因此，评价学生也应该是以促进学生发现自我的价值、发挥潜能，促进学生的自我实现为导向。

## （一）评价与发展

近年来，国内外的专家学者认为评价学生时应该考虑不同的情境，运用各种不同的渠道，搜集更全面和多元的资料，再从各个不同的视角或观点进行分析和判断，在对学生有了充分了解的基础上进行综合性的评价。由此观之，评价应是有目的地促进学生更全面地发展的一种教育途径，所以教师必须对学生的发展，即对人的发展的本质有所认识，才能明了评价对学生的发展的作用，更适切地处理好评价与学生发展之间的关系。

学者王道俊和郭文安在《教育学》一书中指出，人的发展有两种不同的含义：第一种是把它与物种发展史联系起来，将它看成是人类在地球上出现及其进化的过程，即人类的发展与进化；第二种则是把它与个体的发展相联系，将它视为人类个体的成长和变化的过程。其中强调人的发展是整体性的发展，进而从不同的视角和层面可将人的发展分为以下三个部分：①生理发展。机体的正常发育，体质的不断增强，神经、运动、生殖等系统生理功能的逐步完善。②心理发展。感觉、知觉、注意、记忆、思维、言语等认知的发展，需要、兴趣、情感、意志等意向的形成，能力、气质、性格等个性的完善。③社会发展。社会经验和文化知识的掌握，社会关系和行为规范的习得，成长为具有社会意识、人生态度和实践能力的现实的社会个体，能够适应社会发展的人。以上三者看似不同层面的发展，其实在相对独立的同时，又是紧密相连的。因为在人的发展过程中，无论是生理、心理社会的发展都是相互牵制、唇齿相依的。在确定教学评价的价值取向时，绝不能偏离"还是人的发展"这一个重要的取向。要知道，教学评价的主要作用是有目的地促进学生更全面的发展，而非让学生个体的发展受到挫折或被扭曲。简而言之，评价应该具有发展性。

什么是具有发展性的评价？具有发展性的评价是促进学生的发展，协助教师提升和改善教学的评价。其中要强调的是发展性的评价取向能更有效地发挥评价在促进和修正方面的作用。在本质上，具有发展性的评价本身就是一种与价值有关的活动，希冀评价能为学生在全面性发展带来正向的引导。

发展性的评价具备两个层面的功能。第一个层面是，评价是促进学生发展的工具，学生可通过评价了解自己的学习成果，发现自己在学习上的问题，再加以修正改进；第二个层面则是评价学生发展的其中一项必要成分，意即评价不只是一种工具，更是学生发展过程的一个组成成分。

## （二）评价在发展中的作用

综观以上的论述，就学生的发展来说，评价不仅仅是一种选拔的工具或手段，它更是一种促进学生发展的动力。

1. 促进学生的多元发展

多元化教学评价的实施应朝着促进学生全面发展的方向前进，教师再也不应该以考试成绩的优劣来断定学生学习的程度，学生在纸笔测试或标准化测验中的表现不佳，并不代表他在语言表达或者其他概念上亦表现不佳。不是所有的学生都以相同的方式来求知、理解和学习，他们是不断成长、不断发展的个体。多元化教学评价不能只是对学生学习过的知识进行检测，事实上多元化教学评价应该探讨学生在学习过程中出现的困惑或者疑问，然后引导他们寻找或者开拓一条适合自己学习的道路。我们不能只让学生继续地死读书，读死书，而不落实在具体的行动上，这有碍他们的全面发展，致使他们成为知识的奴隶，而不能成为智慧的主人，我们要培养的是懂得发掘问题、面对问题和解决问题并朝向全面发展的学生。

哈佛大学教授加德纳的多元智能理论为学生的全面发展提供了一个很好的理论分析视角，它的特点包括：其一，差异性。尽管每个人都存有几种智能，但在不同的领域，个别智能的发展是不同的，不同的个体对智能的结构与潜能的开发都各不相同，所以，这世界上没有两个人是完完全全相同的。即使在同一种智能上都显得特殊，但表现上还是有其差异性。例如，同样在语文智能上表现优异的两位学生 A 和 B，很可能是 A 在演说方面有过人的表现，B 则在写作方面展现他的表达能力，但在演说方面不一定精于表达。尽管表现不一，但 A 和 B 都有着较强的语文智能。其二，多元性。多元智能理论不仅认为人的智能是多元的，它同时认定这些智能单元相对独立，且每个人都拥有几种智能。事实上，在日常生活中，这几种智能是以不同且复杂的形式共存着的，任何人在完成一件事时，都需要多种智能共同作用。其三，社会文化性。多元智能认为个体的智能会因个体所属文化、社会环境背景的不同而有所差异，比如在以海为家、为谋生诉求的区域，人们多将具备水手的特质——敏锐的观察力、空间定位能力、优秀的身体运动协调能力等智能的象征。其四，实践性。加德纳将智能定位为解决问题的能力和创造社会需要的有效产品的能力。强调每个人不同程度地拥有一系列在现实生活中解决问题的能力和创造产品的能力，突出智能的实践性。

以多元智能理论为理论基础的多元化教学评价的要求就是，对学生进行综合性评价，以激发学生的多元潜能，落实学生的全面性发展。

2. 促进学生的自我成长

有这么一则小故事：一个年轻人，觉得自己怀才不遇，有位老人听了他的遭遇，随即把一粒沙子扔在沙滩上，说："请把它找回来。""这怎么可能？"年轻人说道。接着老人又把一颗珍珠扔到沙滩上，接着老人问："那现在呢？"每位学生都可能只是沙滩中的一粒沙，而不能苟求他人的注意和认可；同时，每个学生也都是珍珠，都能展现出自我的光芒，这就得看教师如何引导他们自我成长和展现自我。

每个学生都具有其独特性，其中包含了他们个别的优缺点，重要的是教师要使用什么方法让学生知道和明确自己的优缺点，然后扬其优，修其劣。大多数学生在没有师长的指引下，是很难真正了解和面对自己的不足的，若再要求他们在自己不足的部分实现自我成长更是难上加难。很多时候，为人师者不以为意的小细节，可能就是学生最在意的，例如学生在课堂上自愿地朗读课文，这种在上课期间习以为常的过程，对教师而言或许算不了什么，但对于朗读的学生，这可能是他的第一次，也可能他认为自己表现得最满意的一次。在学生朗读完毕后，教师若能给予肯定和正面的评价，则学生的自信会因此而长进，对于学生的自我成长，无疑是一次正向的鼓励。

学生的潜力是无穷的，潜力能不能得以发掘，进而加以发挥，这都与教师的评价息息相关。学生在很多时候是对自我认识不清的，虽然他们会自以为是地认为自己很了解自己或者是不自觉地形成自卑的心理。这时，教师就需要发挥灯塔的作用，指引学生看到自己的优点、发挥所长、建立自信，帮助他们寻找到属于自己的舞台，并得以在这属于他们自己的舞台上挥洒自己的才华。教师在进行多元化教学评价过程中，要注意以下两点。

（1）协助学生找出问题的根源，然后对症下药

教师若发现学生因为成绩不好而导致自我形象不佳，那么教师就得设身处地地为学生着想，思考如何才能增进学生的学习成效，如何站在他的立场，分享其他可能有相同或者类似处境的学生的改变、调整和成功的经验，进而协助学生走出被评价结果所挟制的学习境况，引导学生调整自己的学习步伐，重新出发。

（2）协助学生发现自己多方面的潜能，加以肯定和鼓励

对某一个学生而言，其可能在语言表达及整合资料能力方面表现良好，但写作能力还有待加强。因此而导致该学生对写作课缺乏成就感，进而影响了他对作文的学习。那么，教师可以做的就是扬长补短，在课堂上，让学生有机会发表自己的见解，通过收集文学数据并加以整合，或以做报告的方式协助学生克服因为某个方面评价结果不如意而影响学习的情况。教师的正面肯定和鼓励，将使学生觉得教师的评价是真实可靠的，进而增进学习的欲望。

3. 促进学生的主体发展

"天生我材必有用"，每个学生都有上天赋予的能力，这些能力或显现或隐藏着，大部分能力潜藏在生命的深处，就好像璞玉等待有心人去开采、琢磨一样。教师要扮演的角色就是开采者，想方设法引导学生发现自身内在的特质，予以发挥，展现其绚烂多彩的一面；引领学生走出固有一成不变的知识框架，激发他们的积极性和主动性，让他们成为学习的真正主人。

要促进学生在学习或评价的主体性发展，要注意两个方面：一是要承认学生的主体性；二是要把学生培养成主体。承认学生的主体性，把学生当成主体，是从教育手段上把握主体这个概念，即是说要让学生成为学习的主人；把学生培养成主体，则是从教育目标上把握主体的概念，就是把学生培养成建设国家的主体，快乐生活的主体，终身学习的主体。要达成以上的目标，一个很重要的策略就是扬长补短，不管是哪一类型的学生，都一定有他的长处，长处得到发挥，就能起到补短的作用，在每一次堂课或评价活动中，都可以起到促进学生成长与发展的作用，关键在于身为引导者的教师的灵活科学的处理方式。承认

学生的主体性，了解他们的长处及不足，教师除了要对学生给予适切的引导外，还需要具有一颗宽容的心，在学生暂时达不到规定水平的情况下给予学生一定的时间去改进，要善于运用等待的艺术。在等待的过程时，要凸显和引导学生的主体性，让学生的长处得以发挥，增加他们的自信心，提升学习的欲望，进而朝目标努力前进。

作为教师，需要要明确学生主体性的彰显是一个渐进式的过程，不可能有立竿见影的效果。因此，教师要尽可能地将"学生是学习的主体"这个概念融入多元化教学评价当中，这样才能让学生身心获得全面及和谐的发展。

## 二、为赏识学生而评价

赏识与重视人的发展的评价取向，都立足于对人的发展和对生命个体的关爱和尊重，只是探索的视角不同，但追求的规律都是相同的。

### （一）评价与赏识

在人的发展过程中，最本质的需求是得到尊重、认同、理解和赏识。就人的发展而言，除了生理发展，个人被尊重、被认同、被理解和被赏识这种心理需要也是非常重要的，因为这是人成长过程中一种推动成长和发展的力量。在评价时注入赏识的元素，同时掌握学生的优势，因势利导，让学生在学习方面的成长与动机因为赏识而得以苏醒。所以，赏识之于评价，应该是一种生命教育的体现，是一种富有意义的评价价值取向。

"走近生命、发现潜能、唤起自信、善待差异、引导自选"是赏识的基本要素。"走近生命"要强调的是克服现有教育中分高低等级的现象，进而以人为本，赏识学生。当然，评价过程的赏识不是简单的学习成绩优良，而应包含了对学生被认可和欣赏需要的尊重、提升和满足；也包括对学生探究的需要、责任承担的需要、获得新体验的需要等多方面需要的尊重、提升和满足。

赏识学生而进行的评价应具备以下几个特质：①是表扬与批评兼具的评价。在评价过程中，要注意赏识重视学生在精神层面的基本需求，教师应实事求是，表扬与批评兼具，切勿为了表扬而表扬，或者一竹竿打翻全船地进行批评。在进行批评时要达到"虽然犯了错，但知错能改，还是值得鼓励的好学生"的效果。②是承认差异与允许失败的评价。在学生学习的过程中，教师需要认识到学生是具有个体差异的，要承认学生的个体差异。若要营造有效的教与学的氛围，教师就得正视学生在学习中的失败，允许学生失败，引导学生面对失败，陪同学生走过失败。就这个意义而言，要让学生知道，每个人都有差异，失败并不可怕，重点是要接受失败、面对失败，而后能战胜失败，走向成功。③是可以培养学生承担能力的评价。赏识的评价是把主体地位还给学生的同时，也给予学生一定的责任。意即在评价时所得到尊重、理解，同时承载着对实际环境的现实责任，在得到赏识之时亦要学习面对和承担责任。但凡事情都有好与坏、成与败两个方面，不能只让学生沉浸于被赏识的情境里，同时还应在评价学生时借机培养学生在承担责任方面的能力。④是能激发潜能与满足内心需求的评价。赏识取向评价的重点是养成学生的自我认同感，激发内在的潜能，满足他们内心深处的原始需求。教师在进行教学评价时应具备激发学生和满足学生的思维，以期学生能从评价中得到更多的自我肯定和认同，摆脱自我否定的自卑思维，进而获得前进的动力。

## （二）赏识在评价中的应用

在评价过程中注重对学生的赏识，是帮助学生提升自我的重要力量。

### 1. 用赏识发现学生的亮点

每位学生都有自己不同于他人的亮点，能不能发现这些亮点是教师的职责，同时引导学生发现自身的亮点进而转化为实际的行为也是教师的使命。就教师而言，学生的亮点需要多方面去发掘，让学生发现自身的亮点越多，其学习信心就会越强。因此，如何寻找学生身上的亮点就需要教师在多元评价内容上多费心思，具体而言，我们可以参考以下几个方面：①智力方面的评价。能否正确看待成绩；能否找出学习的不足并且进行自我调整。②人际交往方面的评价。如何与他人（包括异性）沟通相处；如何对待理解与诚信；如何解决冲突；如何解释"两肋插刀"。③自律方面的评价。能否遵守原则、法规和法律；如何做到有诚信；是否能自尊、自爱、自励。④情绪管理方面的评价。如何克服浮躁、冷漠、孤独、忌妒等情绪；如何看待牢骚；能否体验快乐。⑤价值观方面的评价。是否能认识自身的价值、是否有远大的理想、对成功和失败持何种态度、是否有挑战精神等。

在教师进行多元评价的过程中，还需要注意以下几点：①评价不能一成不变，要及时、善变。教师要及时地肯定学生的亮点，并且留意肯定的方法是否适切。教师的评价方式不宜拘泥于固有形式，要因时因地而宜，最要紧的是抓住时机进行评价。②评价应有持续性。一时的评价只能起一时的作用，唯有持续的评价才能让教师无论是对自身的教学还是学生的能力有适时的掌握和了解；对学生而言，可以帮助学生时刻掌握自己的学习状况，并据此进行及时的加强或补救。③评价要循序渐进。对学生的评价不宜一次性进行，应依据学生的实际情况，逐步展开评价，再加以提升对学生的要求，这样才能更正面有效地帮助学生继续前进。

赏识学生是教学过程中不可或缺的一环，在进行多元化教学评价时更不容忽视。通过赏识，教师可以发掘学生的许多亮点，增进本身的教学成效，同时学生也可从中获得肯定与鼓励。

### 2. 用赏识促进学生学习

赏识是学生学习过程中不容忽视的一个重要因素，要学会赏识，就得学会尊重。学会尊重，教师要留意三个要点：首先是让学生感受自己是被尊重的，其次要引导学生去尊重别人，最后要让学生能自尊自重。一个人唯有在懂得自己尊重自己时，才能真正去尊重他人。

教师和学生若了解了尊重的真正含义，就会懂得在教与学的过程中赏识彼此，营造和谐的学习氛围，当然也就激活了学生学习的热情，增进了学习的效能。在这种师生得以彼此赏识的氛围中，学生成为多元教学评价的一个主体也就不那么令人难以置信了，推崇自主性的多元评价能使学生更自觉地融入学习，无形中将提升学生学习的热情与兴趣，也让学生更加渴望成功，拥有追求进步的空间与机会。在教师方面，若能将对学生的评价融于教学过程中，不仅可以使教师更深入地了解自己的学生、尊重自己的学生，也能使教与学的过程更和谐统一，进而使教师能有更高的教学水平和教学责任心，学生也可感受到在学习过程中来自教师的尊重和关爱，提高学习的质量。如此一来，教师在付出中体会到学生的成长，学生则在教师的尊重中感受学习的快乐。

　　3. 用赏识引导学生成功

　　赏识可以协助学生找到自信，开启成功之门。任何人在成长过程中都需要被他人赞赏和认可，都需要被鼓励和激励，更何况是学习中的学生。现行的评价制度在很大程度上打击了学生的自信，教师常自觉或者不自觉地给予评价结果好的学生更多的肯定和鼓励，但对于成绩差的学生则未做好勉励和补救工作。

　　在多元化教学评价过程中运用赏识，以下几个方面值得留意。

　　（1）及时的捕捉

　　每个学生都有着不同的能力与特点，能力强的学生也有力不从心的时候，能力弱的也总有他能施展所能的时刻，而教师则需要扮演"捕手"的角色，及时地捕捉学生这些可能稍纵即逝的亮点，给他们真切的肯定或称赞，增强他们的成就感，促使他们能不断上进。

　　（2）适度的评价

　　赏识评价要因人、因时、因地而异，评价应该具有比较性，不同的学生有着不一样的进展幅度，教师应给予他们不同程度的赏识。在赏识时也要有创意，无论是评语还是神情等方面都要不时地更新和递增，以让学生有不同的感受，渴望被赏识，增强渴望成功的心理。

　　（3）持续及内化

　　赏识需要做到持之以恒，长期且反复地进行，使学生能从外在的肯定逐步内化为自我肯定。为此，教师应多创造能让学生自我发挥各项能力的舞台和机会，使他们能产生体验成功的欢愉，从而激发自信，在达标后，教师又适时地给予肯定。久而久之，学生就会对学习产生信心和兴趣。

　　（4）与批评结合

　　单一以赏识作为教育手段，会很快削弱"赏识"的魅力，容易导致学生骄傲自满、故步自封，所以对学生的赏识应当和批评相结合，才能相得益彰，既让学生看到自己的优势，同时也能清醒地看到自己的不足以及以后努力改进的方向。赏识教育所提倡的批评，是以鞭策为目的的批评，帮助有缺点和错误的学生重塑自信，积极进取。教师给予学生赏识性的批评，可以使学生处于被激励、被推动的情境中，进而有利于他们改正错误，迈向学习的成功之路。

巧妙地运用赏识将有助于开启学生的成功之门，然而它只是诸多教育方式中的一种，教师在运用过程中应加以变通，取精用宏，灵活使用。

# 三、为理解学生而评价

评价学生最终要达到的目的是促进学生的发展与进步。不同的评价方式所产生的结果是不尽相同的，不当的评价只会带来适得其反的结果，非但对学生无多大帮助，反倒成为他们学习过程中的绊脚石。教师宜树立或者形成与以往传统评价不同的观念，不再将对学生的评价局限于成绩方面，而应该趋向多元评价发展，从理解的角度去评价学生，让教师成为学生学习路上的一盏明灯。

## （一）评价与理解

有学者主张理解是对事理的内涵及变化知晓的历程。而有的学者则认为理解是以理解理论为基础的。理解的意义取决于不同的人对理解有不同的解释，大致可分为以下几种。

### 1. 是一种智能活动，也是一项德行

就智能活动而言，理解是对教学内容的思维、观察与记忆。理解是一项德行，因为它是一种理解他人，善解人意的态度。所以，教师在实施教学评价时对学生的理解，就是一种职业责任与道德水平的表现。

### 2. 包含认知与情感

就认知的层面，理解是对学习内容的进行内化处理的环节，是掌握真实信息的过程。就情感的层面，理解是由现实、亲和和沟通三者所组成的，是人与人之间有效交流的基础。

### 3. 既有常规，又有创造

常规理解是指学生在学习时没有创造动机地学习，只求对文本知识的原意掌握；创造理解则是在学生自觉地将自己的见解融入文本中，形成文本新意的理解。

### 4. 既是工具又是目的

理解的本质就作为智能过程的理解和掌握知识的手段而言是一种工具；然而，理解亦是一种人的存在方式，人对理解的追求可视为对自身生命意义的追求。

综观以上所述，本研究认为在评价中注入"理解"这一重要元素，有助于教师和学生更好地理解自己和他人，进而在教学评价中取得更好的发展。为理解学生而进行的评价应具备以下几项特质：①理解是评价目的之一。把理解作为评价目的之一，造就为理解而教、为理解而评的教学与评价的相互融合。②理解可以促进共同发展。理解在评价过程中可使师生相互理解，亦可促使教师或学生的自我理解，进而促进师生之间的共同发展。③理解可促进全面发展。以理解为其价值取向的评价，可培养学生善解人意的德行，使学生在为人处世与学习评价上双管齐下，促进学生更全面的发展。④理解是认知情感并重。在整个评价过程应是认知与情感相互贯穿，使评价过程中学生不被以往传统评价框于认知层面，而在情感层面的质量得到提升。

## （二）理解在评价中的应用

深入地理解学生，与学生进行更多的沟通，对学生的评价是非常必要的。只有多一分理解与沟通，教师和学生之间才能建立起良好的师生关系，如此才能进行更有效且能促进学生发展的教学评价。

### 1. 增进师生沟通解决疑难

多元是新形势下教育不可或缺的重要元素之一，评价也应该跳出传统思维的框架，融入多元的新思维。其实，评价的成果取决于教师的主导作用和学生的主体特性能否以正常发挥。因此，评价不应只是教师的个人演绎，或者单向地评断学生的学习成果。在实施多元化教学评价的过程中，师生沟通是一个不可忽视的环节，良好的师生互动是取得良好学习成果的前提。教师若能在学生学习出现不良状况时，施以援手而不是给予批评，了解学生的实际情况，理解他们，尊重他们，最终必能引导他们修正或提升不足之处，达成学习目标。

传统的评价多是单向的评定，学生不得不绝对接受来自老师的绝对评价，学生在评价中处于被动的地位。事实上，学生学习成果的优劣除了自身的问题外，还取决于教师的评价态度和方式。单向和权威式的评价使成绩不理想的学生愈加害怕和消极，不知所措甚至产生放弃的念头。在师生沟通缺乏或者沟通不良的师生关系中，学生不了解自身的问题所在，教师亦不理解学生的困惑，因此，在进行多元化教学评价时，需要建立一种双向沟通的新型师生关系，教师和学生之间亦师亦友、互相信任、互相支持、互相尊重，这才有助于课堂教学和评价效果的提升。通过沟通理解学生，协助他们解决学习上的疑难，可以从以下几个方面着手。

#### （1）给予关怀

对于学习困难的学生，要先给予适度的关怀，耐心地探索他们的内在需求，进而才能施以适切的指引，引领他们走出学习的迷宫，找到一种合适的学习方法。师生之间可以建立有商有量的沟通渠道，商量可以增进彼此的情感，减少冲突的发生。教师的关怀，能帮助学生找到走出自身困惑的出口，找到解决学习困难的方法。

#### （2）设身处地

自尊心强和逆反是青少年的共同心理现象，若在沟通过程中对此未加以理会，没能设身处地地探究他们的问题，则沟通效果不彰。教师应该扮演好同龄者的角色，因势利导，帮助学生找到行之有效的解决之道。教师需要尝试站在学生的立场，引导他们换位思考，体会和思考不同的立场，学会自我思考和自我定位，这样的引导才会产生良好的效果。

#### （3）双向平等

师生沟通的立场，应该是双向且平等的，若教师仍以高高在上的说教者姿态出现，是不会受到学生的尊重和喜爱的。有良好沟通能力的教师会营造平等和双向的氛围，如此才能较深入地探视学生的真正思想，走进他们的内心世界，了解他们真实的需要。

（4）真诚倾听

青少年渴望与朋友和他人交流，更多的时候，他们需要一位可以倾听他们种种疑惑和困扰的倾听者。在学习上，他们不需要教师的指令，不需要教师的说教，但需要教师认真地倾听他们的心声。真诚地对待学生，倾听他们的需要，是教师与学生建立真实沟通的师生关系，协助学生走出故步自封的误区，提升教学质量的关键。

借助师生沟通，走进学生的内心世界，协助学生解决他们学习上的疑难杂症；用沟通打开彼此的心，理解学生，让学生的学习沐浴在教师理解和鼓励的阳光下，学生的学习效果就一定能够得到提升。

2. 融入学生当中全面引导

要从理解的视角出发，融入学生，对学生进行全面的引导，首先就得明晰理解教育的内涵，理解教育就是消除误解增进理解，使教师和学生更好地理解自己和他人，进而获得较好的发展。理解教育最主要的特点有：①师生相互理解共同发展。理解存在于师生间，而且师生之间的误解是影响学生较好发展的根本原因之一。因此，师生相互理解在理解教育中具有极重要的地位。②以培养学生善解人意的素质为基础，促进学生整体素质的发展，突出"德行"，使学生在做人与为学上齐头并进。③将认知与情感贯穿全部教育过程，使教育过程中学生的情感生活质量得以提高。④把理解作为教育目的之一，使通过理解而教和为理解而教融为一体。成批转化因误解造成的后进生，形成"后进生大步前进，优秀生更优"的格局。

综观以上的论述，要将理解教育落实于多元化教学评价中，教师要尝试走近学生，融入学生当中，做学生喜爱的老师，建立互信互爱的师生关系，多了解时下青少年的真实需求，据此才能给予学生更全面的引导。

第一，了解兴趣。一切有效的评价也必须以学生有兴趣的内容为先决条件。教师应该融入学生中，掌握学生的兴趣，然后将这些兴趣融入多元化的教学或评价中，让学生产生似曾相识、新鲜和好奇等感觉，产生探究学习的心理，增强学习的自主性和积极性。

第二，激励肯定。人是需要获得他人的尊重和信任的，尤其是学生遇到挫折时，更需要教师和同学的理解和尊重。教师应以激励和肯定的方式启发学生的正面思维，从他们的角度出发，关爱与尊重他们，让学生知道："你会成功的！"这样学生就能很快地摆脱低落的情绪，自我调整，重拾自信，重新出发。

第三，创造机会。学生需要有效的评价机制，但是他们更渴望能在学习过程中有愉快而成功的表现机会。教师宜通过多样化的教学活动和多元化的评价来创造丰富多彩的机会，让学生提升认知、提高兴趣、开阔视野，在不同层面上得到心理上的满足，提高他们学习的热情，增强他们参与的能力，让他们在学习上化被动为主动。

第四，授予方法。古人有句充满智慧的话："授人以鱼，不如授人以渔。"由此看来，教师在授予学生知识的同时，应思考教授学生学习的方法，让他们从不同的方法中，找寻适合自己的方式，逐步领会自学的方法，培养主动学习的能力。

唯有当教师融入学生，了解学生的真实需要，进行有效的全面引导时，学生在评价上才能有方向、有目标地前进，教师也才能在学生的成长中看到评价的正面成果。

3. 掌握内涵客观评价学生

如何在多元化教学评价中体现对学生的理解？以下四个方面可供参考。

第一，确认学生需要获取的必要技能、知识和成果。教师可以提出学生应该知道的核心观念和中心思想是什么的疑问。这个问题的提出不是否定原有的课文知识和内容，而是要追求更深层次的教学。例如，在教学里，要强调的是个人的认知与价值。只要教师确认必要的概念后，就可以着手规划评价方案。

第二，偶尔让学生决定自己的学习内容。若要学生达到终身学习的效果，在中学阶段就可以通过"学习计划"和"学生对个人学习目标的确定与追求"来达成。自我主动的学习经验，可深化学生对华文知识的理解，也可以使学生成为自发的学习者、思考者和创作者。

第三，扬弃简答、填充等评价方式，指引学生在学习过程中运用高层次的思考技巧。学生理当能够类推他们所学习的知识内容，能通过举例把资料内容和个人的经验加以联结，并且能将他们的知识应用在新的情境脉络。学生在课后要学习思考人生的问题，不应该虚度光阴，力求上进，并且将这些问题和想法应用在类似的课题上。

第四，多元化教学评价应自然地融入所有的学习活动。评价可由学生进行自我评价、学生互评以及教师评价学生等多重方式来切入。此外，在每堂课结束后，也让学生给予教师一些回馈，将有助于教学成效的提升及增强教师对学生学习情况的了解，达成师生间的"理解"。

理解学生不仅是一项评价的要素，更重要的应该是一种实践活动，理解学生最终应该见诸实践的评价行为，在评价中体现出的理解才是真正的理解。理解是评价的基础，评价则是是否真正理解学生的体现。

# 第二节　教师教学有效性视角下的评价体系

## 一、教学有效性的界定和内涵

教学有效性提倡专业教学的效率、效益、效果三者并重的教育观。专业教学有效性涵盖两个维度："教"的有效性和"学"的有效性。前者是后者实现的保证，而后者是检验前者是否实现的重要依据。专业教学有效性立足于"教学"与"学习"的有效互动，既关注专业教学行为的发生意义，学生是否有所收获；同时也要充分考虑专业教学的内容是否较高程度地被学生领会，是否让学生全面投入到学习任务之中；此外，强调教学资源的利用率，学生能否在专业学习过程中最大限度地提高专业能力。英语专业教学有效性的目标是通过尽可能少的时间和精力消耗来获取最大的教学效果。教学有效性是专业教学的生命，是评价教学质量的重要指标之一，合理的教学评价体系构建是保障专业教学有效性的重要渠道之一。

## 二、高校教师教学有效性评价

### （一）关于高校教学有效性的观念和内涵研究

盐城工学院材料工程学院教师裴森森在《不同教育观念下的大学教师教学有效性研究》中从客体论和主体论的视角分析了个体的成长并不等于对现有世界的全盘接受，教育客体论指导下的教学短期内虽然会取得一定效果，但是学生的创新思维，自主的、探索性的、研究性的学习能力无法得到培养，最终成为学生自由发展的障碍。学者鲁武霞、邹成效在《高校有效教学的内涵特性及模型建构》中指出有效教学的目标维度应该是以"教学相长"为指向的文化实践活动，这一活动是基于各种策略选择的跨学科生成活动。在这中间，基于跨学科视野和师生对话情境的、预设与生成，教师的"教"和学生的"学"缺一不可，教师单向度的"传道、授业、解惑"活动被师生双向的文化生成所取代，高校教学担负着学生智慧成长与教师专业发展的双重责任，需要教学方法策略和学习方法策略的支持，在第三方检测评价中，师生双方都需要明确教学目标并且能及时得知教学学习目标的实现程度，进而使教与学走向有效。

### （二）关于有效教学本质的讨论

徐州工程学院教育科学学院教授张典兵在《高校有效教学的本质内涵与实践路向》中提道"有效教学不仅是一个'技术'层面的操作性问题，而且更是一个'价值'层面的支配性问题"，真正意义上的有效教学要触及并彰显其价值追求，一定要把教学功能的发挥放在学生成长活动的背景上加以考察，要把学生的成长活动当作一个整体来看待，它应当是"最优化或恰到好处，而不应该是最大化和越多越好"。

### （三）关于高校教师教学有效性的特征研究

北京理工大学教授姚利民在《论有效教学的特征》中，强调正确的目标、充分的准备、科学的组织、清晰的讲解、饱满的热情促进了学生的学习，融洽的师生关系、高效地利用时间激励了学生的学习。学者王晓茜、郝世文在《大学教师有效教学：原则、特征和举措》中指出，有效的大学教师特征应该从四个方面来体现：教学技能、知识准备、个性特点、与学生的关系。

### （四）关于提升高校教学有效性的策略研究

浙江海洋大学教授宋秋前在《高校有效教学的实施策略》中提出，要科学认识现代高校的教学价值，确立整体有效的教学观念；优化教学结构；优化教学过程，促进学生认知过程和认知结果的统一；构建多维互动的创新性教学模式，促进学生自主创新性学习；加强信息技术与教学的有机整合，提高教学效率和质量。学者朱秀英在《大学教学有效性的提升策略分析》中强调：树立以学生为主体的教学理念；创建激发学生求知欲的课堂氛围；形成师生心理相通的课堂管理模式；增设多维互动的教学与学习环节；实现教师教学方式的根本转变。

此外，教育学研究生积极投入教学有效性的实践研究，他们采取问卷的形式，华中科技大学、苏州大学等学校的研究生对此做了相关的研究。

# 三、高校大学英语教学多元化评估体系建设

大学英语课程评价涵盖课程体系的各个环节，应综合运用各种评价方法与手段，处理好内部评价与外部评价、形成性评价与终结性评价之间的关系，实现从传统的"对课程结果的终结性评价"向"促进课程发展的形成性评价"转变。大学生英语能力测试应包括形成性测试。

与终结性测试相比，应加强形成性反馈，处理好共同基础测试与校内测试、综合语言能力测试与单项语言技能测试、基础英语测试与专门用途英语测试等各方面的关系，实现"对学习结果的终结性测试"与"促进学生学习的形成性测试"的有机结合。同时，《大学英语教学指南》明确指出：大学生英语能力共同基础测试由专业考试机构统一设计、开发和实施，对我国大学生的英语应用能力进行科学、准确的测量。共同基础测试考核的能力要求与本指南相应级别的教学目标衔接；考试结果反映的学生英语能力与我国英语能力等级量表对接。学生根据自己的学习进度和需求，自主选择参加相应等级的测试。在测试形式上，应建设大学英语试题库，并推广基于计算机和网络的英语测试，所以建设大学英语试题库不仅是学院的需要，更是时代的需要。

## （一）建立多元化评估体系的必要性

如上所述，传统的学生评估体系在形成性评估和终结性评估方面存在不少弊端，因此，建立规范且高质量的多元化评估体系势在必行。本研究的主要价值在于：①完善课程评估体系，促进教学活动的深入发展，为大学英语教学改革打下基础；②构建试题库，促进大学英语测试的系统化、科学化、人性化。终结性评估环节设计试题库，将试卷生成、试题管理和考试分析集为一体，不仅能帮助教师适时编制各类考试题目、生成标准试卷，还能对学生成绩录入、保存、分析并生成考试总结，结合形成性评估的结果，将会有效地提高整个考试过程的效率，对学校推动教学改革、提高教学质量起着很大的促进作用。同时，还具有以下特点。

第一，具有实用性、整体性、进阶式、系统性的特点。大学英语课程建设，包括了教学测试本身的建设，不仅可以高效地检测学生的学习效度，还能在大学英语教学任务的设计与安排环节实现与教学平台多线互动，同时也有助于该门课程大纲建设。

第二，具有针对性和科学性。试题库主要取材于教材，学生能较全面地掌握教材语言形式和内容，采用主、客观题相结合的方式，进而提高课堂教学质量，具有较强的针对性；试题库的建设能优化测试形式，提高测试效度和信度。

第三，以能力为本位，以教促改。试题库与大学英语四、六级的结合。试题库主要采用英语四、六级的题型，让学生在每一次测试中都更加熟悉四、六级的试题的编排，进而获得更丰富的应对经验。

第四，应与时俱进，紧跟大学英语教学改革方向标。充分体现笔者所在学校应用型大学的教学理念，结合工程教育中的项目教学方法，不断探索新的教学方式；重视体系建设，提出构建大学英语试题库和大学英语课程评价体系，促使大学英语教学内容、教学方法和手段、学习方式发生变化，实现有效教学。

## （二）大学英语多元化评估体系的构建策略

### 1. 制定明确的多元化评估标准

评估标准主要是在已经形成的"形成性评估与终结性评估相结合"的评估体系基础上，重点研究进一步地完善本校大学英语学期评价与测试体系，提高其测试信度和效度，系统地采集有关课程设计、教学实施、教学效果以及大学生英语能力等相关信息，通过多维度的综合分析，判断大学英语课程和大学生英语能力是否达到了规定的目标，并为大学英语课程的实施与管理提供有效的反馈。

（1）提高形成性考核的比重

形成性考核是对学生日常学习过程中的表现、所取得的成绩和存在的问题等方面进行综合评估。《大学英语》课程形成性考核主要包括：晨读、课堂表现、课前任务、英语技能大赛以及月考、单元测试。对这些形成性要素主要采用教师评估、学生自我评估、学生互评、师生合作评估、质量部和教务部对学生和老师的评估。终结性考核是检测学生综合语言运用能力发展程度的重要途径，也是反映教学效果的重要指标之一。《大学英语》课程终结性考核方式主要是期末考试。

为了达到《大学英语》课程教改的目的，提高形成性考核在学生成绩的综合评定中的比重，《大学英语》课程的综合成绩 =60% 形成性考核成绩 +40% 终结性考核成绩。

（2）学生综合成绩评定的多元化

为了鼓励学生在校期间参加国内外各类英语竞赛和英语水平测试，学院制定了相应的免修和加分办法。学生参加校内外英语竞赛，大学英语四、六级考试，雅思考试，托福考试，托业考试，BEC 考试等，成绩达到要求者，可申请《大学英语》课程加分或免修。这就为学生提供多方位的水平测试，而不是传统的应试考试。多元化的评估模式，能为学生营造一个宽松、学习自由且有实际收获的学习环境。

### 2. 科学建设试题库，加强评估体系的具体化

本校大学英语考试题库主要包括五个部分：听力理解、词汇、阅读理解、翻译和短文

写作。以《大学英语教学指南》为导向，从教材出发，合理组织题目，具体有：①题目正确、简洁、明确，符合教学要求和教学目的；②题目的涉及面覆盖教材的各章内容，并适当突出重点，加大重点内容的覆盖密度；③题型要符合标准化要求，结合四、六级主要题型设置；④合理安排试题的难易程度，初步分为两个等级，各占1/2；⑤题量适度，以确保中等水平学生在规定时间内完成即可；⑥试题表述简明，题目语意表达清晰，语句简明扼要，标准答案明确，评分标准合理，完全符合国家标准化英语考试试题的标准，不会引起歧义。

实现从传统的"对课程结果的终结性评价"向"促进课程发展的形成性评价"转变，从传统的"对学习的测试"向"促进学习的测试"转变。同时努力做到以下突破：①强调学生的每一个学习过程，淡化终结性考试的决定性作用，在大学英语教学过程中结合了形成性评估和终结性评估两种评价方式，加大了课堂内外形成性评估的权重。②在大学英语试题库的建设之初，项目组所有老师在命题前进行充分的沟通，根据学生的不同级别、不同专业对教学大纲、教学内容以及教学目标都进行了充分的讨论和深入的分析解读，建立一个有较高信度和效度的大学英语试题库。③试题库建设紧扣教学大纲、教学内容。试题库中的试题都是以大学英语教学实施的主要教材《新目标大学英语》《新视野大学英语听力教程》中的教学重点和难点来编写的，重点考查学生在学习过程中知识点的掌握情况和知识的应用情况，也借此提醒学生在学习过程中哪些知识点掌握不到位，方便他们及时弥补。④按学期分级，难易有别地建设试题库。使用同一难度的试题不能准确反映出不同专业学生对教学内容所涉及的知识点的掌握情况。⑤网络平台，自主学习。大学英语教学中形成性评估的重要实施环境首先是学院的相关学习平台上，我们可以任意从试题库中抽取"写作、听力、阅读、翻译"板块的内容布置自主学习任务，学生登录完成，对所学知识点进行及时的复习。

# 第三节　学生学习有效性视角下的评价体系

## 一、学习有效性评价的内涵

《现代汉语词典》对"有效"的解释为"能实现预期的目的，有效果"，即人们的主观需要、愿望实现和满足程度。英文用"effective"来解释"有效"：足够实现某一目的，达成预期或所期望的结果。学习中的"有效"则是指通过一段时间的学习之后，学生所获得的具体进步或发展，学生有无进步或发展是学习是否有效的判断标准。学生经过学习活动之后的进步和发展则是由学生取得的学习成就和学习成果来评判的。

有效性是指将人们实践活动的结果与开展这一活动的目标进行比较，所达到的真实、有效的程度。学习有效性是指学习者遵循学习活动的客观规律，以尽可能少的时间、人力和物力实现特定的学习目标，取得尽可能好的学习效果，以满足社会和个人的学习需求。对学习有效性的考察是一个持续、复杂的过程，需要通过一定时间才能得出结论，而且学习效果除了作业和测试的成绩是客观的、可以量化的以外，知识的应用能力技能水平的发展、学习情感的升华、学习者对学习的满意度等都是无法量化的。对学习有效性的评价要从过程和结果两方面入手，选择形成性评价和总结性评价相结合的方式最合适。

## 二、学习有效性评价体系构建

通过对当前网络学习评价体系的相关调研，结合虚拟学习社区学习有效性评价的内涵，得出虚拟学习社区的学习有效性评价体系，其中一级指标分别是学习目标、学习衍生品、交互行为、社区学习满意度。

### （一）学习目标

学习目标既是学习的起点，又是学习的终点，这种变化是从学习者的学习期望开始的。为实现期望，在整个学习的过程中，学习者通过自身努力，最终实现目标。学习目标是以学习者的身心变化为标准的，即学生通过一定阶段的学习，学会了知识，掌握了技能，并通过了学习测验、技能鉴定，这就表明实现了学习目标。

学习目标并不单单指向学习成绩，也包含技能、情感和态度的变化。学习目标的实现是针对学习结果的评价。判断学习是否有效，就要判断学习者在学习过程结束以后是否在知识、技能、情感态度方面取得了进步和发展，学习目标的内涵恰好与此相符合。目前，我国教育领域对学习的评价多为知识测验，而基于虚拟学习社区的学习强调知识的建构，学习者不只是要掌握知识，在技能和情感态度方面都要有进步和发展。所以在对学习目标的评价方面提出三个更为具体的二级评价指标：知识与技能、过程与方法、情感与态度。

### （二）交互行为

虚拟学习社区中学习者的知识建构主要是发生在社区内的交互过程中，因此对虚拟学习社区学习有效性的过程性评价的核心是对交互行为的评价。调研各高校虚拟学习社区中的交互工具，多为论坛、聊天室、留言板、问题答疑、个人空间等，但并不是每一个社区内部都包含这些工具。通过对已有研究的总结，目前对在线学习交互行为的分类存在以下四类：第一，个人空间、群体空间、公共空间；第二，异步交互与同步交互；第三，学习性交互与非学习性交互；第四，人际交互（包括学习者与指导者的交互以及学习者之间的交互）与人机交互（包括学习者与学习内容的交互以及学习者与平台的交互）。综上所述，将虚拟学习交互行为界定为：发生在虚拟学习社区各内部空间的，异步或同步的学习性的、学习者与指导者以及其他学习者之间的人际交互。

目前，对交互行为的研究多是通过社会网络分析法对交互结构、交互内容等进行分析，本节研究的是高校虚拟学习社区内的交互行为，既要把不同的交互行为包含在内，又要能对使用不同的交互工具发生的交互行为进行分析，所以从交互的频度和深度两个方面展开研究。交互的频度越高，交互才有可能更深入，学习才能更有效；交互程度越深，越有利于知识的建构和有效学习。因此，在对交互行为的评价方面提出"频率"和"深度"两个二级评价指标。

## （三）学习衍生品

学习衍生品是针对学习过程中可能产生的作品的评价。衍生品是指从原生事物中派生出来的事物。我国的《著作权法》将"衍生品定义为：基于一件或多件已经存在的作品，通过改编、再创作得到的作品。如翻译、音乐剧改编、戏剧改编、小说改编、影视翻拍、录音、艺术再创作、节选、摘要等都属于原作品的衍生品。从这两个概念中可以看出，艺术衍生品就是一种基于原作的再生产、再创作产物。因此，将学习衍生品界定为学习者在把教师传授的知识转化为自身知识的过程中生成的、能体现学习效果的抽象的或物化的学习成果。抽象形态的学习衍生品是无法考量的，且抽象的学习成果最终也是以物化形态呈现出来的。因此，对学习过程中生成的抽象形态的学习衍生品的评价主要还是通过评价其转化而成的物化形态的学习成果。通过对现有的虚拟学习社区的调研发现，在使用虚拟学习社区进行学习的过程中产生的物化形态的学习衍生品主要有帖子、笔记、学习心得体会、报告、论文多媒体产品。对虚拟学习社区的学习衍生品的评价将从文本信息（帖子、笔记、学习心得体会、报告、论文）和多媒体产品(PPT、Flash、图片、视频、音频、网页、电子书等)两个方面进行。所以进一步提出"文本"和"多媒体产品"两个二级评价指标。

## （四）学习满意度

不论学习者的学习成绩如何，是否积极参与学习过程，他们都会根据自己的主观判断，做出是否继续学习过程的决定。由此可见，学习者的学习满意度是可以反映学习是否有效的标准之一，对学习满意度的研究最初是源于顾客满意理论，理论认为顾客满意是一种包含不同程度的情感反应，这种反应有特定的指向，它发生在购买前后的各个时间里。教育学者对学习满意度的看法是一种感觉或态度的心理状态，或者是愿望或需求的达成，又或者是需求或愿望达成后的感觉、态度。虚拟学习社区的学习满意度既要包含学习的属性又要包含社区的属性，对学习满意度的评价要从学习者对所在虚拟学习社区内"学习整体满意度""社区存在满意度""教师指导满意度""学习资源满意度""技术操作满意度"五个二级指标进行研究。

综上所述，将学习目标归结为知识与技能、过程与方法、情感与态度＝各个维度交互行为分为交互频度和深度两个子维度；学习衍生品从文本和多媒体作品两个子维度进行分析；社区学习满意度归纳为学习整体满意度、社区存在满意度、教师指导满意度、学习资源满意度、技术操作满意度五个子维度。

## 三、形成性评价体系的构建

### （一）形成性评价的内涵

形成性评价最早出现在美国教育家和心理学家斯克里文《评价方法论》一书中，他指出形成性评价是在教学过程中进行的评价，是全面、多样、动态的一种评价。美国教育家布卢姆指出：形成性观察的主要地目的确定学习任务被掌握的程度以及所被掌握的部分，它的目的不是为了将学习者分等级，而是帮助师生专注于进一步提高所必需的特殊技能上。目前学术界关于形成性评价的内涵解释有很多，但形成性评价的核心思想便是注重过程，注重全面素质的提高。

### （二）形成性评价体系的特点

第一，注重学习过程。形成性评价是对学生学习过程的评价，避开传统评价模式只注重学生学习结果所带来的不良影响，形成性评价旨在发掘学生的潜力，了解学生学习过程中存在的不足，帮助学生改正不良的学习态度与学习方法。同时，形成性评价还反对一味看重成绩，而是更加鼓励教师走入学生的学习过程中去，督促、鼓励学生，为学生提供科学的学习策略。

第二，注重学生情感。形成性评价尊重学生的个性化差异，根据学生的个体差异制定具体的学习方案，鼓励学生发挥所长。民主教学。教师评价学生的同时进行自我评价，加强师生交流，共同探索学习的奥秘。

第三，形式多元化。形成性评价有不同表现模式，如课堂内学习评比、课堂外活动评比、学习任务评比、问卷调查、访谈沟通、学习交流会、家长反馈、平时测试、教师、学生学习状况的评比、学生对自身学习所得的评比、教师对自我教学的反思等。

### （三）大学英语形成性评价方式

在大学英语教学中。形成性评价是通过采用多种评价方式，保障教学评价工作的全面客观性，最终实现学生英语学习的全面发展。首先，英语教师要发挥自身评价作用，加强对学生日常英语学习表现的评价工作，并根据学生英语学习任务的完成情况，优化调整课堂教学内容，科学明确学生英语学习目标，帮助学生树立起正确的学习观。其次，教师要合理利用学生自评与互评方式，提高英语教学评价工作的质量和效率。例如，当组织学生开展英语写作评价活动时，英语教师要事先制订好写作评分标准，明确不同写作水平等级，并对各个等级进行科学详细的描述，教师向学生提供相关写作主题优秀范文，让学生根据自身写作文章与范文进行对比评价，找出自己文章中的优点和不足。最后，教师可以让学生相互交换文章进行评价。围绕具体写作评价项目内容，如作文是否切题、语言逻辑是否准确无误以及用词是否恰当等展开评价，这样有利于促进学生英语学习的相互发展，培养学生的英语自主学习能力和反思能力。

总而言之，形成性评价在大学英语教学中的应用能够更加凸显出学生的主体地位，充分激发学生英语学习的兴趣和热情。大学英语教师要敢于打破传统教学评价方式的弊端，优化改善英语教学评价内容，综合采用不同评价方式，注重对学生英语学习过程的评价，及时了解并掌握学生实际学习情况，根据学生学习中存在的不足之处，采取有效的教学改进措施，全面提升大学英语教学水平。

# 四、多元智能理论视角下的"大学英语"教学评价体系的构建

在对多元智能理论进行阐述的基础上，探讨了在"大学英语"教学中构建多元评价体系的必要性。从促进"大学英语"教学、提高学生语言运用能力和人文素养的角度出发，提出从评价方式、评价手段、评价目标内容和评价主体等方面，来运用多元智能理论构建"大学英语"教学评价体系。

根据多元智能理论，人的智力是多元的，智力的组合方式也是多元的。基于此，笔者认为"大学英语"教学的评价也应该是多元的。为此可从评价方式、评价手段、评价目标内容和评价主体等方面，构建多元化的"大学英语"教学评价体系。

## （一）构建多元化的评论方式

传统上"大学英语"评价方式以终结性评价方式为主，缺乏灵活性和动态性，以一次测试或考试的成绩作为标准，忽略了学生的个体特征和差异，不能给教师提供有价值的教学反馈，无法起到促进"大学英语"教学的作用。然而语言的学习是一个漫长积累的过程，因此需要教师采用过程性和形成性的评价方式，动态评价学生学习过程和效果。世界著名教育心理学家加德纳认为，评价应以学生个体为本。充分考虑和尊重学生个体智力发展的多样性和差异性，采用动态性和过程性的评价方式。因此，多元"大学英语"评价体系应该将形成性评价和终结性评价结合起来。形成性评价主要关注学生的学习过程和状况，以便制定和完善后期的教学目标和方案，提高学习效果。在课程结束后，可以采用终结性评价的方法，对学生的语言技能和交际能力等进行综合评价。

## （二）构建多元化的评价手段

语言教学评价是一项复杂而艰难的工作，评价的手段关系到教学评价的信度和效度。传统"大学英语"的评价手段，主要依靠纸笔测试（期末考试，"大学英语"四、六级考试等）作为主要或唯一的评价手段。然而这种评价手段无法客观公正地评价学生英语学习的过程和表现。因此，需要运用多元化的评价手段对学生进行评价，除了采用传统的笔试、口试等手段外，还可以根据课程的特色来采用一些特色化的手段，如访谈评价、学习档案评价、问卷评价、学习日志评价等。以优、良、中、合格和差的等级方式、全面、客观地评价学生的英语学习表现。这种综合多手段的多元评价，既可以激发学生学习兴趣和提高学生参与评价的积极性，又可以全面客观地开展评价工作，提高评价的效度和信度。

## （三）构建多元化的评价目标和内容

科学的评价体系、评价的目标和内容至关重要。传统"大学英语"教学的评价，主要以测验或考试的手段，仅仅对学习者的语言知识和技能做出评价，然而《大学英语课程教学要求》将"大学英语"的教学目标定为："培养学生英语综合能力，特别是听说能力，增强其自主学习能力，提高综合文化素养等。"由此可见，"大学英语"的教学目标不仅是提高学生英语语言知识和技能，还要培养学生的人文素养、跨文化交际能力和自主学习能力等。多元智能理论启示我们对学生的评价内容，要全面综合考虑学生个体差异和不平衡性，包括个体智力的差异、专业的差异、对象的差异等。初次评价目标内容应该包括语言知识与技能的评价、学习能力与态度的评价、创新能力评价、自主学习能力评价、团队合作意识评价等，这些评价内容将"大学英语"的语言知识和技能的培养、综合素质的培养、创新意识培养和综合职业能力的培养进行有效的结合，能够兼顾学习者个人现实需求与未来社会职业生涯发展需求，满足新形势下国家和社会对人才培养的需求。

## （四）　构建多元化的评价主体

传统"大学英语"教学的评价主体都是教师，然而多元智能理论告诉我们，"大学英语"教学的评价主体应该多元化，应该倡导将教师评价为主，学生自评、同学互评和专家评价等有效地结合起来，形成全面客观的评价。通过教师评价，可以了解学生语言知识和技能的掌握和运用情况，为教师和学生的教与学提供有效的参考和反馈，促进后期的"大学英语"教学。学生自评为学生提供学习反思和完善的机会，让学生充分了解自身的英语学习，能够动态地根据学习需要来调整或改变学习策略，进而提升学习效果。学生互评和专家评价能够让学生获得外部客观公正的评价，有利于学生人际交往能力的提高。总体来说，多元的评价主体能让被评价者获得客观公正多维度的评价信息，也可以让被评价者在教学过程中进行自我反思、自我调节和自我完善。

教学评价体系是教学体系的重要组成部分，因此评价在教学过程中扮演着重要的角色，它具有反馈、调节、完善教学效果的作用。多元智能理论的出现为"大学英语"教学的评估提供了新的思路和方向，能够充分尊重个体智能的差异和需求，充分发挥学生个体的智能，突破了以往终结性考试评价体系的片面性与局限性，最大限度地发挥了学生的多元智能。

对"大学英语"课程教学而言，教学质量的评估并非单一的教学成果考核，评估的关键在于建立一套完善的全面的评估体系，运用体系对"大学英语"教学进行客观、全面、科学的评价，实现对学生自主学习能力、语言应用能力和跨文化交际能力等培养过程的跟踪、诊断、检测和反馈。而且能够兼顾学习者个人现实需求与未来社会职业生涯发展需求，将"大学英语"的语言知识和技能的培养、综合素质的培养、创新意识培养和综合职业能力的培养进行有效的结合，为培养具备综合英语能力和文化素养，适应我国社会发展与国际交流的人才提供参考。

# 参考文献

[1] Chengliyao. 基于语料库的英语语言特征研究 [M]. 上海：上海交通大学出版社，2012.

[2] 卜友红. 英语语言学及应用语言学研究 [M]. 上海：同济大学出版社，2014.

[3] 蔡基刚. 应用语言学视角下的中国大学英语教学研究 [M]. 上海：复旦大学出版社，2012.

[4] 曹贤文. 应用语言学实证研究方法与量化数据分析 对外汉语教学研究视角 [M]. 北京：世界图书北京出版公司，2013.

[5] 陈昌来. 应用语言学导论 [M]. 北京：商务印书馆，2007.

[6] 陈章太，戴昭铭等. 世纪之交的中国应用语言学研究 [M]. 北京：华语教学出版社，1999.

[7] 桂诗春. 应用语言学与中国英语教学 [M]. 济南：山东教育出版社，1988.

[8] 胡胜高. 语言与外语教学多维研究 [M]. 成都：四川大学出版社，2010.

[9] 雷丹. 生态学视域下大学英语教师生态位研究 [M]. 青岛：中国海洋大学出版社，2016.

[10] 李永才，廖绒绒. 英语比较语音学 [M]. 北京：人民日报出版社，2015.

[11] 林立，董启明. 语言学与应用语言学研究 [M]. 北京：知识产权出版社，2006.

[12] 刘艳春. 中西应用语言学研究对比分析 [M]. 北京：商务印书馆，2016.

[13] 麦卡锡（McCarthy, M.）. 口语与应用语言学 [M]. 北京：世界图书出版公司北京公司，2006.

[14] 史宝辉，李健，孙亚. 语言交际研究与应用 [M]. 北京：社会科学文献出版社，2007.

[15] 王荣媛，王英，沈海英. 英语语言与文化研究 [M]. 昆明：云南人民出版社，2013.

[16] 杨鲁新. 应用语言学中的质性研究与分析 [M]. 北京：外语教学与研究出版社，2013.

[17] 杨娜. 应用语言学视域下的当代英语教学新探 [M]. 北京：中国水利水电出版社，2019.

[18] 杨延宁. 应用语言学研究的质性研究方法 [M]. 北京：商务印书馆，2014.

[19] 叶琴法，陈小莺. 外国语言教学与研究 [M]. 杭州：浙江大学出版社，2009.

[20] 于根元 . 世纪之交的应用语言学 [M]. 北京：北京广播学院出版社，2000.

[21] 俞理明，曹勇衡，潘卫民 . 什么是应用语言学 [M]. 上海：上海外语教育出版社，2013.

[22] 张纪英 . 英语词汇学教学与研究 [M]. 武汉：华中科技大学出版社，2007.

[23] 訾韦力 . 应用语言学理论在英语教学实践中的应用研究 [M]. 北京：中国轻工业出版社，2015.